KB097613

아이를 읽는다는 것

엄마 독서평론가가 천천히 고른 아이의 마음을 읽는 책 40

아이를 읽는다는 것

한미화 지음

어크로스

차례

책머리에 ⋯ 8

임자의 딸이다...

세상에는 남에게 배울 수 없는 일들이 있다. 글을 쓰거나, 부모가 되고 아이를 키우는 건 직접 겪어봐야만 아는 일들이다. 이런 일 중에 누구나 겪었으니 알 법한데 시간이 흐르면 까맣게 잊어버리는 일이 있다. 아이 적 기억이다. 부모들은 어린 시절을, 사춘기를 통과해 어른이 되었지만 자녀를 이해하지 못할 때가 많다. 오죽하면 임정자의 단편 〈꽁꽁별에서 온 어머니〉에서 아이와 부모가 말이 통하지 않는 건 어른들이 어릴 때 기억을 모두 꽁꽁별에 두고 왔기 때문이라고 했겠나.

추측컨대 사람은 누구나 제 나이에 맞는 고민만 하며 사는 것 같다. 사춘기는 사춘기의 고민이, 부모는 부모니까 겪는 고통이 있다. 나 역시 사춘기 시절 일기장에 적어두었던 깨알 같은 고민이 어느 순간 사라졌다. 내가 그런 고민을 했고 죽도록 어른들을 미워했다는 것조차도 잊고 살아왔다. 그 기억이 다시 깨어난 건, 아이를 키우며 그리고 어린이 책을 읽으면서부터였다.

그러자 신기한 일이 일어났다. 누가 시킨 것도 아닌데 사춘기에 접어든 내 아이에게 다가가기 시작했다. 아이를 닦달하고 화를 내던 어른이었지만 어린이 책을 읽자 내 안에 웅크리고 있던 어린 소녀가 걸어 나와 내 아이의 손을 잡았다. 아이가 머리 모양이 마음에 안 들어 학교에 안 가겠다고 할 때 나는 심부름도 못 갈 만큼 외모를 신경 쓰던 사춘기를 떠올렸다. 아이가 아이돌 가수를 쫓아다닐 때는 팝 음악에 홀려 있던 나의 십대가 생각났다. 이런 경이로운 경험은 순전히 어린이 책을 읽었기에 가능했다.

마치 새로운 일인 양 호들갑을 떨지만 모든 어린이 책 작가들은 이렇게 어린이 문학을 쓴다. 어른이지만 어린이의 마음으로 돌아갈 줄 안다. 그림책 작가 존 버닝햄은 늘 "좋은 그림책 작가가 되기 위해서는 어린 아이들과 의사소통하는 법"을 알아야 하며 "나의 정신 연령은 다섯 살에 멈춰 있다"고 말하곤 했다. 《찰리와 초콜릿 공장》의 작가 로알드 달 역시 "좁고 어둡고 따뜻한 나의 글 쓰는 집필실로 내려가면 몇 분도 되지 않아 나는 여섯, 일곱, 아니 여덟 살의 어린아이가 되지"라고 말했다. 그러니 아이들 때문에 분통이 터지고 대체 그 시절에 나는 무얼 했는지 도통 생각나지 않는다면 어린이 책을 읽어보라고 권하고 싶다.

십대가 된 아이는 참 난감하다. 어릴 때는 출근도 못하게 엄마의 바짓가랑이를 붙잡고 아침 내내 눈물 바람을 하더니 이제는 엄마가 없는 걸 더 좋아한다. 아빠가 집에 일찍 오면 좋아서 폴짝폴짝 뛰었는데 어느새 아빠를 본 척도 안 한다. 껌 딱지가 붙었는지 컴퓨터 앞에만 착 달라붙어 있고, 식탁에 앉아서도 문자를 보내느라 밥이 코로 들어갈 지경이다. 하루는 가수가 된다고 했다가 또 다른 날은 댄서가 된다고 해서 부모를 기함시킨다.

어린이 책을 읽으면 이런 아이들을 조금은 이해할 수 있다. 어린이 책을 읽으며 나는 잊고 있던 그 시절의 고민과 분노와 좌절과 희망을 되돌아봤고, 어린이 책 속에서 다양한 아이들을 만나 그들의 이야기를 들었다. 그리고 그 과정을 통해 학교 공부는 하기 싫지만 하고 싶은 건 많은 내 아이를, 여드름투성이 소녀였던 나를 되돌아봤다. 더 이상 옛날처럼 재잘거리며 자신의 이야기를 들려주지 않는 십대의 아이들을 이해하고 대화하고 싶은 부모에겐 그래서 어린이 문학이 필요하다.

이 책은 어린이 문학을 통해 아이와 소통하는 길을 담았다. 예전만큼 소설을 읽지 않는다지만 나는 여전히 문학의 힘은 세다고 생각한다. 특히 자라는 아이들에게 문학 교육은 절대적으로 중요하다. 세상 모든 일을 돈이 되는 일과 돈으로 환산되지 않는 일로 나눌 수 있을지 의심스럽지만 설혹 그렇다 해도 여전히 돈이 되지 않는 문학은 소중하다. 아이들은 어린이 문학을 통해 정직과 용기와 열정과 우정과 사랑을 배우고 느낄 수 있기 때문이다. 만약 문학이 아니라면 무엇으로부터 이런 소중한 가치를 배울 것인가. 전통 사회라면 마을 어른과 조부모를 통해 배우겠지만 이제는 그도 어렵다. 학교에서 경쟁은 심화되고 아이들은 점점 황폐해진다. 그럴수록 문학 교육이 절실하다. 억지로 가르치려고 하지 않아도, 이야기를 통해 느끼고 깨달은 가치는 아이들의 가슴 속에 소중하게 남기 때문이다.

아마 부모가 어린이 책을 읽고 있으면 아이들이 무척 궁금해 할 거다. 엄마가 밥하러 간 사이 책 제목을 몰래 살필지도 모른다. 그럴 때 책에서 읽은 재미난 이야기를 아이들에게 들려주면 끝이다. 절대 읽으라는 소리부터 하면 안 된다. 그저 아이가 궁금해서 책을 읽고 싶도록 자랑만 하면 된다. 그러면 대부분의 아이들은 그 책을 따라 읽는다. 책 읽는 아이로 키우고 싶다면 부모가 먼저 책 읽는 모습을 보여야 한다는 말이 이래서 설득력이 있다. 그래도 아이가 책을 안 읽으면? 손해날 일이야 없다. 부모가 어린이 책을 읽고 어린 시절을 되돌아보고 아이를 이해했다면 그것만으로도 충분하다. 오히려 아이가 책을 읽건 말건 이기적으로 자신을 위해 책을 읽고 아이의 반응에 대해서는 느긋해져야 한다.

아이들은(물론 어른도) 하루아침에 달라지지 않는다. 부모가 아이의 잘못된 습관을 바로잡을 때도 그 일을 하고 있다는 것조차 잊을 만큼 시간이 흘러야 조금 달라진다. 책 읽기도 마찬가지다. 한두 달 혹은 1~2년 했다고 기적이 생기지 않는다. 하지만 책을 읽으며 몸에 밴 집중력과 이해력은 쌓인다. 공부 습관과 자발성이 필요한 십대가 되면 독서 습관이 붙은 아이들은 성적이 오르기 마련이다.

그러니 아이와 함께 느긋하게 책을 읽는 동안은 공부 잘하는 이웃집 아이, 책벌레 친구의 딸에 관한 소문일랑 귀담아듣지 말고 오로지 내 아이만 보자. 부모는 텔레비전 보며 아이에게 잔소리하지 말고, 아이의 마음도 모른 채 닦달하지 말고 아이와 눈을 맞추고 이야기해보자. 오늘 아이의 기분이 어떤지, 아이가 하고 싶은 말이 있는지, 지금 읽고 있는 책이 재미있는지를 관심 있게 봐야 한다. 아이와 눈을 맞추고 이야기를 들어주기만 해도 큰 어려움 없이 십대 시절을 넘어갈 수 있다.

독서 교육도 마찬가지다. 내 아이가 어떤 책을 좋아하는지, 어떤 책이 수준에 맞는지를 알아야 한다. 아이들은 저마다 개성과 취미와 기질이 다른지라 절대적인 기준은 없다. 어렵다면 처음에는 재미있는 책으로 접근하다가 점차 관심사를 중심으로 폭을 넓히는 게 가장 좋은 길이다.

많은 책벌레들에게 "언제부터 책이 읽을 만했냐" 하고 물었을 때, 엄마의 강제 때문이라고 답한 사람은 아무도 없었다. 오히려 결핍의 기억, 형제와 친구를 따라하다가, 할머니와 엄마가 책 읽는 모습이 좋아 보여서라고 답한 이들이 대부분이었다. 부모는 아이에게 책 읽기가 즐겁고 행복한 경험이라는 것만 전해주면 된다. 이 책이 그런 일을 할 수 있다면 좋겠다.

세상의 모든 부모들처럼 나도 태어나 한 일 중에 가장 잘한 건 아이를 낳고 키운 일이다. 엉뚱하고 철없는 엄마를 만나 많은 시행착오를 함께 겪어왔지만 씩씩하게 자란 아이에게 고맙다. 고민을 들어준 선배들과 글을 연재할 수 있도록 자리를 내어준 〈한겨레신문〉의 노형석, 최원형 그리고 허미경 기자에게도 감사드린다. 또 원고를 읽으며 격려해준 어크로스의 김형보 대표와 최윤경 씨에게도 고마움을 전한다.

1부

—

너에게 무슨 고민이
생긴 걸까

아이들이 십대가 되면 이상해진다. 무슨 생각을 하는지, 어떻게 대응해야 할지 막막할 때가 많다. 자신의 인생에서 한 번, 아이가 십대가 되는 순간 또 한 번, 이렇게 두 번이나 그 시절을 겪으면서도 대개의 부모는 그 시절을 이해하지 못한다. 더구나 사춘기 무렵은 공부에 대한 압박이 심해지는 시기라 아이와 부모의 갈등은 더 깊어만 간다. 부모가 공부를 가장 중요하게 여기면 대화가 어려워진다. 사사건건 "그럴 시간이 있으면 공부를 해라", "학원은 갔다 왔냐", "이왕이면 공부 잘하는 친구랑 놀아라" 등의 말로 아이들에게 상처를 주게 되고 그러면 아이들은 마음의 문을 닫는다. 아이러니하게도 그러고도 부모는 아이가 무슨 생각을 하는지 도통 모르겠다고 하소연이다.

어른들은 시간이 지나면, 크고 나면 청소년기의 고민일랑 아무것도 아니라고 하지만 그건 어른들의 회고담일 뿐이다. 지나고 나면 뭐든 추억할 수 있다. 하지만 생애 최초로 이 모든 혼란을 겪는 아이들에게 학교와 집에서 맞닥뜨리는 모든 문제는 실제 상황이다, 지상 최고의 고민거리다.

청소년기에 접어든 십대는 뇌가 발달하며 어릴 때와 달리 추상적 사고를 할 수 있다. 그래서 부모의 말을 확인하려 든다. 부모가 진심으로 행동하는지, 아니면 권위 의식에 차서 거짓말을 하는지 뻔히 안다. 또 자신의 미래와 정체성에 대해 심각하게 생각하고 처음으로 가출이나 죽음 같은 단어를 떠올리기도 한다. 때로 친구 따라 강남 가듯, 친구가 하는 행동을 따라 하고 친구랑 똑같은 옷을 입으며 친구 말만 듣는 아이들도 있다. 그만큼 또래 친구들이 중요하기 때문이다. 그렇다고 십대의 친구 사귀기가 쉽냐 하면 그렇지도 않다. 친구가 중요하기 때문에 친구를 쉽게 사귀지 못하거나 왕따를 당하는 아이들의 고통은 상상을 초월한다. 자신이 이만큼 힘들다는 걸 말하고 싶어 가출도 한다. 이 모든 게 십대 아이들 속에서 들끓는다.

내 어린 시절이 생각나지 않고 우리 아이의 속마음도 모르겠다면 어린이 책이나 청소년 책을 읽어보면 좋다. 책 속의 십대를 만나면 안개가 걷히듯 지금 우리의 아이들이 보인다.

소녀는 고민이 많았다
《안녕하세요, 하느님? 저 마거릿이에요》 | 주디 블룸

사춘기는 아이가 어른으로 다시 태어나는 시기다. 사춘기 시절을 어떻게 겪어냈는지, 자신에 대해 어떤 느낌을 지니고 있는지, 어떤 자아상을 만들었는지에 따라 성적인 태도와 가치관이 새롭게 정립되고 이는 평생을 따라다닌다.

사춘기에 접어든 여자아이들의 머릿속에는 대체 무슨 생각이 들어 있는 걸까. 밥도 못 먹고 허겁지겁 학교에 가는 그 바쁜 아침에 왜 화장실에 한 시간이나 박혀 있는 걸까. 문을 꼭 잠그고 화장실에서 대체 뭘 하는 걸까. 매일 똑같은 교복을 입고 같은 신발을 신는데 뭐가 고민일까.

하나부터 열까지 도대체 이해하지 못할 일투성이라 엄마는 참다못해 딸의 뒤통수에 대고 소리를 지른다. "이놈의 계집애, 나중에 시집가서 꼭 저 닮은 딸이나 낳아라."

가끔 부모 중에는 "나는 어릴 때 말썽 한번 피우지 않은 착한 아이였다"며 큰소리를 치는 분들이 있다. 하지만 정말 그럴까. 가만

떠올려보면 정도의 차이는 있지만 누구나 성장통을 겪기 마련이다. 오히려 십대 시절 성장통을 제대로 겪지 않으면 이십대 혹은 삼십대에 뒤늦은 사춘기를 만나 더 큰 수업료를 치르는 경우도 많다. 그러니 사춘기의 통증은 성장을 위한 축복이다.

지금 막 사춘기의 입구에 서 있는 딸 때문에 속이 터질 것 같은 부모라면, 도대체 아이를 이해할 수 없다면 이 동화를 권한다. 이책을 읽으면 정말이지 마법을 부린 듯이 금방 소녀 시절로 돌아가 버린다. 나 역시 동화를 읽는 내내 초등학교 5~6학년 무렵이 생생하게 떠올랐다.

당시 내게 가장 큰 고민은 막 솟아나기 시작한 가슴이었다. 키가 커서 뒷줄에 앉은 여자아이들 몇 명이 2차 성징의 징후를 보이기 시작했는데, 그중 한 명이 나라는 사실이 싫었다. 마치 몹쓸 전염병에라도 걸린 것처럼 부끄러웠다. 안전하고 걱정 없는 아이들의 세계에서 버림받고 머나먼 곳에 버려진 듯 서러웠다. 어떻게든 아직은 어린아이인 척하고 싶었다. 부러 어깨를 숙이고 다녔다. 가슴이 나오기 시작했다는 걸 숨기고 싶었기 때문이다. 그러면서도 남자 선생님이 속옷을 입지 않고 셔츠만 입어 젖꼭지 윤곽이 선명한 것만 봐도 얼굴이 달아올랐다. 한편으로는 부끄럽지만 다른 한편으로는 참을 수 없는 호기심이 가득했던 때였다.

마거릿을 만나자 어린 내가 자꾸 보였다. 누구에게도 말하지 못한 고민을 안고 운동장을, 화장실을, 마당을 종종거리고 다니던 계집아이가 눈에 선했다. 이 나이가 되도록 그 시절에 해결하지 못한 욕망에 단단하게 매어 있다는 걸 인정할 수밖에 없었다. 혹시 내게 맞는 사이즈가 있을까 싶어 속옷 파는 곳을 그냥 지나치지 못하는 버릇이나 어깨를 움츠린 구부정한 자세 등은 따지고 보면 모두 그때로부터 기원했던 거였다.

초등학교 6학년인 마거릿은 뉴욕에서 살다가 뉴저지의 파브룩으로 이사를 했다. 아빠가 출퇴근하는 맨해튼과도 가깝고 엄마가 그토록 원하던 정원이 있는 집이기 때문이었다. 마거릿은 뉴욕에서는 친할머니가 학비를 대줘 사립학교에 다녔지만 이사를 오면서부터 공립학교에 다니게 되었다. 그러면서 좀 더 생생한 소녀들의 세계로 진입한다. 특히 이웃에 사는 낸시 휠러가 마거릿에게 큰 영향을 미친다. 아직은 어리숙한 마거릿에 비해 낸시는 조숙한 여자애다. 그래서 마거릿을 보자마자 "너 아직 밋밋하구나"라고 대뜸 말해 버린다. 일종의 기선 제압. 그러고 나서 자기는 몇 년만 있으면 〈플레이보이〉에 나오는 여자들처럼 될 거라는 둥, 키스를 잘하는 사람이 되고 싶다는 둥 확실하게 어른 여자인 척한다. 엄마의 화장품으로 화장 연습을 하느라 바쁜 낸시를 보며 마거릿은 아직 어린애에 불과한 자신이 창피하고 얼른 어른이 되고 싶다.

마거릿은 낸시가 만든 비밀 모임에도 참여한다. 제니 루미스, 그레첸 포터, 낸시 휠러 그리고 마거릿까지 네 명의 소녀들은 '사춘기 이전의 멋쟁이들'이란 뜻으로 '사이멋'이라는 비밀 모임을 만든다.

모임의 규칙을 정하고 함께 모여 비밀을 공유하고 수다를 떠는 것이 주목적이다.

사이멋의 첫 번째 규칙은 모두 브래지어를 해야 한다는 것, 두 번째는 처음으로 생리를 하는 사람은 모두에게 그 이야기를 해줘야 한다는 것, 특히 그 느낌을 꼭 생생하게 전하기로 약속한다. 세 번째는 '보이북'을 만드는 것. 보이북은 좋아하는 남자애들의 이름을 순서대로 적어놓은 공책으로 사이멋 회원은 매주 바뀐 순위를 적고 서로 돌려보기로 약속한다.

훗날 돌아보면 참 유치하다고 여길 법하지만 소녀들에게는 그 무엇과도 바꿀 수 없을 만큼 중요한 일이다. 사이멋의 회원이 된 마거릿은 이제 자신만의 하느님에게 어서 가슴이 나오게 해달라고 기도한다. 마거릿이 몰래 하느님을 찾는 데는 이유가 있다. 원래 아빠는 유대인, 엄마는 크리스트교 교인이었는데 종교가 다르다는 이유로 양가에서 두 사람의 교제를 심하게 반대했다. 결국 두 사람은 사랑을 택했고 함께 도망 나와 결혼했다. 때문에 지금껏 종교를 갖지 않을 뿐만 아니라 분쟁의 소지가 되는 종교를 터부시하고 있다. 하지만 마거릿은 엄마 아빠 몰래 유대교도, 크리스트교도, 이슬람교도의 하느님이 아닌 자기만의 하느님을 찾아 뭔가 고민이 있을 때마다 부탁한다. 이 책의 제목이 '안녕하세요, 하느님? 저 마거릿이에요'인 것은 이런 이유에서다. 솔직히 사춘기 시절의 고민을 부모에게 어떻게 털어놓겠는가. 뭔가 해서는 안 되는 말인 양 꺼내기조차 어렵지 않은가. 마거릿은 이때마다 하느님에게 솔직하게 고민을 털어놓는다.

"하느님, 거기 계세요? 저 마거릿이에요. 엄마한테 브래지어를 하고 싶다고 말했어요. 제발 제가 성숙해지도록 도와주세요. 어디를 어떻게 말하는 건지 아시죠? 저는 다른 애들과 똑같이 되고 싶어요."

사춘기 입구에 선 마거릿의 고민은 꼬리에 꼬리를 물며 불어난다. 날마다 하느님을 찾으며 기도했지만 어찌 된 일인지 날마다 고민이 깊어진다. 어렵사리 엄마와 브래지어를 사러 갔지만 점원은 마거릿의 가슴을 쓱 훑어보더니 대뜸 주니어 코너로 가라고 해서 마거릿을 죽을 만큼 부끄럽게 한다. 또 남자애들은 왜 이렇게 신경이 쓰이는지. 집에 와서 잔디 깎기 아르바이트를 하는 무스도, 반에서 제일 잘생긴 필립 리로이도 자꾸만 쳐다보게 된다.

기도도 하고 운동도 하지만 여전히 가슴은 절벽이고 생리는 시작할 낌새도 보이지 않는다. 〈플레이보이〉에 나오는 벌거벗은 여자 모델의 사진을 보며 "나도 열여덟 살이 되면 저렇게 될까" 싶다. 그러다 친구인 그레첸이 모임에서 제일 먼저 생리를 시작한다. 마거릿은 하느님에게 또 부탁한다. "정말이지 샘이 나 죽겠어요. 샘이 나는 게 싫지만 어쩔 수 없어요. 조금만 도와주셨으면 좋겠어요. 낸시는 자기도 곧 할 거라고 큰소리를 쳐요. 제가 맨 마지막이 되면 어떡하죠? 제발 하느님, 전 정상이고 싶어요." 정말이지 마거릿은 간절히 또래 아이들처럼 보이고 싶다. 그렇지 않아도 자기만 종교가 없는데, 거기에 생리까지 안 한다면 정말 이상하지 않은가.

동화를 읽다 보면 주디 블룸은 어떻게 이런 순간들을 그대로 기억하고 있을까 싶을 만큼 소녀들의 걱정, 근심, 두려움, 호기심 등을 잘 살려냈다. 그래서 그때 그 시절을 완전히 잊은 부모라도 단박에 그 옛날을 복기할 수 있다. 그 무렵에 얼마나 성숙해지고 싶었고 어른인 척하고 싶었는지, 여자아이들과 남자아이들이 따로 놀면서도 실은 서로에게 얼마나 관심이 있었는지, 얼마나 강렬하고 단단하게 성적 호기심에 사로잡혀 있었는지를 생생하게 떠올릴 수 있다.

사춘기는 아이들이 어른으로 다시 태어나는 과정이다. 비유적인 표현이 아니라 정말로 다시 태어난다. 여자아이들은 사춘기 이전에 '말괄량이 삐삐'처럼 자신만만하고 씩씩한, 조금은 중성적인 모습을 보이다가도 사춘기를 겪고 나면 여성적으로, 때로는 수동적이고 방어적으로 바뀌는 경우가 허다하다. 사춘기 시절을 어떻게 겪어냈는지, 자신에 대해 어떤 느낌을 지니고 어떤 자아상을 만들었는지가 이런 태도에 영향을 미친다. 더구나 이 무렵 생겨난 성적인 태도나 가치관은 평생을 두고 지속된다. 그럼에도 사춘기 아이들에게 가장 큰 관심사인 몸과 성에 관한 이야기는 부모와 아이가 함께 나누기 참 어려운, 껄끄러운 주제다. 하지만 아이를 아직 어리다고만 생각하지 말고, 회피하지 말고 오히려 솔직하게 부모가 자신의 경험을 돌아본다면, 그래서 때로 진실하게 부모의 이야기부터 들려준다면 어렵더라도 방법을 찾을 수 있다. 그 처음은《안녕하세요, 하느님? 저 마거릿이에요》처럼 내 안의 소녀를 불러내기 좋은 책으로부터 시작해보자.

좀 더 읽기

주디 블룸은 부모와 자식 사이에 툭 까놓고 말하기 힘든 문제들을 소설로 보여주는 데 장기가 있다. 피터와 퍼지 형제를 중심으로 집 안팎에서 벌어지는 이야기를 익살스럽게 담아낸 '퍼지 시리즈'도 유명하지만 개인적으로는 여자아이들의 걱정과 근심을 풀어낸 책들을 각별하게 아낀다. 성관계를 직접적으로 표현했다고 해서 1970년대 출간 당시 미국에서도 논란이 있었던 청소년 소설《포에버》도 그렇고,《안녕하세요, 하느님? 저 마거릿이에요》도 결국은 소녀들이 겪는 몸과 마음의 변화를 이야기하는 작품들이다.《안녕하세요, 하느님? 저 마거릿이에요》에서는 사춘기 여자아이가 겪는 2차 성징이 건강하고 정상적인 과정임을 보여준다면《포에버》에서는 성인 여자에게 마음의 사랑뿐 아니라 몸의 사랑 역시 중요하다는 사실을 들려준다. 여자아이들이 느끼는 미묘한 심리, 어떤 때는 스스로도 제대로 표현하기 어려운 속내가 궁금하다면 주디 블룸이 제격이다.

하느님, 제발
제 가슴이
빵빵하게
...

엄마한테는 차마 못할 얘기.

아는 척하지 말고, 먼저 들어보자

《어두운 계단에서 도깨비가》 | 임정자

동화책을 읽으면 나는 지금 어떤 엄마인지, 그 옛날에 나는 어떤 어른이
되길 꿈꾸었는지, 아이들에게 엄마는 어떤 모습으로 비춰지는지를 알게
된다. 어린 시절의 나를 만나는 일은 바로 지금의 내 아이를 온전히 만나
는 길이기도 하다.

오랜 세월 나는 열등감을 지니고 있다는 사실을 숨기려고 애쓰며
살아왔다. 가장 큰 열등감은 똑똑하지 않다는 자각이다. 이상이 높
은 데다 완벽주의까지 심해 스스로를 몹시도 괴롭히며 살아왔다.
사춘기가 찾아올 무렵이 되니 내가 지극히 평범하며 수학이나 과학
같은 과목은 평균 이하라는 사실을 분명히 알 수 있었다. 그런데도
사실은 공부를 안 해서 그렇다는 자기 합리화에 빠지거나 이런 사
실을 남들에게 들키고 싶지 않아서 전전긍긍했다. 당연히 사는 게
힘들었다. 그때로부터 많은 시간이 지났으니 "지금은 그렇지 않다"
라고 말할 수 있으면 좋으련만 사람이란 그렇게 쉽게 바뀌지 않는
다. 이런 마음은 여전하며 늘 조바심을 낸다. 어쩌다 강의라도 하

면 혹시 썰렁할까 봐 지레 겁을 먹는다. '내가 말을 못해서 사람들이 재미없어하나 보다'라는 생각이 들면 말이 빨라지고 저 혼자 달려간다. 듣는 이들이 강사가 조급해하는 걸 모를 리 없다. 말하는 사람과 듣는 사람이 주고받지 못하고 저 혼자 일방통행으로 달리니 강의는 이제 진짜 재미없어진다. 글을 써놓고도 여러 사람에게 일삼아 보여주는 이들이 있는데 나는 절대 안 그런다. 혹여 못 썼다는 소리를 들을까 지레 겁이 나서 꼭 혼자만 보고 담당자에게 보낸다. 누구에게도 내 글이 어디에 실렸네 하며 소문내지 않는다.

한데 똑똑한 척을 하려 들면 사람이 경직되기 마련이라 재미가 없다. 가장 큰 웃음은 자기 자신을 우스꽝스럽게 만들 때 나오는 법이 아닌가. 그나마 다행스러운 건 자신의 강박을 제대로 알면 그 강도를 조금씩 줄여갈 수 있다는 거다. 언제부터인가 때로 멍청하다는 걸 시인하면서 평화를 느끼는 자신을 발견하기 시작했다. 또 꼴사납지만 거칠게 소리를 지르고 성을 내기도 한다. 어떤 엄마인들 이렇게 무식하고 없어 보이고 싶으랴. 하지만 누구나 때로 험한 소리를 하고 말귀가 통하지 않는 엄마 노릇을 한다. 나도 그렇다. 이걸 인정하니 아줌마들이랑 이야기하는 것도 편해졌다.

임정자의 처녀작인 《어두운 계단에서 도깨비가》에는 목소리가 크고 자기 말만 하는 엄마들이 여럿 나온다. 작가의 동화는 크게 억압된 어린이들의 마음을 어루만지는 이야기와 우리 신화를 배경으로 삼은 동화들로 나뉘는데, 개인적으로는 전자에 속하는 동화에서 카타르시스를 느낀다. 여기 나 같은 엄마가 또 있구나 싶어서.

생각해봐라. 사실 엄마가 아이들하고 집에 있다 보면 갖가지 일이 생긴다. 낙지전골을 하려고 냄비에 산 낙지를 넣고 뚜껑을 닫은 다음 잠시 자리를 비운 사이 뚜껑이 사라졌다. 낙지도 안 보인다. 건망증이 심한 엄마들은 순간적으로 "아이고, 내 정신이야, 뚜껑도 안 닫았네"라고 하다가 이내 정신을 차린다. 분명 아이 짓이다. 그러면 "남수야, 이놈의 새끼! 뚜껑 어쨌어!" 하고 냅다 소리를 지르지 않을 수가 없다. 또 아파트 아래층에 사는 예민한 할머니가 수시로 시끄럽다고 올라오지, 아이가 조금만 뛰어도 인터폰이 울려대지 노이로제에 걸릴 지경인데 아이들이 또 뛴다. 할 수 있나. "당장 나가 놀아. 이놈아, 왜 집에서 이 난리야!" 소리라도 빽 질러야 엄마가 산다.

여기까지 쓰고 보니 다른 엄마들은 언제 아이들에게 소리를 지르는지 궁금해진다. 나는 엄마가 바쁜 것을 보고도 손가락 하나 까닥 안 하는 아이와 남편을 보고 있을 때, 아침에 일어나 부엌에 갔더니 설거지거리가 한가득일 때 큰 소리가 저절로 나온다. 아, 또 있다. 본전 생각날 때. "엄마가 겨우 그 성적 받아오라고 뼈 빠지게 일해서 학원에 돈 내는 줄 알아" 하고 소리 지르고 싶을 때 진짜 본전 생각난다.

그렇다면 반대로 아이들은 언제 제일로 속상할까? 나는 아직도 어린이 책을 읽다가 안하무인으로 구는 어른들을 만나면 활화산이 폭발하듯 분노가 꿈틀거리는 걸 느끼고 화들짝 놀랄 때가 많다. 어른이 되고 나서 까맣게 잊고 있었지만 어린 시절 나는 독재자 어른, 위선자 어른이 지독하게 싫었다. 그래서 나중에 크더라도 절대 술은 마시지 말자, 뒤에서는 욕하고 앞에서 웃는 밉살스러운 어른은 되지 말자, 매사에 신경질내는 어른은 되지 말자, 이유도 듣지 않고 아이를 혼내는 어른은 절대 사양이라고 여러 번 다짐했다. 여전히 소리 지르고 화내는 엄마로 사니 이런 다짐을 온전히 지키지 못하지만 그동안 읽은 책도 있고 '교양 부인'인 척하고 싶은 욕망도 있으니 매사에 잔소리를 일삼는 엄마는 아니라고 자부했다. 그래도 한 번씩 아이랑 붙을 때가 온다. 그때마다 아이는 "엄마는 내 맘을 다 아는 것 같다가 결정적일 때는 몰라" 하며 억울해했다. 결정적일 때 모른다는 건 뭘까, 이걸로 또 한참 고민했다. 이게 다 온몸과 마음으로 깨닫지 못하고 겉으로만 아는 척하는 병이 깊어서 생긴 일이다.

내가 지금 어떤 엄마인지, 그 옛날에 나는 어떤 어른이 되길 꿈꾸었는지 다시 살펴보게 된 건 《어두운 계단에서 도깨비가》 같은 동화를 읽은 후부터였다. 김애란의 《두근두근 내 인생》이라는 소설에 사람들이 아기를 낳는 건 "자기가 기억하지 못하는 생을 다시 살고 싶어서"라는 구절이 나온다. 예민한 소설가는 부모가 되어보지 않고도 신의 뜻을 읽지만 둔한 나는 엄마가 되어서도 알지 못하고 동화책을 읽고서야 간신히 뒤를 돌아봤다.

단편 〈꽁꽁별에서 온 어머니〉 속의 엄마가 그렇다. 단편 속의 엄마는 아이가 빵을 달라는데 밥을 주고, 놀고 싶다는 말은 공부하자는 말로, 축구하고 싶다는 말은 죽고 싶다는 말로 알아듣는다. 어느날 아이가 "배고은이랑 놀다 올게요" 하고 나가는데 엄마는 이런다. "배고프다고? 우유 줄게. 마시고 숙제해." 아이 입장에서는 기가 막힐 노릇이다. 엄마는 마술을 배우고 싶다는 소리도 잘못 알아듣고 미술 선생님을 붙여준다.

아이가 이렇게 외친다. "어떻게 이렇게 말이 안 통할 수가 있을까요? 내 소리가 작아서 그런가요? 어머니가 내 말을 알아듣게 나는 좀 더 큰 소리로 다시 한 번, 모르는 사람이 들으면 악을 쓴다고 할 정도로 커다란 소리로 말했어요." 그래도 엄마가 말을 못 알아듣고 딴소리를 하자 아이는 이렇게 반응한다. "나는 화가 나서 더 이상 참지 못하고 발을 쾅쾅 구르고 주먹으로 내 가슴을 쳤어요." 왜 아이들이 마음에 병이 생기면 몸이 아픈지 어떤 육아서나 심리학 책보다 더 잘 보여주는 대목이다. 엄마가 아이 말을 못 알아들으면 아이들은 난폭한 행동을 하거나 더 이상 말을 하지 않거나 심지어 몸의 어딘가가 아프다고 통증을 호소한다. 혹시 이렇게 하면 엄마가 내 말을 잘 알아듣지 않을까 하고.

동화의 주인공은 엄마가 외계인이라서 자신과 말이 안 통한다고 생각하고 엄마가 온 꽁꽁별로 가서 이 문제를 해결하려 한다. 역시나 꽁꽁별에 사는 할아버지가 답을 가지고 있었다. 꽁꽁별에서는 아이들을 유능한 과학자나 기술자로 만들기 위해 기억을 빼내 기억 상자에 넣어둔 탓에 엄마 마음속에는 어린 시절이 없었던 거다. 하지만 현실에서 어린 시절을 다시 기억하고 싶다면, 기억 상자를 되찾아올 것 없이 동화책을 읽으면 된다.

이외에도 〈낙지가 보낸 선물〉이나 〈어두운 계단에서 도깨비가〉 같은 단편은 어떤 상황에서도 놀기를 멈추지 않는 아이들의 놀이 본능이 흥건한 이야기들이다.

아이들은 때로 "추비빗 추비빗" 소리를 듣고는 이렇게 우는 새는 어떻게 생겼나 궁금해서 쭈그리고 앉았다가 피아노 학원을 잊기도 하고, 팽이가 "팽팽팽" 도는 걸 보고 있다가 학원 차를 놓치기도 한다. 한데 부모는 이런 아이 때문에 속이 터진다. 다음부터는 절대 안 된다고 타이르고, 매를 들고, 윽박지르기도 한다. 하지만 어른들이 안 된다고 기를 쓰고 말리는 그 순간에도 아이들은 상상력을 동원해 재미를 만들어낸다. 아이들의 유쾌한 본질이다. 〈어두운 계단에서 도깨비가〉에는 놀이 본능으로 충만한 아이들의 세계가 그려진다. 놀고 싶어 하는 아이는, 놀면 큰일 나는 줄 아는 부모와 대립하고 길항하면서도 저만의 재미를 찾아간다. 작가는 이 모습을 유쾌한 상상력으로 풀어냈다.

아이들은 전골냄비 뚜껑에 착 달라붙은 낙지를 구해주고 어디든 가게 착 달라붙는 신발을 얻는다. 엄마가 학원에 가라며 쫓아오면 잽싸게 그 신발을 신고 나무 위로 도망친다. 엄마가 회초리를 들어도 어디든 걸어갈 수 있는 신발을 신고 아파트 벽이나 천장으로 올라가 버틴다. 아파트에서 뛴다고 혼이 나면 계단으로 나가 벽이랑, 층계 난간이랑, 바닥에 사는 쿵쿵이, 겅중이, 총총이를 만나 '사탕 하나 주면 안 잡아먹지' 놀이를 한다.

동화 속 아이들은 각종 놀이를 만들어내는데 이 놀이를 한번 따라해보길. 상상만으로도 재미나다. 예를 들어 내장 놀이. 아이들 네 명이 밥, 반찬, 병균, 소화제 역할을 맡고 구불텅한 미끄럼틀에게는 내장 역할을 맡긴다. 밥이 반찬 손을 잡고 내장을 미끄러져 내려가면 병균이 미끄럼틀 아래를 막고 선다. 배탈이 난 거다. 이때 소화제가 미끄럼틀 위에서 "소화제닷!" 하고 몸을 던지면 밥이랑 반찬이랑 병균이 똥이 되어 밖으로 뚝 떨어지는 놀이다. 하하하.

아이들은 이렇게 놀면서 자란다. 비록 아파트의 어두운 계단일지라도 여기서 도깨비와 놀면 어떨까 하는 상상력을 잃지 않는 한, 아이들은 도시 한복판에서도, 아파트 숲 한가운데서도 자란다. 어른들이 일러주지 않아도, 심지어 호시탐탐 아이들의 놀이를 방해하려 해도 아이들은 스스로 노는 재미를 찾아간다. 그러니 어른들은 아이들 방해하지 말고 꽁꽁별에 감추어둔 기억 상자나 찾아와 어린 시절을 되돌아보길.

또 아프다고 해야 알아들으려나.

배고은네
다녀올게요.

뭐?
벌써
배가 고프니?

엄친딸 말고 진짜 내 친구

《내 친구가 마녀래요》 | E. L. 코닉스버그

아이가 혼자라는 걸 알면 엄마들은 친구를 만들어주려고 애쓴다. 하지만 더 중요한 건 아이가 먼저 손을 내밀 줄 아는 거다. 겉으로 인기 있는 친구 말고 내면에 보석을 숨기고 있는 아이와 친구가 될 때 아이는 성장한다.

참관 수업이나 급식 당번을 하기 위해 학교에 갔다가 아이를 볼 때가 있다. 집이 아닌 학교에서 보는 내 아이는 낯설다. 혹여 아이가 운동장에서 혼자 그네를 타고 있거나 교실에 홀로 앉아 있는 걸 보게 되면 가슴이 철렁 내려앉는다. 새 학년이 될 때마다 친구 사귀기를 어려워했지만 설마 외톨이로 지내는 건 아닐까 지레 걱정을 하느라 마음이 어두워진다.

사회성이 부족해서 고민이라고 하면 주위에서 이런저런 충고를 해준다. 먼저 엄마들하고 친해져야 아이들끼리도 친구가 된다, 운동을 잘하면 인기가 좋으니 농구를 시켜야 한다, 교회나 학원처럼 또래 아이들이 많은 곳에 아이를 보내야 한다 등등 다양한 처방이 나온다. 하지만 아이 문제는 지극히 개별적이라 만병통치약이 있는 것은 아니다. 핑계를 대자면 직장을 다니느라 엄마들과 어울리기 어려웠고, 운동이라면 질색인 아이에게 억지로 농구를 시키다가 모자간의 인연을 끊을 뻔했으며, 아이 때문에 종교를 가질 수는 없다는 신념이 너무 강했다.

만약 아이가 친구 사귀기를 힘들어한다면 E. L. 코닉스버그의 《내 친구가 마녀래요》를 권한다. 뉴욕 근처의 맥킨리 초등학교로 전학 온 5학년 엘리자베스가 제니퍼와 친구가 되는 이야기를 통해 친구란 어떻게 생기는지, 친구와 노는 것이 얼마나 신나는지, 친구와 진정한 우정을 쌓기까지 어떤 아픔이 따르는지, 한마디로 친구 되기의 전 과정을 잘 보여주는 작품이다.

엘리자베스는 까다롭고 감상적이고 잘 따지고 편식도 심한 외동 아이다. 전학까지 왔으니 친구를 쉽게 사귀지 못해 혼자 숲 속 뒷길을 걸어 학교에 다닌다. 그 숲에서 뜻밖에 제니퍼를 만났다. 이상하기로 따지면 제니퍼는 엘리자베스를 능가한다. 제니퍼는 자신을 마녀라고 소개하고는 엘리자베스에게 마녀 견습생이 될 생각이 없냐고 묻는다. 이렇게 해서 두 소녀는 특별한 의식으로 비밀 맹세를 하고 엘리자베스는 평소라면 절대 먹지 않을 날계란 같은 별난 음식을 먹으며 수련을 받는다. 마녀 수업을 받기 시작하면서 엘리자베스는 더 이상 친구 하나 없는, 따분한 학교생활을 하는, 그저 그런 평범한 아이가 아니다.

엘리자베스의 엄마는 아무것도 모른 채 어른들이 보기에 착하고 예의 바른 신시아랑 친해지기를 바란다. 툭하면 딸에게 "신시아한테 전화해라. 도서관이 어디 있는지 가르쳐달라고 하지 그러니?"라고 부추기거나 "친구 없이 잘 지내는 건 정상이 아니며, 적어도 친구가 몇 명은 있어야 정상"이라고 걱정을 늘어놓는다.

하지만 엘리자베스는 마녀 견습생이 된 후로 학교 가는 일을 신나 할 만큼 다른 사람으로 변해갔다. 엘리자베스는 "이제는 학교를 오가는 일이 하나의 모험이 되었다. 그런 모험을 생각하면 옷을 입는 것마저도 설레었다. 엄마는 깜짝 놀라며 내가 꼭 딴사람 같다고 말했다. 물론 나는 다른 아이였다. 엄마는 달걀 덕분이라고 생각했다"며 즐거워한다.

사람은 누군가를 사랑하고 좋아하게 되면 동일화 과정이 일어나는 것 같다. 엘리자베스는 제니퍼와 급속하게 친해지며 무엇이든 제니퍼를 따라 한다. 제니퍼의 독서 습관에도 감탄하고, 하늘을 올려다보며 걷는 습관에도 감탄하고, 마음이 내키지 않으면 누구든 무시하는 그 냉정한 태도에도 감탄한다. 제니퍼와 친하게 지내며 엘리자베스는 제니퍼를 따라 하고 이를 통해 엘리자베스의 삶이 질적으로 변한다.

하지만 각별히 가까운 친구로 지내자면 누군가는 양보를 하고 때로 손해를 보는 일도 생긴다. 그런 경험이 쌓이면 관계는 틀어진다. 아무리 친하다고 해도 수평적인 관계로 재정립되지 않으면 서로 등을 돌릴 수밖에 없다. 엘리자베스 역시 언제까지나 마녀 제니퍼를 따르는 견습생으로 지낼 수는 없다. 엘리자베스가 아끼던 '힐러리 에즈라'라는 두꺼비 때문에 갈등을 겪으며 이런 문제가 폭발한다. 이제 두 사람은 마법이 아닌 일상에서 서로의 본모습을 인정하고 배려하는 진짜 친구가 되어야 할 시간을 맞는다.

우리는 누구나 재미있고 얼굴도 예쁘고 운동도 잘하고 성적도 좋은 친구를 사귀고 싶어 한다. 동화 속의 신시아 같은 여자아이 말이다. 하지만 신시아는 두 얼굴을 지녔다. 어른들이 보고 있을 때는 착하게 굴지만 어른들이 보이지 않으면 바로 심술을 부리고 다른 아이를 못살게 군다.

반면 제니퍼는 아무도 관심을 갖지 않는 아이다. 동화에서는 정색하고 말하지 않았지만 제니퍼는 맥킨리 초등학교에서 유일한 흑인 여자아이다. 1960년대 마틴 루터 킹 목사의 주도 아래 미국에서 흑인 권리 운동과 인권 운동이 펼쳐졌지만 아직 흑인은 편견 어린 시선을 받을 때다. 이 작품이 1968년에 발표되었으니 당시 사정을 감안하면 제니퍼는 차별 어린 시선에 익숙해진 아이다. 이런 환경에서 살아가자면 도피처가 필요했을 것이고 그래서 제니퍼는 자신이 마녀라고 생각한 것이 아닐까 싶다. 변장을 하고 특별한 옷을 입는 할로윈 날에도 제니퍼는 아무 준비도 하지 않는다. 자기는 마녀지만 늘 보통 아이로 완벽하게 변장해왔기 때문에 할로윈 날이라고 따로 변장할 필요가 없다는 제니퍼의 말이 이런 생각을 뒷받침한다.

하지만 제니퍼인들 정말 아이들에게 관심이 없을까? 실은 아이들을 유심히 관찰하고 있었다. 그러니 새로 전학 온 여자아이의 이름이 엘리자베스라는 것도, 친구 없이 혼자 다닌다는 것도 미리 알고 있었던 것이다. 물론 엘리자베스를 만났을 때는 "난 선생님한테 마법을 걸어놨기 때문에 학교에 가는 것뿐이야"라며 마지못해 함께 학교에 가는 척하지만 말이다.

엘리자베스도 그렇고 제니퍼도 그렇고 우리는 왜 이토록 친구가 필요할까? 평소에는 점잖고 근엄한 중장년의 남자들이 친구를 만나는 순간 어린아이로 돌아가는 모습이 자주 목격된다. 만나자마자 핀잔을 주고 놀리며 무례하게 군다. 이런 장난스러운 말과 행동으로 친구와 나 사이가 결코 무너지지 않는다는 걸 증명이라도 해보이겠다는 듯이 심술궂게 상대를 놀린다. 친구 앞에서는 가식과 위선 없이 흉허물을 터놓을 수 있기 때문이다.

평소에 사람은 누구나 사회적 자아라는 가면을 쓰고 산다. 삶이 단순했을 때는 그 가면도 단순했지만 삶이 복잡해지면 가면도 많아진다. 가면이 많으면 혼란이 일고 피곤하다. 그러니 가면을 벗고 쉬고 싶어 한다. 하지만 아무 앞에서나 그럴 수는 없고 대부분 친구 앞에서 그 가면을 벗는다. 일부러 못되게 굴고 놀리고 약점을 공격한다. 그러면 코흘리개 어린 시절로 돌아간 듯 편안하다.

친구란 있는 그대로의 나를 좋아하고 이해해주는 사람이다. 마치 어린 시절 엄마가 '지금까지도 그랬고 지금도 그렇고 앞으로도 나는 괜찮은 사람이고 나를 이해해주는 사람들과 연결되어 있다'는 정서적 안정감을 주었던 것과 비슷하다. 사람은 평생 이런 믿음을 느낄 수 있는 상대를 찾아 헤매는 것 같다. 사랑을 받아본 사람이 사랑할 수 있듯, 이런 믿음을 느껴본 사람만이 친구를 이해하고 받아들일 수 있다. 그러므로 친구를 사귀기가 어렵다는 건 자존감이 낮아 남들이 나를 어떻게 볼까를 늘 걱정하고 불안해 한다는 뜻이기도 하다. 사람들을 만나는 것이 즐겁고 있는 그대로의 내 모습을 떳떳하게 보여줄 수 있다면 친구 사귀기가 그렇게까지 어려울 리는 없다.

아이에게 친구가 없다는 것을 알게 되면 엄마들은 부랴부랴 뭔가를 해보려 애를 쓴다. 엘리자베스의 엄마처럼 억지로 인기 좋은 아이랑 붙여주려고 하고 축구 클럽 같은 곳에 보내기도 한다. 하지만 더 중요한 것은 아이가 충분히 사랑받았고 사랑을 나눠줄 준비가 되었는가 하는 점이다. 내 감정을 이해하면 친구의 감정도 이해할 수 있다. 그러고 나서 친구에게 먼저 손을 내밀 줄 알면 된다. 신시아 같은 인기 많은 아이 말고 제니퍼같이 내면에 보석을 숨기고 있는 아이란 늘 있기 마련이니까.

E. L. 코닉스버그는 미국도서관협회에서 한 해 동안 출판된 아동문학 작품 중 가장 훌륭한 작품에 수여하는 뉴베리상을 세 차례나 수상한 작가다. 1968년 처음 출간한 《클로디아의 비밀》이 뉴베리상 메달을, 《내 친구가 마녀래요》가 동시에 뉴베리 아너상을 수상해 단박에 주목받는 어린이 작가로 떠올랐다. 1997년 《퀴즈 왕들의 비밀》로 또 한 번 뉴베리상 메달을 수상했다. 코닉스버그의 작품은 비벌리 클리어리, 스콧 오델, 로이스 로리의 작품처럼 어린이 책에 관심이 있는 사람이라면 반드시 거쳐야 할 관문으로 평가받는다.

뿐만 아니라 그녀의 작품은 위트 있고 재기 발랄한 주인공을 내세워 아이들에게도 인기가 높고 작가의 이름을 가리고 읽어도 누가 썼는지 금방 알 수 있을 만큼 개성적이다. 그녀의 작품에 등장한 아이들이 그만큼 남다르기 때문이다. 코닉스버그의 동화에서 이런 아이들을 만날 수 있는 것은 작가가 중산층 부모 밑에서 태어나 도시에서 자란 아이들을 본격적으로 작품에 담았기 때문이다. 1968년 발표된 《내 친구가 마녀래요》의 엘리자베스와 제니퍼는 물론이고 이 작품과 더불어 뉴베리상을 수상한 《클로디아의 비밀》에서 메트로폴리탄미술관으로 우아한 가출을 떠나는 클로디아 역시 고생을 모르고 자란 도시의 아이들이다.

부모를 난쟁이로 만들고 싶은 순간

《마법의 설탕 두 조각》 미하엘 엔데

아이들은 부모에게 절대적으로 의지하지만 하고 싶은 걸 못하게 금지하는 부모가 미울 때가 많다. 미하엘 엔데는 이런 이중적 심리를 지닌 아이들이 죄책감 없이 부모를 난쟁이로 만들어보는 카타르시스를 선사한다.

어린이 책 작가인 미하엘 엔데는 부모 세대에게도 이름이 익숙하다. 나 역시 미하엘 엔데를 처음 만난 건 30여 년 전으로 거슬러 올라간다. 예전에는 서울의 교보문고나 종로서적처럼 각 지방을 대표하는 유명 서점들이 있었다. 전주의 홍지서림, 대전의 대훈서적, 부산의 동보서적과 영광도서 같은 곳들 말이다. 장정일이 〈삼중당문고〉라는 시에서 "개미가 사과껍질에 들러붙듯 천천히 핥아먹은"이라고 표현한 것처럼 이런 서점에서 많은 이들이 책을 핥아먹듯 읽었다. 시인 김용택은 교사 시절 월급을 타면 동생들 밑으로 들어가버려 돈이 궁했기 때문에 일요일마다 전주 홍지서림에서 하루 종일 서서 책을 읽었고 그러면 책방 아가씨가 의자를 가지고 와서 앉아 읽으라고 권했다고 한다. 이런 서점 가운데 많은 수가 지금은 추억이 되었거나 옛 명성을 잃어버리고 쇠락했지만 내게도 그런 곳이 있다. 시험이 끝나는 날에도 가고, 약속 장소 삼아서도 가고, 심지어 갈 곳이 없을 때도 갔다.

미하엘 엔데의 《모모》를 만난 곳도 그 서점이었다. 나는 친구들에게 으스대려고 베스트셀러였던 이 책을 사서 읽었다. 당연히 미하엘 엔데를 성인물 작가로 여겼다. 비슷한 시기 대학가요제 출신의 가수 김만준이 부른 '모모'라는 노래도 유행했다. "모모는 철부지 모모는 무지개"로 시작하는 노래 속 주인공은 미하엘 엔데의 '모모'겠거니 했는데 대학생이 되어 에밀 아자르의 《자기 앞의 생》을 읽고서야 알았다. 김만준의 모모는 《자기 앞의 생》에 등장하는 주인공 '모모'라는 걸. 두 명의 모모는 세월이 흘러도 여전히 유명해서 미하엘 엔데의 모모는 〈내 이름은 김삼순〉이라는 드라마 덕에, 에밀 아자르의 또 다른 모모는 〈비밀〉이라는 드라마 덕에 다시 살아나기도 했다.

미하엘 엔데의 대표작 하면 《끝없는 이야기》나 《모모》 같은 장편 판타지를 손꼽지만 초등학교 저학년이라도 재미를 느낄 만한 작품이 있다. 《마법의 설탕 두 조각》이다. 불과 90여 페이지밖에 안 되는 적은 분량이지만 작가의 노련함을 맛보는 데는 전혀 부족함이 없다. 오히려 송곳을 주머니에 숨겨도 티가 나듯 대가의 역량이 이 작은 단편 속에서도 빛난다.

렝켄은 읽기를 배운 지 얼마 안 된 아직 어린 여자아이다. 늘 착하게 굴지만 엄마 아빠가 원하는 걸 들어주지 않으면 속이 상한다. 렝켄이 아이스크림을 먹겠다고 하면 엄마는 이미 두 개나 먹지 않았느냐면서 자꾸 먹으면 배탈이 난다고 하고, 만화영화를 보고 싶다고 하면 아빠는 만화는 그만 보라며 뉴스를 보는 식이다. 언제까지 이렇게 참고 지낼 수는 없다고 생각한 아이는 요정을 찾아가기로 한다. 마침 거리에서 만난 경찰관에게 물으니 주소를 일러줬다. '빗물거리 13번지 맨 위층'이다. 빗물 거리에 접어드니 정말로 비가 내리고 맨 위층에 올라가 문을 여니 시퍼런 호수가 펼쳐진다. 배를 타고 호수를 건너 도착한 집에는 손가락이 여섯 개인 '프란치스카 프라게차익헨 요정 부인'이 다리가 세 개 달린 둥근 탁자에 앉아 있다. 시계의 숫자는 모두 12다. 요정 부인은 "원래 마법은 자정이 되어야만 제대로 효력을 발휘"하니 시계가 이 모양이라며 이곳은 늘 마법이 가능한 곳이라고 말한다.

렝켄이 요정을 만나는 장면을 읽다 보면 감탄이 절로 나온다. 미하엘 엔데는 이 짧은 단편에 아주 완벽한 판타지 공간을 직조해놓은 솜씨 좋은 장인이다. 그가 만든 판타지는 한 땀 한 땀 손으로 수놓은 아름다운 수예품을 보고 있듯 매끄럽고 완벽하고 조화롭다. 그 이음매가 보이지 않을 정도로 아주 꼼꼼하고 자연스럽게 현실에서 판타지로 넘어가 버린다. 그래서 독자는 아무런 덜컥거림 없이 어느덧 렝켄과 함께 판타지 속으로 발을 담그게 된다.

자, 이제 고민 상담이 시작된다. 렝켄이 주저주저 말을 쏟아놓는다. "엄마와 아빠를 어떻게 해야 할지 모르겠어요." (그래서?) "나 혼자 두 사람을 상대하려니까 너무 힘들어요." (원래 그렇지!) "더구나 나보다 키도 훨씬 커요." (어른이니까!) "나보다 키가 작으면 둘이라도 문제가 이렇게 심각하지는 않을 텐데." (그럴지도 모르지!) "키가 지금의 반이라도 된다면." 렝켄이 말을 할 때마다 추임새만 넣고 경청하던 요정 부인은 아이가 스스로 원하는 바를 말하자마자 낚아챈다. 바로 마법의 설탕 두 개를 건넨 것. 몰래 찻잔 속에 설탕을 넣고 그걸 엄마 아빠가 먹으면 그다음부터 렝켄의 말을 들어주지 않을 때마다 엄마 아빠의 키가 절반으로 줄어든단다.

하지만 세상에 공짜는 없는 법. 처음 상담은 공짜지만 두 번째부터는 비싼 값을 치러야 한다는 경고를 받는다. 그러거나 말거나 렝켄은 콧방귀다. 잔소리만 일삼던 부모를 꼼짝 못하게 할 마법을 손에 넣었는데, 그토록 원하던 일이 펼쳐지려는데 뭐하러 두 번째 상담이 필요하겠어.

부모가 잔소리를 하지 않는 건 내일 해가 뜨지 않는 것보다 확률이 낮으니 렝켄의 엄마 아빠는 이내 작아져버렸다. 작아지고 작아지고 또 작아져서 고양이에게 잡아먹힐 정도로 난쟁이가 되어버린 엄마 아빠에게 렝켄은 명령한다. "만화영화 같이 봐요. 저녁은 우유랑 과자로 때워요. 저녁 후에는 카드놀이를 해요." 씻지도 않고 이도 안 닦고 잠자리에 들어도 뭐라고 하는 사람이 없다. 하지만 낙원은 잠시, 아직 어린 렝켄에게는 보호가 필요하다.

여기까지는 작가의 꿍꿍이가 짐작 가능하다. 렝켄에게 엄마 아빠의 간섭과 잔소리가 없는 세상을 맛보게 해서 어린이 독자들에게 대리 체험을 하게 한 후 상황을 원래대로 되돌려놓겠지. 하지만 상대는 미하엘 엔데다. 이 노련한 작가는 어떤 방법을 사용할까. 미하엘 엔데는 냉정하리만치 엄정한 인과율에 따라 입장 바꾸기를 제시한다. 엄마 아빠를 원래대로 되돌리고 싶다면 이번엔 렝켄이 마법의 설탕을 먹어야 한다. 시간을 되돌릴 수는 있지만 대가는 치러야한다. 이번에 렝켄이 마법의 설탕을 먹는다면, 그러고 나서 엄마 아빠의 말을 따르지 않으면 키가 절반으로 줄어든다. 이를 어쩌나.

어른들은 마법의 공간이라면 헛된 공상을 그려낸 곳으로 지레 짐작하는 경우가 있는데 사실 그렇지 않다. 판타지 공간은 누구나 마음속에 간직한 또 하나의 현실이다. 미하엘 엔데가 말했듯 "문학적 진실이 있다면 그것은 분명 우리 스스로 창조해낸 진실이다". 학교에서 집으로 돌아왔을 때 엄마가 없어서 실망하거나 혹은 엄마가 사라져버릴지도 모른다는 걱정을 누구나 해본 적이 있을 것이다. 하지만 반대로 하고 싶은 것을 못하게 금지하는 부모가 영영 사라져버렸으면 좋겠다고 바랄 때도 있다. 대부분의 아이들은 그런 생각을 하고 곧바로 죄의식을 느낀다. 그래서 부모가 잠시 사라지는 경험, 이를테면 엄마의 외출은 아이들에게 그토록 신나는 일일 수밖에 없다. 《마법의 설탕 두 조각》은 이런 이중적 심리를 지닌 아이들에게 죄책감 없이 부모를 난쟁이로 만들어보는 카타르시스를 선사한다. 잔소리쟁이 엄마가 난쟁이가 되어버리다니 이렇게 짜릿한 일이 또 있겠나. 이것이 이 작품의 가장 큰 미덕이고 이 작품이 오랫동안 사랑받는 이유다.

되돌아보니 잔소리는 부모인 내가 마음이 지치고 몸이 힘들 때, 아이를 지나치게 어리게만 취급할 때 더 심해졌던 것 같다. 밥 먹어라, 추우니까 옷을 껴입어라, 지각하니 빨리 가라, 숙제 했냐, 텔레비전 그만 봐라, 빨리 자라, 찬 거 그만 먹어라 등등 아이에게 할 말이 이렇게 많으니 어떻게 잔소리를 하지 않겠는가. 아이 입장에서는 변명처럼 들리지만 부모니까 화를 내는 거다. 자식이 아니라면 화낼 이유도 없다.

하지만 성인인 나조차 시어머니 잔소리는 듣기 싫듯 아이도 엄마의 잔소리는 지겹다. 때로 내 아이를 이웃집 아이처럼 바라볼 수 있다면 좋겠다는 생각을 한다. 겉옷을 들고 아파트 현관까지 쫓아나가지 말고 이웃집 아줌마처럼 "오늘은 좀 추운데 옷이 얇아 보인다"라고만 말할 수 있으면 좋겠다. 그랬다가 아이가 감기에 들면 어쩌냐고? 그럼 엄마만 힘들다고?

사람은 참 어리석어서 내가 몸으로 겪어보지 않으면 배우지 못하는 것 같다. 그래서 인생에는 늘 수업료가 있다. 젊어 고생은 사서도 한다는 말은 그나마 수업료를 아끼려면 일찍이 이런저런 시행착오를 거쳐서 배워야 한다는 뜻이 아니겠는가. 아픔과 실패는 인생최고의 배움이다. 어떻게 해도 잔소리를 멈출 수가 없다면 아이가 스스로 겪게 해야 한다는 사실을 기억해보자. 설사 엄마의 잔소리 덕분에 작은 성공을 했더라도 스스로 깨달아 배우지 못했다면 성공의 이유를 몰라 그 성공을 지속할 수 없다.

'프란치스카프라게차익헨 요정 부인'이 렝켄의 요구 사항을 모두 들어준 것은 그 결과를 짐작하지 못해서가 아니다. 스스로 선택하고 그 결과에 책임지고 이를 통해 배우라는 뜻이다.

좀 더 읽기

미하엘 엔데는 1960년 출간된 '짐크노프와 기관사 루카스' 시리즈로 일찌감치 어린이 청소년 작가로 주목받았다. 미하엘 엔데의 작품 중 《모모》와 《끝없는 이야기》는 영화로도 만들어졌다. 《마법의 설탕 두 조각》은 독일인의 냉정한 양육 방식을 안다면 좀 더 깊이 이해할 수 있다. 독일 부모의 교육법은 냉정하기로 소문나 있다. 닥종이 작가 김영희는 열네 살 연하의 독일 대학생과 사랑에 빠져 독일에서 아이를 키우고 산 이야기를 《아이를 잘 만드는 여자》로 풀어내 사랑받았다. 그리고 30여 년 후 《엄마를 졸업하다》라는 책에서 독일식 교육에 적응하기 힘들었던 사연을 솔직하게 털어놨다. 아이를 물고 빨고 끼고 사는 한국 엄마와 달리 독일 부모는 아이를 엄격하게 기른다. 예컨대 독일 부모는 아이가 아무리 울어도 네 시간 간격을 맞춰 철저하게 우유를 먹인다. 아이가 우유 한 방울만 흘려도 방에 가둘 만큼 차갑게 아이를 키운다. 그러니 렝켄에게는 마법의 설탕 두 조각이 그토록 달콤하게 여겨졌던 거다. 렝켄이 그토록 간절하게 마법이 필요했던 것이나 마법사가 어린 렝켄에게 모든 결정을 스스로 하고 대신 책임질 것을 요구했던 것도 이런 이유에서다.

알아서 하겠습니다.

외톨이가 될까 봐 두려워

《친구가 되기 5분 전》 시계마츠 기요시

모두에게 잘 보일 수도, 모두와 친구가 될 수도 없다. 마찬가지로 모두에게 친구라면 내 진짜 친구는 아닐 수 있다. 모두의 친구가 아니라 내 마음에 남는 한 명의 친구가 진짜 내 친구다.

지금까지 많은 친구를 만났다. 학창 시절 만나 지금껏 연락하는 친구도 있고, 한때 늘 붙어 다녔지만 이제는 이름조차 기억나지 않는 친구도 있다. 그렇다고 친구가 아닌 건 아니다. 그 시절을 함께 어울리며 뒷골목을 누볐고 쫄면과 떡볶이를 먹었으며 짝사랑하던 선생님 이야기를 하며 시간 가는 줄 몰랐던 추억이 있는 한, 친구다.

어머니나 아버지를 떠올리면 고맙고 미안한 마음이 들듯 친구도 그립고 보고 싶은 마음이 먼저 든다. 때로 친구에 대해 나쁜 기억이 떠오르거나 험담을 하거나 친구보다 내가 더 잘되기를 바랄 때도 있지만, 바로 다음 순간 죄스럽다. 내가 이 정도밖에 안 되는 속 좁은 사람인가 싶어 가슴이 오그라들기도 한다. 하지만 가족이 사랑과 미움이라는 두 얼굴을 지녔듯, 우리가 살아오며 만났던 친구들에게도 두 얼굴이 있다. 평생을 함께할 것 같고 어떤 일이든 의논할 수 있으며 나의 기쁨이 곧 친구의 즐거움일 거라고 믿지만 때로 친구는 시기하고 질투하고 배신하고 헤어진다. 어른들은 학창 시절에 사귄 친구가 평생을 간다며 많은 친구를 사귀라고 한다. 하지만 과거에도 지금도 친구를 사귀고 우정을 쌓아가는 일이 그저 쉽기만한 건 아니다.

시게마츠 기요시는《친구가 되기 5분 전》에서 친구 사이에 벌어지는 갈등에 초점을 맞추어 다양한 십대들의 이야기를 보여준다. 어린 시절 익혀야 할 가장 소중한 가치 중 하나가 우정이다. 많은 어린이 책에서 친구가 얼마나 소중하고 좋은 친구란 어떤 사이인지를 보여주는 것도 그래서다.

그런데 이 책은 보통의 친구 관계를 다룬 책과는 관점이 좀 다르다. 오히려 친구가 되는 것은 얼마나 어려운지를 가감 없이 보여준다. 읽고 나서도 마음이 개운치만은 않다. 헛헛하고 내 경우는 쓸쓸하기까지 했다. 작가가 보여준 친구 관계가 그저 소설 속에서나 벌어지는 일이라고는 말할 수 없기에, 정말로 그렇게 친구를 편의에 따라 적으로 대했다가 내 편으로 여기고, 친구가 라이벌로 보여 괴롭고, 아무리 친해도 언젠가는 헤어진다는 사실을 인정할 수밖에 없기 때문이다.

시게마츠 기요시는 가족 문제를 다룬《비타민 F》로 나오키상을 받은 작가이지만 주된 관심사는 청소년 문제, 그중에서도 왕따 문제다. 《오디세이 왜건, 인생을 달리다》, 《소년, 세상을 만나다》, 《안녕, 기요시코》, 《나이프》 등이 모두 청소년 소설의 범주에 드는 작품들이다. 작가가 왜 그렇게 왕따 문제를 집요하게 파고드는지를 알게 된 건 자전 소설인 《안녕, 기요시코》를 읽고 나서였다. 소설 주인공처럼 시게마츠 기요시는 일본어의 카행과 타행 그리고 탁음을 말할 때마다 더듬었다. 아버지의 직장 때문에 전학을 밥 먹듯 했는데 자신의 이름 기요시에서 '기' 자를 제대로 말하지 못했다. 전학을 가면 으레 자기소개를 해야 하는데 그때마다 자기 이름을 더듬을 것이라는 생각에 사로잡혔다. 혼자 연습할 때는 아무렇지도 않은데, 새로운 친구들 앞에서는 영락없이 이름을 더듬었고 친구들이 와 하고 웃어버렸다. 이런 자신이 밉고 부끄러워 다음부터는 아예 입도 열지 못했고 무리 속에서도 드러나지 않도록 노력했다. 그러다 보면 어느새 재미난 이야기가 하고 싶어도, 남들과 다른 생각을 지녔다고 해도 좀처럼 말할 수 없는 외톨이가 되어버렸다.

《친구가 되기 5분 전》은 이런 경험을 지닌 시게마츠 기요시가 친구가 되고 싶지만 뜻대로 되지 않는 아이들의 이야기를 담은 연작 소설이다. 소설에는 전지적 화자가 등장해 단편 속의 주인공을 너라고 부른다. 전지적 화자가 누구인지는 소설의 마지막에 밝혀지지만 그게 중요하지는 않다. 작가인 시게마츠 기요시라고 생각해도 좋다. 모두 열 편으로 구성된 소설에서는 초등학교 4학년, 그러니까 열한 살 때 교통사고로 절름발이가 되어버린 에미가 중심에 있다. 에미의 친구들 혹은 남동생 후미의 친구들이 등장해 다양한 관계를 보여준다.

소설을 읽다 보면 여자들 사이의 친구 관계, 남자들 사이의 친구 관계가 약간의 전형성을 띠고 전개된다. 여자아이들은 늘 친한 아이들끼리 무리를 짓고 어른들이나 선생님이 눈치채지 못할 정도로 미세하게 친구들을 따돌린다. 여자아이들의 관심사는 어느 그룹에라도 끼는 것. 그러지 못하면 외톨이가 될지도 모른다는 불안감에 질식할 지경이다. 〈카멜레온을 만나다〉에서 호타는 초등학생 때 왕따를 당한 적이 있다. 소녀는 "혼자 화장실에 갈 때의 그 허전함과 창피함을 잊지 못한다. 혼자 묵묵히 집으로 돌아갈 때의 쓸쓸함이나 그걸 엄마에게 들킬까 봐 불안해했던 기억이 아직도 가슴속에 선명하게 남아 있다." 그래서 반의 여자아이들 모두와 친해지려고 부러 개그맨 캐릭터를 연기한다. 날마다 집에 돌아가 여자아이들 그룹이 어떻게 새롭게 형성되고 있는지 지도를 그리고 아무에게도 미움을 사지 않으려고, 다시는 왕따를 당하지 않으려고 기를 쓴다. 하지만 그럴수록 어느 그룹에 설 건지 밝히라고 친구들에게 강요받는다.

남자아이들의 경우에는 저보다 앞서가는 친구에 대한 불편한 감정 혹은 라이벌 의식이 가슴을 누른다. 단편 〈가위바위보〉에서 초등학교 시절까지 후미의 단짝 친구였던 미요시는 중학교에 진학하며 결코 후미를 따라잡을 수 없게 되자 열등감에 시달린다. 미요시가 초등학교 때 후미랑 친했다고 말해도 아무도 믿어주지 않는다. 미요시는 "후미는 대단해요. 후미는 득점왕도 됐으니까요. 진짜 대단하고……"라고 말하다 말고 눈물을 떨군다. 친구가 되고 싶지만 후미는 자기를 거들떠보지도 않으니 자신이 못나 보이고 미운 거다.

십대들 사이에서 벌어지는 이 모든 불편한 관계에 대한 답을 작가는 왕따를 당하는 두 아이 에미와 그녀의 친구 유카를 통해 말한다. 에미는 친구들과 놀다 교통사고를 당하자 모두를 원망하고 반 아이들은 그런 에미를 왕따시켰다. 유카는 신장이 안 좋아 늘 결석을 하다 보니 친구가 없다. 왕따를 당하는 에미와 유카는 서로 친구가 된다. 에미를 둘러싼 단편 속의 주인공들은 친구 때문에 괴로워할 때마다 묻는다. "둘이만 있으면 외롭지 않니? 친구는 많은 편이더 즐겁잖니?" 유카가 입원해서 에미가 혼자 다닐 때는 이렇게 묻는다. "단짝 친구가 떨어져 있어서 쓸쓸하지 않니? 친구가 된다는 건 그 애랑 쭉 같이 있고 싶어서 그래서 친구가 되는 거 아니니?"

당신은 어떤가? 외롭지 않으려고 붙어 다니는 게 친구일까? 에미의 생각은 다르다. "모두 함께 있어도 사실은 혼자이며, 그게 외톨이보다 더 외로운 것"임을 알고 있다. 오히려 "떨어져 있어도 쓸쓸하지 않은 상대가 진짜 친구"라고 생각한다. 왕따 문제의 원인을 한 가지로 결론 내리긴 어렵지만, 모두에게 잘 보이려고, 모두를 친구로 갖고 싶어 하기 때문에도 왕따는 생겨날 수 있다. 왕따를 당하는 피해자가 죽을 만큼 괴롭고 창피하다는 심리를 악용해 가해자는 친구들을 조종한다. 오히려 모두와 친해지지 않아도 된다고 생각하면 왕따는 뿌리내릴 수 없다.

　좀 쓸쓸한 말일지 모르지만 모두에게 친구라면 진짜 친구는 아니다. 내 곁을 떠나도 평생 기억되는 친구가 한 명이라도 있으면 그것으로 충분하다. 살다 보면 여행지에서 만나 혹은 병원에서 만나 하루 이틀 친구로 지내는 사이도 있고, 일을 함께하는 몇 년 동안 친구로 지내는 사이도 있다. 절대로 헤어지지 말자고 새끼손가락을 걸고 약속해봤자 영원한 친구는 없다. 어쨌든 죽음이 갈라놓을 테니까. 하지만 친구들과의 추억은 남고 그 순간 친구였다면 그걸로 족하다. 혼자 설 수 있는 독립적인 두 사람이 만나야 진정한 사랑이 이뤄지듯, 친구 관계도 마찬가지다. 너는 누구의 친구가 아니라, 그냥 너다.

쓸데없는 일이 중요한 이유
《꼬마 사업가 그레그》│앤드루 클레먼츠

옳은 말만 하고 원칙만 주장하는 어른은 수도 없이 많다. 하지만 말썽이 생길 수 있다는 걸 알면서도 아이들이 지닌 무한한 가능성을 믿고 지켜보고 지지하는 어른은 많지 않다.

아이들이 무언가에 흥미를 느끼고 집중하고, 그래서 훗날 직업적 성취와 연결하는 계기는 무엇일까. 흔히 성공은 불굴의 의지로 역경을 뚫어야 가능하다고 여기지만 가만 보면 환영받지 못하는 일을, 그러니까 역경 속에서 끈기 있게 뭔가를 하다 보니 성공으로 이어진 경우가 많다. 어쨌든 시작은 대수롭지 않다. 어린 시절에 벌였던 말썽이나 장난이 첫 계기인 적도 많다.

1971년 친구인 워즈니악이 만든 블루박스를 재미 삼아 팔아본 경험이 없었다면 아마 스티브 잡스는 애플을 창업할 생각을 못했을지 모른다. 워즈니악은 장난삼아 AT&T사의 장거리 통화 네트워킹을 해킹해 장거리 전화를 무료로 사용할 수 있는 블루박스를 개발했다. 스티브 잡스는 이를 팔아보자고 제안했고 실제로 100여 개를 만들어 다 팔았다. 이 사업은 블루박스를 팔다가 총으로 위협당하는 사고를 겪으며 끝났지만 훗날 진짜 사업으로 이어진다. 잡스는 워즈니악이 동호회 회원들에게 무료로 나눠주려고 설계한 인쇄회로 기판을 블루박스처럼 만들어 팔자고 제안했고 결국 애플1이 탄생했다.

이런 식으로 아이들은 부모 입장에서 보면 잡스러운 일에 꽂히는 순간이 있다. 착하고 공부 잘하는 모범생을 바라는 부모에게 하라는 공부는 안 하고 쓸데없는 짓이나 하는 아이는 한심해 보인다. 남자아이들은 만화책, 게임, 농구, 카드 등에 주로 빠지고 여자아이들은 수첩, 뜨개질, 연예인, 다이어트 등에 중독 증상을 보인다.

내 경우는 'MP3와 휴대전화 사고 싶어' 병에 걸린 아이 때문에 한동안 몸살을 앓았다. 초등학생에게 절대 휴대전화를 사줄 수 없다는 엄마의 강경한 입장에 눌려 종이 박스로 휴대전화를 만들 정도로 집착하던 아이가 처음 꽂힌 것은 MP3였다. 생각해보면 휴대전화는 너무 비싸니 비슷한 크기와 기능을 지닌 MP3가 먼저 눈에 들어왔던 것 같다. 초등학교 졸업 선물로 이모에게 아이팟을 선물받았기에 그걸로 끝날 줄 알았다. 한데 시작이었다. 애플뿐만 아니라 국내 업체에서 새로운 MP3를 출시할 때마다 사고 싶어 병이 끝도 없이 도졌다. 친척들에게 받은 용돈을 모아둔 통장에 돈이 있고 정당한 이유가 있다면 쓸 수 있으니 갖은 수를 다 써서 허락을 받으려고 들었다. 하지만 겨우 열서너 살밖에 안 된 아이가 한 달에 한

두 번이나 10여만 원이 넘는 고가의 MP3를 사겠다고 하는데 부모가 어떻게 수수방관하겠나. 아이는 사려고 하고 부모는 말리니 감정 싸움이 잦아지고 그 과정에서 부모로서 내가 겪은 심리적 고통은 컸다. 아이 문제로 고민이 깊어 아동 심리 전문가들에게 상담을 받았고 그중 한 명에게서 "물건에 대한 집착은 애정 결핍의 다른 표현일 수 있다"는 진단을 받기도 했다. 그날 밤 나는 가족들이 모두 잠든 동안 혼자 술을 마시며 펑펑 울었다.

시간이 흐른 지금 아이는 개과천선했을까. 천만에. 여전히 분야를 바꿔가며 '사고 싶어 병'에 몸살을 앓으며 지낸다. 시련이 있으면 선물도 있듯 덕분에 아이는 그 또래 아이들에 비해 물건을 파는 일에 관심이 많다. 일찌감치 사고파는 일에 전력을 다한 경험 때문이다. 왜 그 물건을 사야 하는지 열성적으로 부모를 설득해야만 했기에, 돈이 떨어지면 가지고 있는 자산(보유한 MP3)을 중고 장터에 매각해서라도 신제품을 사야 했기에 생겨난 관심이다.

앤드루 클레먼츠의 《꼬마 사업가 그레그》에 등장하는 주인공 그레그도 무언가에 꽂힌 아이다. 아직 초등학생인 그레그는 세상에서 돈 버는 걸 가장 좋아한다. 그레그의 엄마는 아이가 너무 어릴 때부터 돈에 대해 알게 되는 건 아닐까 걱정을 한다. 부모나 선생님이라면 이런 상황을 어떻게 두고 볼 수 있겠는가. 동화는 이런 갈등에 처했을 때 아이들을 어떻게 대할 것인지, 일단 금지할 것인지 혹은 격려할 것인지 등의 고민을 잘 보여준다. 솔직히 말해 어른 입장에서는 금지가 제일 편하다. 하지만 그랬다면 빌 게이츠도 폴 앨런(마이크로소프트사의 공동 창업자)도 스티브 잡스도 워즈니악도 등장하지 못했을 거다. 동화에 등장하는 어른들은 잘못된 길로 나아가지 않도록 분명히 견제하지만 아이들이 꿈을 펼칠 마당을 빼앗지는 않는다. 참 어려운 길이다.

그레그는 아주 어릴 때부터 돈이 좋았다. 그러다 보니 돈을 어떻게 버는지를 일찌감치 알게 되었다. 늘 엄마에게 꾸중을 듣는 형들을 대신해 그레그는 침대를 정리하고 10센트, 빨랫감을 세탁실에 가져다놓고 5센트, 옷을 정리하고 2센트, 다 쓴 수건을 정리하고 3센트를 받았다. 이러면 하루에 20센트를 벌 수 있고 몇 년이 지나자 200달러가 모였다. 초등학교 3학년이 되자 그레그는 부자가 되고 싶다는 목표가 생겼다. 돈을 벌어 언제든 쓰고 싶을 때 마음껏 쓸 수 있다면 정말 좋을 것 같았다. 이제 가족 사업에서 마을 사업으로 무대가 넓어진다. 돈을 받고 이웃집의 낙엽 청소, 세차, 휴가 중인 이웃을 대신해 고양이에게 먹이 주기, 개 산책시키기, 눈 치우기 등을 한다. 돈이 모이자 가족들이 궁할 때 돈을 빌려주는 은행가 노릇도 했다. 단, 수수료를 받았다. 형들은 이런 그레그를 '구두쇠 스크루지', '돈만 밝히는 녀석'이라고 놀렸다.

하지만 사업가로서 그레그의 감각은 더욱 예민해진다. 마침내 그레그는 이웃을 넘어 더 큰 시장을 발견했다. 바로 학교다. 미국에서는 점심으로 학생들이 도시락을 싸오거나 학교 식당에서 음식을 사 먹을 수 있다. 그레그가 다니는 애시워스 초등학교에는 4~6학년이 450명이다. 이 중 절반이 점심 식사와 간식을 사 먹기 위해 50센트를 가지고 학교에 온다고 계산하면 세상에, 하루에 100달러 넘는 돈이 움직이는 거였다. 이 사실을 깨닫자 그레그에게 학교는 공부하는 곳을 넘어 돈을 벌기 아주 훌륭한 곳으로 보였다. 식당보다 저렴하게 사탕이나 껌을 팔기도 하고 장난감을 팔기도 했지만 이내 교장 선생에게 제재를 당했다.

하지만 굴하지 않고 다음에는 직접 글도 쓰고 그림도 그리고 원본을 복사해서 신용카드만 한 16쪽짜리 만화책을 만들었다. 일명 '청키 코믹스'다(청키는 땅딸막하다는 뜻). 3일 만에 62부를 팔아 15달러 50센트를 벌었고 첫 주에 100부를 판매하는 것도 순조로워 보였다. 이미 '청키 코믹스' 3부 20여 권의 시놉시스를 머릿속에 그려둔 터라 이대로 나가면 그레그가 부자가 되는 것은 시간문제였다.

한데 사업은 인생과 비슷해서 종종 뜻밖의 일이 벌어진다. 어릴 때부터 앙숙이던 여자아이 마우라가 자신의 아이디어를 베껴 '길 잃은 유니콘'이란 작은 책을 판매하기 시작한 것. 제트 선생님의 교실에서 두 사람은 한 판 붙었고 그레그가 마우라의 책을 찢으려는 순간 마우라가 이를 막으려고 손으로 치는 바람에 그레그의 눈 근처가 멍이 들고 코피가 터지는 대형 사건이 벌어졌다. 교장 선생은 "만화는 쓰레기"라고 단언하며 다른 아이들에게도 영향을 미치는 책 판매를 전면 금지했다. 이 정도면 포기할 만도 한데 이를 계기로 두 아이는 서로가 만든 책을 보게 되고 동업을 위해 연합 전선을 구축한다. 왜냐하면 학교에서는 이미 책을 판매하고 있기 때문이었다.

미국에서는 기업이 학교에 기부를 많이 한다. 애플은 컴퓨터를 제공하고 나이키는 농구장을 지원하는 식이다. 단, 학교 여기저기 기업 광고가 있다. 북 클럽도 마찬가지다. 한 달에 한 번 선생님은 북 클럽에서 선정한 도서를 소개하는 소책자를 아이들에게 나눠준다. 아이들은 사고 싶은 책이 있으면 표시를 하고 돈을 가져오면 책을 구매할 수 있다. 대신 선생님은 북 클럽에 소개된 책 중에 교실에 비치하고 싶은 책을 무료로 주문할 수 있다. 이처럼 이미 학교에서 많은 기업들이 자기 물건을 홍보했고 책은 이미 판매가 가능했다. 단, 학교 위원회의 허락을 받아야 했다.

부끄럽지만 나는 한 인간으로서 돈을 벌어야 한다, 직업을 가져야 한다는 생각을 대학 졸업 때까지도 해본 적이 없다. 대학을 졸업하고 취직한 작은 직장을 몇 개월 만에 때려치우고 여러 날을 백수로 지내고 나서야 돈을 벌지 않으면 참 불편하고 떳떳하지 않다는 걸 몸으로 느꼈다. 그 무렵 읽었던 여성학 책에서 "진정한 독립은 정신적 독립뿐 아니라 경제적 독립이 수반되어야 한다"는 구절을 발견하고는 취직을 해야겠다고 결심했다. 말하자면 나는 이상을 현실에서 어떻게 구현해야 하는지에 대해 미숙했고 이런 버릇은 지금도 여전하다.

하지만 그레그와 마우라는 많이 다르다. 두 아이를 지원하는 제트 선생님은 학교 위원회에 나와 이런 말을 한다. "그레그와 마우라는 창조적이고 책임감이 강하며 읽기와 작문, 미술, 역사, 과학 그리고 수학 등 학교에서 배운 과목들을 흥미롭게 활용할 방법을 찾아냈습니다. 교사로서 우리는 아이들이 학교를 졸업한 뒤 사회로 나가서 돈을 벌고 경제와 사회에 공헌하는 사람으로 살아갈 때를 대비하도록 도와주고자 합니다. 그래서 저는 이 아이들이 지금 자기 나름대로 긍정적이고 실제적인 방식으로 이런 활동을 하는 것이 훌륭하다고 생각합니다. 그리고 우리 학교가 가르치려고 하는 지식과 가치들에 어긋날 만한 점은 전혀 없다고 봅니다." 이 말에 교장 선생이 학교가 벼룩시장이 되도록 놔두어서는 안 된다, 학교는 물건을 팔고 사는 곳이 아니라 배움의 터전이 되어야 한다고 반박하고 나서자 제트 선생님이 다시 말을 받는다.

"학교가 단지 물건을 팔고 사는 곳이 되어서는 안 됩니다. 하지만 물건을 팔고 사는 것도 학교의 일부입니다. 그렇지 않다고는 말할 수 없을 겁니다. 그리고 우리 학교 제도의 중요한 목표 가운데 하나는 세상에 내놓을 만한 가치를 지닌 졸업생들을 배출하는 것입니다. 학생들은 다른 사람들이 돈을 지불할 만한 기술과 재능과 능력을 갖추어야 한다는 말이지요. 수학 선생님은 수학을 가르쳐서 돈을 받고 교장 선생님은 학교를 운영해서 돈을 받습니다. 우리 모두는 학생들이 언젠가 일을 해서 돈을 벌기를 바랍니다. 그렇기 때문에 아이들이 돈과 경제학과 이윤과 퍼센트에 대해 배우는 것은 전혀 잘못이 아닙니다. 사실 이런 것들을 가르치지 않는 것이 잘못이지요."

작가인 앤드루 클레먼츠를 좋아하지 않을 수 없는 것이 제트 선생 같은 사람을 작품 속에 꼭 등장시키기 때문이다. 옳은 말만 하고 원칙만 주장하는 어른은 수도 없이 많다. 하지만 말썽이 생길 수 있다는 걸 알면서도 아이들이 지닌 무한한 가능성을 믿고 지켜보고 지지하는 어른은 많지 않다. 다행히 앤드루 클레먼츠의 책에는 이런 어른이 꼭 있다. 이런 어른들이 아이들을 성장하게 한다.

좀 더 읽기

앤드루 클레먼츠는 1947년 미국 뉴저지 주의 캠던에서 태어났는데 부모가 책을 무척 좋아해서 어린 시절부터 형제들에게 많이 읽어주었다고 한다. 클레먼츠는 7년 동안 학교에서 아이들을 가르쳤으며 출판사 편집자로 일하다가 1996년 《프린들 주세요》를 발표하고 큰 인기를 끌면서 미국을 대표하는 어린이 책 작가가 되었다.

초등학교에서 교사 생활을 하다가 데뷔해서인지 학교를 배경으로 한 작품이 많다. 기상천외한 말썽과 장난이 벌어지는 시끌벅적한 초등학교 교실에 앉아 있다는 착각이 들 만큼, 특히 남자아이들이 공감할 법한 요소가 가득하다. 그래서 장난, 다툼, 비밀 그리고 이 모두를 자기 힘으로 해결해가는 탐험 정신을 맛보고 싶다면 앤드루 클레먼츠의 작품이 제격이다.

앉아서 하는 것만 공부가 아닙니다.

난 고아가 아닐까

《나는 치즈다》| 로버트 코마이어

사춘기가 되면 간혹 '내 부모가 정말 친부모일까. 혹시 진짜 부모는 다른 곳에 살고 있지 않을까' 하는 몽상을 한다. 자신과 가족을 부정하고 싶은 마음이 이런 식으로 피어나는 건 아닌가 싶다.

가장 흔하게 받는 질문이 있다. 하나는 "엄마가 책에 관련된 일을 하니까 아이가 책을 많이 읽겠지요?" 하는 물음이다. 이럴 때마다 참으로 곤혹스럽지만 솔직하게 답했다. "우리 아이는 한 번도 책벌레였던 적이 없어요. 초등학생 때까지는 만화책만 읽었어요." 사실이다. 아직도 아이 방에 고이 모셔져 있는 《명탐정 코난》 수십 권이 그 흔적이다. 초등학생 때 아이에게 수영을 가르친 적이 있었는데, 수영을 하는 동안 너무 힘들어 만화책 생각을 한다고 해서 내심 놀란 적이 있을 만큼 아이는 만화 속으로 깊숙이 숨어 지냈다. 이런 답을 하면 대개 상대방이 좀 실망스러워한다. 책 읽기에 관한 성공 담을 들려주길 기대했는데 만화책 타령을 하니 거개는 질문한 사람이 당황스러워하며 화제를 돌린다.

다음 질문은 "아이에게 어떤 책을 읽혀야 할까요?"가 압도적으로 많다. 서점에 가면 책이 너무 많아 고를 수가 없다, 우리 아이는 책을 싫어하고 게임만 좋아한다 등등의 부연 설명이 따라온다. 이때는 부러 사회적으로 성공한 사람들의 말을 빌려 내 주장의 근거를 높이는 치사한 방법을 쓴다. 이화여대 석좌교수이자 생물학자인 최재천은 "우리 아이는 책을 안 읽어서 걱정이에요 하고 말하는 부모치고 집에서 책 읽는 부모를 본 적이 없다"고 단호하게 말한다. 내 아이가 책을 좋아해서 게임이나 휴대전화가 아니라 책을 가까이 두는 성인으로 자라길 간절히 바란다면 특효약이 하나 있기는 하다. 부모가 먼저 어린이 책을 읽는 거다.

어릴 때는 귀찮도록 쫓아다니고 종알대던 아이도 자라면서 자연스럽게 부모에게 말문을 닫는 시기가 찾아온다. 학부모 모임에 가면 "집에서는 말을 시켜도 아무 이야기도 안 하기에 대체 학교에서는 어떻게 지내나 궁금해서 왔어요" 하고 한숨짓는 엄마들을 종종 만날 수 있다. 아이들은 초등학교 고학년만 되어도 자기 세계가 생겨나니 부모보다는 친구들과 수다를 떠는 게 편하기 마련이다. 물론 더 큰 이유도 있다. 부모에게 걱정이나 고민거리를 이야기할 때마다 "그런 쓸데없는 생각할 시간 있으면 공부나 해라", "학원에 가야 하는데 숙제는 했니?", "성적 떨어지니까 그런 친구랑은 놀지 마라" 같은 추궁 섞인 힐난을 들었기 때문이다. 어렵게 고민을 털어놓았지만 부모에게 이런 답이 돌아왔다면 아이는 마음의 문을 닫는다. 이런 경험이 쌓이면 부모와 이야기해봤자 손해라는 생각이 굳어진다.

사실 부모가 십대 자녀에게 공부와 성적 이야기만 안 해도 사이가 소원해질 이유가 별로 없다. 물론 부모는 답답하다. "대체 그럼 아이들에게 공부 이야기 말고 무슨 이야기를 하라는 거죠?" 나는 이럴 때마다 "책 이야기를 하세요"라고 권한다. 일방적으로 "책 읽어라"라고 말하지 말고 어린이 책이든 청소년 책이든 아이가 읽을 만한 책을 부모가 먼저 읽고 느낌이나 재미있는 구절을 이야기처럼 들려주는 거다. 부모가 먼저 읽고 허풍을 떨며 책 이야기를 들려주다 보면 어느 순간부터 아이가 먼저 읽고 부모에게 꼭 이 책을 읽어보라고 권하는 일도 생긴다. 내게는 로버트 코마이어의 《나는 치즈다》가 그런 책이었다.

아이는 일하는 엄마 밑에서 자랐건만 종종 열쇠를 챙기는 걸 잊을 때가 많았다. 열쇠를 잊고 나갔다고 엄마가 득달같이 달려올 수도 없으니 하는 수 없이 집 근처의 도서관에서 시간을 보내야 했던 적이 있다. 그때 우연히 로버트 코마이어의 이 책을 읽었다고 했다. 엄마를 기다리느라 얼마나 짜증이 났을까 싶어서 얼굴이 뻘게져 헐레벌떡 뛰어갔더니 아이도 얼굴이 상기되어 있었다. 특이한 이야기 전개 방식과 결말이 보여준 의외성 때문에 흥분이 가시지 않았는지, 이 책을 엄마가 꼭 읽으면 좋겠다고 여러 번 말했다. 잊을 만하면 한 번씩 읽었냐는 채근을 받기도 했다.

《나는 치즈다》는 독특한 구성을 지녔다. 두 가지 서사가 평행선을 달리며 독자의 궁금증을 눈덩이처럼 증폭시킨다. 책을 펼치면 주인공인 애덤이 아버지를 찾아 자전거 여행을 떠난다. 사나운 개에 쫓기고 불량배들에게 위협을 당하며 필사적으로 아버지를 찾아가는 애덤에게 뭔가 심상치 않은 일이 벌어졌음을 느낄 수 있다. 다른 한 가지 이야기는 어느 소년이 브린트와 나누는 대화로 이루어져 있다. 브린트는 집요하게 과거를 묻고 소년은 안개 속을 더듬듯 기억을 떠올리지만 이내 기억을 회피한다. 소설이 전개되며 자전거 여행을 떠난 소년과 심문을 받는 소년이 동일 인물, 즉 애덤이라는 사실이 밝혀지고 애덤의 가족에게 엄청난 사건이 벌어졌음을 독자는 목도하게 된다.

하지만 궁금증은 마지막에 가서야 밝혀진다. 아니, 이게 진실인가 싶어 고개를 갸웃하게 된다. 아이가 내게 소설을 꼭 읽어보라고 권했던 것도 자신이 제대로 읽은 것인지 엄마와 이야기해보고 싶어서였다. 독자들도 브린트와 애덤의 대화는 대체 어디에서 이뤄지는 것이며, 애덤이 자전거 여행을 정말 떠난 것인지를 아이와 함께 이야기해보길 바란다.

십대들을 위한 소설은 차이는 있지만 자아를 찾는 성장소설의 얼개를 지니기 마련이다. 충동적으로 가출한 소년이 하룻밤 낯선 거리를 떠돌면서 어른 사회의 부조리를 겪고 자아 탐구를 하는 내용이 많다. 한데 《나는 치즈다》는 현실에서 벌어진 끔찍한 사고 때문에 실제로 기억을 찾아야 한다는 설정을 통해서 이를 수행한다. '나는 누구인지, 부모는 어떻게 되었는지' 하는 존재론적 질문 앞에서 애덤은 망설인다. 기억을 찾고 싶지만 아무도 믿을 수 없다.

사춘기가 되면 간혹 그런 상상을 한다. 내 부모가 정말 친부모일까. 혹시 진짜 부모는 다른 곳에 살고 있지 않을까 하는 의심과 몽상이 든다. 자신과 가족을 부정하고 싶은 마음이 이런 식으로 피어나는 건 아닌가 싶다. 세상은 어린 시절 막연히 생각했던 것처럼 안전하고 따뜻한 곳이 아니며, 부모의 삶에도 거짓이 있다는 사실을 알아차린다. 하지만 본능적으로 부모를 부정하는 말을 꺼내서는 안 된다는 사실, 이런 생각을 했다는 것만으로 죄의식을 느끼기 마련이다. 애덤이자 폴인 사내아이의 환상 여행은 이런 사춘기 소년의 심리를 1970년대 미국 사회와 겹쳐 그려낸 작품이다.

"누구도 믿지 마라, 날쌘돌이. 모르는 사람이 가까이 오면 신분증을 보여달라고 해. 하지만 신분증도 믿어서는 안 돼. 요즘에는 무엇이나 위조하니까. 여권이든 면허증이든. 그러니까 꼭 가야만 한다면, 조심해라, 날쌘돌이, 조심해야만 한다." 여행을 시작할 무렵 지도를 챙겨준 노인이 애덤에게 들려준 말이다. 누구도 믿을 수 없기에 애덤은 자신도 믿을 수 없게 되어버린다.

아이와 함께 책의 결론에 대한 이야기를 하다가 먼저 내가 어떤 경험과 기억이 오늘의 나를 만들었는지를 솔직하게 털어놓았다. 그러자 아이도 생전 처음 듣는 이야기를 들려줬다. 부모는 '내 아이는 내가 잘 안다'는 근거 없는 자만심을 갖곤 한다. 하지만 이것만큼 위험한 것도 없다. 아무리 자식이라 해도 애정을 쏟지 않는 한, 저절로 알게 되는 건 없다.

책을 읽는 게 직업이지만 이런 생각을 한다. 누구나 반드시 책을 읽어야 하는 건 아니다. 책을 읽는다고 해서 인생의 모든 문제가 해결되는 것도 아니다. 단지 책을 통해 삶을 다시 바라볼 수는 있다. 《나는 치즈다》는 내게 그런 책이다. 안다고 믿었지만 여전히 잘 몰랐던, 아이가 지닌 삶의 그늘을 만나게 한 책이다. 우리가 책을 읽어야 하는 이유가 있다면 바로 이것이라고 생각한다.

좀 더 읽기

로버트 코마이어는 기자로 30여 년을 일하다가 뒤늦게 청소년 작가로 데뷔했다. 1974년 아들이 다니는 학교의 기금 마련을 위한 초콜릿 판매 행사에서 영감을 얻은 《초콜릿 전쟁》을 발표하며 청소년 소설 작가로 자리 잡았다. 《초콜릿 전쟁》은 J. D. 샐린저의 《호밀밭의 파수꾼》, S. E. 힌튼의 《아웃사이더》와 더불어 영미 청소년 소설의 대표작으로 손꼽힌다. 학교 폭력과 교사 비리라는, 청소년 문학에서는 좀처럼 다루지 않았던 껄끄러운 문제를 꺼내 들었을 뿐만 아니라 십대 소년들의 말투와 생활을 사실적으로 묘사해 격렬한 찬반양론에 휩싸였던 책이기도 하다.

이후 《나는 치즈다》, 《첫 죽음 이후》 등을 발표하며 "청소년 문학 역사를 통틀어 가장 중요한 작가"라는 평가를 받았다. 이런 평가를 받을 만큼 로버트 코마이어는 청소년 소설에서 다룰 법한 소재나 주제의 한계를 훌쩍 뛰어넘는 과감한 전개와 메시지를 보여준다. 또 기자 출신답게 아주 직설적이고도 사실적으로 청소년들의 세계를 깊숙이 다룰 뿐 아니라 소년들의 성격이나 관계를 치밀하게 묘사하는 것이 특징이다.

그땐 왜 그렇게 가출이 하고 싶었는지

《클로디아의 비밀》 | E. L. 코닉스버그

아이들은 자란다. 특히 뭔가 힘에 부치는 일을 겪고 나면 부쩍 자란다. 그러니 꼭 간직하고 싶은 비밀, 이루고 싶은 평생의 화두 같은 비밀을 찾기 위해 가출하겠다면 말리지 말아야 한다. 몸만 큰다고 어른이 아니라 비밀이 생겨야 어른이 되는 거니까.

가출하고 싶을 때가 있다. 어른들이야 세상 어디보다 집이 편하고 집 나가봤자 고생인 걸 알지만 아이들에게 가출은 모험이자 자기표현일 수 있다. 그래서 이문열, 데이비드 샐린저, 오쿠다 히데오 등 많은 작가들은 가출을 소재 삼아 성장 이야기를 풀어냈다. 가출이란 무엇일까. 생각해보면 여행이 결국 돌아오기 위해 떠나는 행위이듯, 가출도 결국 집으로 돌아오고 싶어 떠나는 일이다. 부모로서, 어른으로서 우리는 아이가 가출을 했다 해도 실은 간절히 돌아오고 싶어 떠난 거라는 그 마음을 알아주면 된다. 그것만으로 많은 문제가 해결될 수 있다.

가출하는 아이의 마음을 가장 잘 보여주는 작품으로 아스트리드 린드그렌의 단편 〈펠레의 가출〉만 한 것이 없다. 비록 주인공 펠레가 아직 어린아이긴 하지만 청소년의 가출이라고 이유가 크게 다르지 않다.

펠레의 아빠는 아끼는 만년필이 없어지자 펠레를 의심한다. 속이 상한 펠레는 정원에 있는 '하트의 집'이란 오두막으로 가출을 결심한다. 아프리카처럼 먼 곳으로 가고 싶다는 생각도 했지만 엄마 아빠가 펠레를 그리워하며 엉엉 우는 걸 볼 수 있도록 부러 가까운 곳을 택했다. 물건을 챙겨 나가기 전 펠레는 집을 나가는 모습을 엄마가 볼 수 있도록 부엌으로 들어간다. 그러고는 "이제 아빠는 고물 만년필이 없어지면 누구 다른 사람을 야단치셔야 할 거예요"라며 엄마에게 자신의 가출을 알린다. 아니, 알아주길 바란다.

가장 압권은 펠레가 엉엉 울며 부모를 용서하는 대목이다. 펠레는 엄마에게 자기는 없는 셈 치고 다른 아이를 데려다 키우라고 한다. 엄마가 "펠레 아니면 그 누구도 안 돼! 우리가 펠레를 얼마나 사랑하는데. 펠레가 없어서 여기 앉아서 크리스마스이브 내내 울 거야. 촛불도 하나도 안 켤 거야. 우리는 펑펑 울 거야"라고 말하자 펠레는 아주 큰 소리로 뼈에 사무치듯 흐느끼며 운다. 마침내 펠레는 엄마 아빠를 불쌍히 여기고 용서한다. 처음에는 속이 상해 가출을 결심했지만 결국 펠레가 원한 건 완벽히 사라지는 것이 아니다. 이런저런 잔소리만 일삼고 제 마음을 몰라주던 부모가 좀 슬퍼했으면, 그리고 돌아왔을 때 용서를 구하며 따뜻하게 맞아주었으면 하고 바란 거다.

그래서 말하는데 가출은 십대만 하고 싶은 게 아니다. 종종 부모도 하고 싶다. 말 안 듣는 아이들, 동문서답하는 남편에게 심술이 나서 '어디 나 없이 잘 지내나 두고 보자, 고생 좀 해봐라' 하는 마음이 와락 들 때면 가출이 하고 싶다. 펠레처럼 가까운 곳에 가출해서 나 없이 얼마나 고생하는지 좀 두고 보고 싶다.

나 역시 마음이 많이 상해서 가출을 하려 했던 적이 있다. 밥도 안 하고 여기저기 쏘다니고 영화도 보고 식구들 걱정도 안 하고 연락을 두절해야지 마음먹었는데, 순간 '그래도 아이가 기다릴 텐데' 하는 생각이 들어서 편지를 쓰고 가출하기로 했다. 한데 아이가 집에 너무 일찍 오는 바람에 가출하기도 전에 편지를 보게 되었고 그 자리에서 바로 답장을 받았다. 아이는 5000원짜리 지폐 한 장과 편지를 넣은 봉투를 내밀었다. 그 돈으로 엄마가 좋아하는 영화를 보라며, 짐 챙기는 걸 도와주겠다고 했다. 아이의 편지를 읽다가 울컥해진 나는 결국 가출을 못했다. 아무도 내 마음을 몰라준다는 억울함을 이해받았으니 이미 가출할 필요가 없어진 셈이었다. 세상 어디서든 가출의 원리는 이렇게 비슷하다.

코닉스버그의 《클로디아의 비밀》도 가출 이야기를 담은 동화다. 열두 살 클로디아는 맏딸이자 외동딸이다. 남동생들은 빈둥거리는데 자기만 집안일을 도와야 하는 등 차별을 받고 있다고 생각해 가출을 결심했다. 물론 이게 다는 아니다. 그저 똑같은 하루하루가 지겨웠다. 식구들이 자신의 소중함을 깨달을 즈음 가출에서 돌아오리라 마음먹고 계획을 세운다.

클로디아는 누구랑 싸우고 혼날까 봐 혹은 친구 따라 가출하는 게 아니다. 《클로디아의 비밀》의 남다름과 재미는 바로 여기서 나온다. 요즘 우리 아이들처럼 중산층 가정에서 자라 고생스럽고 불편한 거라면 딱 질색인 클로디아가 하는 가출이다. 가출도 아름다운 곳으로 가고 싶다. 그래서 택한 장소는 뉴욕의 메트로폴리탄미술관이다. 클로디아와 구두쇠 동생 제이미는 16세기에 만들어진 우아한 침대에서 잠을 자고 미술관에 숨어 지내면서도 속옷을 매일 갈아입고 빨래방에도 간다. 가출한 지 사흘이 지나자 목욕이 하고 싶다며 조각상이 설치된 미술관 안의 분수에서 목욕도 한다. 날마다 새로운 전시관을 골라 그 전시관의 미술품에 대해 공부도 한다.

그러다 사람들이 길게 줄을 선 이탈리아 르네상스 전시관의 천사 조각상을 본 이후로 가출의 새로운 목적이 생겨난다. 미켈란젤로의 초기작으로 추정되지만 아직 진실이 밝혀지지 않은 천사 조각상의 진짜 비밀을 캐내기로 한 것이다. 도서관에서 미켈란젤로를 공부하고 조각상을 살피던 두 아이는 숨겨진 진실이 천사 조각상을 미술관에 판 프랭크와일러 부인에게 있다는 사실을 눈치챈다. 비밀을 밝히기 전에는 결코 집에 돌아갈 수 없다는 클로디아의 고집으로 둘은 프랭크와일러 부인을 방문하고, 부인과 일종의 비밀 계약을 하게 된다. 어떤가. 이 정도면 가출은 캠프보다 더 재미난 모험이지 않은가.

　동화를 읽다 보면 클로디아가 참 특이한 아이라는 걸 느낄 수 있다. 전혀 가출할 것 같지 않은 아이, 화려한 도시를 좋아하고 가출하고도 틈만 나면 택시를 타려는 아이, 가출에서도 의미를 찾으려 애쓰는 아이가 대체 왜 가출을 했나 싶다. 코닉스버그가 1967년에 발표한 이 작품은 클로디아같이 고생을 모르고 자란 중산층 아이들의 등장을 알렸다. 2차 세계대전이 끝나고 승전국이 된 미국은 오랜 위기 끝에 안정을 찾았고 경제는 부흥했다. 전장에서 돌아온 남자들은 서둘러 결혼해서 잘 가꾼 잔디가 깔린 아담한 집에 행복한 가정을 꾸렸다. 여자들은 아이를 낳고 신형 가전제품이 들어찬 집을 청소하고 보기 좋게 꾸미는 것을 미덕으로 여겼다. 이런 중산층 부모 밑에서 아이들은 과거 어떤 세대보다 풍족하게 자라면서 많은 여가를 누렸다. 클로디아가 바로 이런 아이들 중 한 명이다. 세상이 달라지면 어린이 문학에 등장하는 아이들의 모습도 이처럼 변한다.

　영리한 여자아이 클로디아는 그저 집을 나온 것만으로는 계획을 잘 세우고 정리 정돈을 잘하는 깔끔한 본래의 자신을 전혀 바꿀 수 없다는 걸 잘 알고 있다. 가출이 가치 있었다는 사실을 증명할 무언가, 말하자면 비밀이 필요했다. 클로디아가 그토록 천사상의 비밀을 알고자 했던 이유이기도 하다. 그래서 프랭크와일러 부인은 "클로디아에게 필요한 모험은 바로 비밀이야. 비밀은 안전하면서도 한 사람을 완벽하게 다른 사람으로 만들어주지. 비밀이 존재하는 사람의 마음속에서 말이야"라고 말했던 거다.

일찍이 이상이 말했듯 "사람이 비밀이 없다는 것은 재산이 없는 것처럼 가난하고 허전한 것"이다. 비밀이란 천사상의 비밀일 수도 있지만 한평생을 바쳐서 다다르고 싶은 열망과 꿈 같은 것이기도 하다. 클로디아에게도, 우리에게도 하루하루는 지루하지만 일생은 순간이다. 지리멸렬한 삶을 위대하게 만드는 것은 바로 꼭 간직하고 싶은 비밀, 이루고 싶은 평생의 화두 같은 소망뿐이다. 그러니 몸만 큰다고 어른이 아니라 비밀이 생겨야 어른이다. 클로디아는 가출을 통해 바로 이 점을 깨달았다. 이런 가출이라면 클로디아뿐 아니라 우리 아이들이 모두 가출을 해도 좋으련만.

참, 많은 어린이들이 동화를 읽고 메트로폴리탄미술관에 진짜 미켈란젤로의 천사 조각상이 있느냐고 문의한다는데, 실제로 천사상은 존재하지 않는다. 다만 미켈란젤로의 스케치가 남아 있을 뿐이라고 하니 클로디아를 따라 미술관으로 가출할 생각일랑 접길. 대신 《클로디아의 비밀》을 읽으라고 권하고 싶다. 비밀을 간직하기 위해서.

비밀 생기면 돌아와라…

나 가출할거야!

엄마 아빠, 사랑해 그리고 미워해

《요술 손가락》 로알드 달

아이라고 늘 부모를 사랑하는 건 아니다. 부모를 사랑하지만 다른 한편으로 미워한다. 그 아슬아슬한 경계를 줄타기를 하듯 넘으며 아이는 자란다.

로알드 달의 동화를 읽다가 통쾌함을 느끼는 나를 발견하고는 좀 멋쩍었다. 동화 속이지만 아이들에게 제멋대로 지껄이는 어른을 보자 화가 나고 속에서 불기둥이 솟아올랐다. 어른들 앞에서 할 말도 못하고 주눅 들어 어깨를 잔뜩 움츠리던 내 어린 시절이 떠올랐다. 이런 순간을 만나면 어린 시절의 기억이 빠르게 되살아난다. 그러면서도 한편으로는 "정신 차려! 넌 이미 나이 많은 어른이야. 게다가 부모잖아" 하고 중얼거린다. 그래, 맞다. 난 어른이 된 지도, 부모가 된 지도 오래다. 그럼에도 내 안에는 아직 어른에 대한 분노가 남아 있다.

어른들이 보기에 아이들은 무수한 잘못을 저지른다. 하지만 아이가 그런 행동을 했을 때는 이유가 있다. 그걸 헤아려보지 않고, 무슨 생각을 하는지 묻지 않고, 어리고 약하다는 이유로 마음 내키는 대로 화를 내고 벌을 준다. 어른들의 알량한 기준에서 벗어났다 싶으면 묻지도 않고 난리다. 밖에 나가서는 큰소리도 못 치는 겁쟁이 주제에 아이 앞에서는 대단한 권력이라도 지닌 듯 횡포를 부린다. 이런 경험이 쌓이면 아이들은 부모 앞에서 입을 열지 않는다. 그러면 또 이번에는 말도 못하고 자기 생각도 없는 놈이라고 대놓고 무안을 준다. 이 와중에 아이는 가슴이 딱딱해진다. 결코 다시는 마음을 열지 않는다. 나 역시 그러했다. 로알드 달의 동화는 이렇듯 억눌린 어린이들의 마음에 카타르시스를 선사한다.

아마 어른들이라면 로알드 달의 동화를 읽고는 좀 뜨악하지 않을까 싶다. 동화에 등장하는 어른들이 얼마나 잔인하고 이기적이고 욕심 많고 못되고 괴상망측한지, 호러 영화 속의 괴물처럼 그로테스크하게 느껴지기 때문이다. 부모라면 "이거, 이거 과장이 너무 심하군!"이라고 말하고 싶겠지만 생각해보면 아니다. 늘상은 아니지만 때때로 어른들은 괴물처럼 군다. 로알드 달의 데뷔작인 《제임스와 슈퍼 복숭아》에 등장하는 물컹이 고모나 꼬챙이 고모처럼 변하는 순간이 모든 부모에게 있다. 두 고모의 모습은 과장이 아니라 아이들이 바라본 어른의 모습 그 자체일지 모른다. 로알드 달은 거의 증오에 가까운 감정으로 두 고모를 묘사한다.

"물컹이 고모는 무지무지하게 뚱뚱하고 땅딸막한 여자였다. 돼지 눈처럼 조그만 눈에 입은 합죽하게 들어가고 삶아서 건져낸 듯한 푸석푸석한 얼굴을 하고 있었다. 너무 오래 삶아 물컹물컹해진 허연 양배추 같은 꼴이었다. 꼬챙이 고모는 정반대로 홀쭉하게 큰 키에 뼈만 앙상했다. (…) 목소리는 째지는 듯했고 쭉 찢어진 입에는 언제나 침이 고여 있었는데 화를 내거나 흥분하면 말을 할 때마다 침이 마구 튀었다. 흉측하게 생긴 이 두 마귀할멈들은 퍼질러 앉아서 음료수를 홀짝이며 빨리빨리 장작을 패라고 제임스에게 생각날 때마다 고함을 쳤다.”

《제임스와 슈퍼 복숭아》의 두 고모는 어린 제임스를 굶기고 무자비하게 때리고 지쳐 쓰러질 때까지 일을 시킨다. 로알드 달이 어른들을 이렇게 혐오스럽게 그린 건 이 작품만이 아니다. 《마틸다》에 등장하는 부모들은 친부모가 맞나 싶게 못됐다. 마틸다를 무시하고 책에 대한 사랑을 뭉개버리는 속물이다. 그래서 동화의 마지막에 마틸다가 부모가 아닌 담임 선생님 호니 양과 함께 사는 걸 선택했을 때도 놀랍지 않다. 《제임스와 슈퍼 복숭아》의 편집자였던 버지니 파울러 역시 그의 책을 두고 "몇몇 부분은 상스럽고 이상하게 언짢은 기분이 들었다"고 말했을 정도다.

그렇다면 이런 어처구니없는 어른과 함께 살아야 하는 아이들은 어떻게 해야 할까. 로알드 달은 어린이 스스로 역경을 헤쳐 나갈 수 있도록 그들에게 초현실적인 힘을 부여한다. 예를 들면 '요술 손가락' 같은 거다.

《요술 손가락》에 등장하는 주인공 소녀에게는 신비한 힘이 있다. 억울한 일을 당해 화가 나면 온몸에서 열이 나고 화끈화끈 달아오르면서 집게손가락 끝에서 번개 같은 광선이 '빠지지직' 뿜어져 나온다. 광선은 소녀를 화나게 한 사람에게 튀어가 버리고 그러면 그 사람에게는 되돌릴 수 없는 이상한 일이 벌어진다.

소녀는 얼마 전에도 이 신비한 힘을 써버렸다. 맞춤법 수업 시간이었다. 아직 덧셈도 서툴고 철자법도 엉망인 소녀에게 윈터 선생님이 "고양이 철자를 말해봐라"라고 말한다. 소녀는 "케이, 에이, 티"라고 답한다. 그러자 선생님이 득달같이 "이 멍청이"라고 나무란다. 아, 그런데 소녀는 지지 않고 "전 멍청이가 아니에요. 저는 착하고 멋진 아이예요"라고 눈을 동그랗게 뜨고 항변한다. 순간 나는 10년 묵은 체증이 사라진 것처럼 속이 시원했다. 내가 자랄 때 어른들은 늘 "말대답하지 마라. 어디서 조그만 게 말대답이냐"라며 혼을 냈다. 왜 그게 말대답일까. 주절주절 변명을 늘어놓지 말고 잘못한 일은 잘못했다고 시인하는 것이 중요하다는 건 안다. 중요한 삶의 기술이다. 하지만 잘못이 없을 때도, 상대가 오해했을 때도, 내 상황이나 처지를 이야기하고 싶을 때도 어른 앞에서는 무조건 아무 말도 해서는 안 되는 걸까. 고양이처럼 쉬운 철자를 못 외웠으니 공부가 부족한 건 사실이고 잘못한 것도 맞지만, 그렇다고 멍청이는 아니다.

소녀는 너무 화가 나서 선생님을 향해 손가락을 치켜들었고, 그러자 선생님에게 이상한 일이 벌어졌다. 얼굴에 고양이 수염이 자라고 털이 북슬북슬한 커다란 꼬리까지 생겼다. 고양이 수염과 꼬리를 갖게 된 선생님은 안타깝지만 다시는 제 모습으로 돌아올 수 없다. 자신이 지닌 힘이 너무 세다는 걸 알고 소녀는 요술 손가락을 쓰지 않으려고 노력한다.

하지만 도저히 그럴 수 없는 어른들이 있다. 이웃의 그레그 씨네 가족들이다. 재미 삼아서 짐승을 죽이는 사람들이다. 그러지 말라고 하자 오히려 소녀에게 "남의 일에 참견하지 말고 네 앞가림이나 잘해"라고 거만하게 명령한다. 소녀는 이 말을 듣는 순간 저도 모르게 손가락이 그레그 씨를 향했다. 그날 밤 그레그 씨 가족들에게는 무슨 일이 벌어졌을까.

《요술 손가락》을 읽어보면 어린이들이 얼마나 틀에 박히지 않은 멋진 이야기를 좋아하는지, 악당들이 끔찍한 최후를 맞는 걸 얼마나 즐기는지를 충분히 느낄 수 있다. 어린이 책 작가들은 어른들에게 억압받는 어린이를 늘 지지하지만 대체로 타협하는 것도 사실이다. 그래서 동화의 결론에 이를 즈음이면 어른이 어린이를 이해하고 화해를 청한다(실제로 전혀 그렇지 않은데 말이다). 왜냐하면 작가역시 결국은 어른이고 책값은 어른이 내니까. 반면 로알드 달은 철저하게 어린이 편이다. 로알드 달의 또 다른 자아라고 불리는,《찰리와 초콜릿 공장》에 나오는 윌리 웡카가 "나는 공장에서 아이들을 기쁘게 해줄 물건들을 만들어낼 수 있단다. 난 어른들에 대해서는 관심이 없어"라고 말한 것처럼 말이다.

아이들에게 못되게 굴던 물컹이 고모와 꼬챙이 고모는 맙소사,

슈퍼 복숭아에 종이처럼 납작하게 깔려서 김빠지는 소리를 내며 죽는다. 또 아이의 말을 우습게 듣던 어떤 어른은 새로 변해 먹지도 못하고 죽을 고생을 한다. 아이들은 못되게 굴던 어른들이 난처한 상황에 처한 걸 보고 한바탕 웃음보를 터뜨린다. 깔깔거리며 악당의 최후를 즐기고 어린이 영웅이 승자가 되는 걸 흐뭇하게 바라본다.

보통 어린이 책 작가는 두 가지 자질 중 한 가지를 지니기 마련이다. 자신의 어린 시절을 생생하게 기억해내는 능력이나 현재의 어린이들과 교감할 수 있는 능력이다. 로알드 달은 두 가지 재능을 모두 지닌 작가로 평가받는다. 평소에 로알드 달은 "좁고 어둡고 따뜻한 나의 글 쓰는 집필실로 내려가면 몇 분도 되지 않아 나는 여섯, 일곱, 아니, 여덟 살의 어린아이가 되지"라고 말하곤 했다.

아이들은 시시때때로 참담한 순간을 겪는다. 그때마다 부모의 통제로부터 벗어나는 꿈을 꾸기 마련인데 로알드 달의 동화는 정확히 이 순간을 그린다. 그 세계에서 아이들은 중심에 서서 스스로 결정하고 자신의 운명을 개척한다. 이런 판타지를 경험하며 아이들은 건강하게 자랄 수 있다. 사실 아이들이라고 늘 부모를 사랑하는 건 아니다. 부모를 사랑하지만 다른 한편으로 미워한다. 그 아슬아슬한 경계를 줄타기하듯 넘으며 자라는 거다.

2부

내 안의
아이를 만나다

많은 어린이 책 작가들이 '내 마음속의
어린아이를 위해 글을 쓴다'라고 고백하곤 한다. 하지만 어디 작가
뿐이랴. 어른이 되어서 어린이 책을 읽는 이유 역시 같다.

아이가 십대로 접어들면 부모와 대립하는 일이 많아진다. 부모
입장에서는 아이가 안 하던 말대꾸도 하고 반항도 하고 자꾸 엇나
가기만 하는 것처럼 보인다. 혹은 묻는 말에 인형처럼 '예'와 '아니
오'로만 답하며 방 안에 틀어박혀 나오지 않는 경우도 있다. 그럴
때마다 부모는 대체 그 귀엽고 사랑스럽던 아이가 왜 저렇게 되었
는지 도통 이해할 수가 없다.

아이가 무슨 생각을 하는지 궁금하고 도무지 아이의 속마음이 이
해되지 않는다면 어린이 책을 읽어보라고 권하고 싶다. 어린이 책
을 읽으면 처음부터 어른인 것만 같았던 내 안의 어린 시절이 보인
다. 모든 어린이 책 작가는 동화를 쓰는 동안 이 과정을 거치며, 어
린이 책을 읽는 어른 역시 자기 안에 숨은 어린이를 불러내야 동화
를 만날 수 있다.

나 역시 어린이 책에 매혹된 것은 책을 읽다가 어린 시절의 내가

호출되는 놀라운 경험을 한 후부터였다. 《헨쇼 선생님께》에서 만난 속 깊은 아이 리 보츠, 늘 신경도 쓰지 않다가 갑자기 관심 있는 척 자기 자랑을 늘어놓는 아빠가 싫은 《어쩌다가 중학생 같은 걸 하고 있을까》의 스미레, 필사적으로 자기를 지키기 위해 센 척하는 《행복이 찾아오면 의자를 내주세요》의 할라카에 이르기까지 나는 동화 속에서 수많은 아이들을 만났다. 이 아이들과 함께 내 어린 시절을 복기하고, 그러다가 때로는 서럽게 울기도 하고 때로는 괜찮다고 달래며 어린 시절의 그 아이와 화해하려고 노력했다.

부모와 자식 사이라도 한 사람이 다른 사람을 온전히 이해하는 것은 어려운 일이다. 그래도 내 입장만 고집하지 않고 그 사람의 입장이 되어보는 것으로부터 공감과 소통은 시작된다. 어린이 책을 읽으며 먼저 어른인 나의 어린 시절을 불러내고, 그 어린이로 하여금 지금의 내 아이를 만나게 해보자.

속 깊은 아이가 착한 아이라고?

《헨쇼 선생님께》| 비벌리 클리어리

큰 말썽을 부리지도 않는 아이, 부모의 손이 덜 가는 속 깊은 아이, 어른
들은 이런 아이를 착한 아이라고 한다. 이런 아이는 남에게 해를 끼치지
않으려 하고 슬픈 일이 있어도 좀처럼 내색하지 않는다. 그러나 착하고
무던한 아이는 아무도 보지 않을 때 혼자 아프다.

　마음이 어지러울 때는 일기를 쓴다. 일기가 잘 써지지 않으면 누
군가를 향해 쓴다. 그저 '당신에게'라고 운을 떼기만 해도 누군가
곁에서 내 이야기를 가만가만 들어주는 것 같다. 부끄러워 말하지
못했던 일도, 교만한 마음으로 저지른 잘못도 모두 솔직하게 털어
놓을 수 있다. 이왕이면 노트에 한 자 한 자 손으로 적으면 더 좋다.
노트에 글이 채워지는 동안 마음이 편해진다. 마치 리 보츠가 그랬
던 것처럼. 그러고 보니 잊고 있었는데 일기를 쓰며 마음을 다독이
는 방법은 리 보츠에게 배운 것이다.
　《헨쇼 선생님께》를 다시 읽으면서 속표지에 그려진 리 보츠를 물
끄러미 쳐다보았다. 이 녀석을 보고 있자니 마음이 아리다고나 할

까, 콧날이 찡하고 애가 닳았다. 리 보츠가 어떤 아이인지 알기 때문이다. 잘 알고말고, 실은 내가 바로 리 보츠 같은 어린아이였는걸. 그러니 리 보츠를 만나는 것은 어린 시절의 나를 다시 만나는 일과도 같다. 혹은 어린 시절을 완전히 벗어나지 못한 숨겨진 나의 본성을 확인하는 일이기도 하다. 마치 시간 여행이라도 떠나 어린 시절의 나를 처다보듯 "잘 지냈니?" 하며 리 보츠에게 말을 걸었다. 옆에 있다면 머리를 쓰다듬어주거나 손이라도 잡아주었을 텐데 싶어 가슴에 잔물결이 일었다.

《헨쇼 선생님께》는 초등학생 남자아이 리 보츠가 작가인 헨쇼 선생님에게 쓴 편지로 시작한다. 《개를 재미있게 해주는 방법》이란 책을 읽은 리는 작가에 대해 조사하라는 학교 숙제 때문에 헨쇼 선생님에게 편지를 쓰기 시작한다. 그런데 좀 엉뚱한 헨쇼 선생님은 리에게 질문만 하지 말고 네 이야기도 들려달라고 요구한다. 리 보츠는 답장을 제때 해주지도 않아 자신을 곤란하게 만든 헨쇼 선생님의 요구가 성가셨지만 엄마의 강권으로 마지못해 편지를 쓰기 시작하고 어느덧 자신이 어떤 아이인지 솔직하게 답하게 된다.

편지가 이어지며 리 보츠의 딱한 처지가 하나둘 드러난다. 리의 부모는 이혼했고 리는 엄마와 단둘이 방이 하나밖에 없는 주유소 옆집에 살고 있다. 엄마는 출장 요리 회사에서 시간제로 일하며 간호사 자격증을 따기 위해 공부를 하고 있는 고단한 처지다. 아빠는 커다란 개 '산적'과 함께 여기저기 떠돌며 트럭을 운전하느라 자주 볼 수 없다. 부모가 이혼하며 갑자기 전학 온 학교에서 리는 아직 적응도 못했고 당연히 친구도 없다. 일하러 간 엄마가 아직 돌아오지 않은 날이면, 아빠가 연락조차 없는 밤이면 집 옆에 있는 주유소에서 기름을 넣느라 '핑핑' 돌아가는 소리만 더 크게 들린다. 이럴 때 리는 외롭고 두렵다. "혹시 체격도 작은데 너무 많은 일을 하는 엄마에게 무슨 일이 생기는 건 아닐까", "전화를 하겠다는 약속을 지키지 않는 아빠는 아들에게 더 이상 관심이 없는 걸까" 싶어서 가슴이 서늘하고 자신이 버림받을지도 모른다는 생각에 조마조마하다.

헨쇼 선생님은 이런 리 보츠에게 공책을 사서 마치 누군가에게 보내는 편지라고 생각하고 써보라고 조언한다. 야근하는 엄마를 기다릴 때면, 전화도 없는 아빠가 그리울 때면 리 보츠는 '헨쇼 선생님께'로 시작하는 일기를 쓴다. 자신의 이야기를 들어줄 친구를 대신해 글을 쓰게 되었다는 많은 작가들처럼 리 보츠도 누군가에게 하고 싶은 말을 일기로 쓴다. 고생하는 엄마의 이야기며, 연락이 없는 아버지에 대한 원망도, 도시락 도둑을 잡기 위해 경보 장치를 만든 일도 모두 일기에 털어놓는다. 일기를 쓰며 리 보츠에게는 배리라는 진짜 친구가 생겼고 글쓰기 실력이 늘어 글짓기 대회에도 참가하게 된다.

리 보츠는 내색하지 않지만 작은 일에 상처를 많이 받는 아이다. 힘든 일이 생기면, 속상한 일이 있으면 고래고래 소리를 지르고 악을 쓰는 사람들이 있다. 이런 사람들은 자신의 슬픔과 서러움을 툭 털어놓으니 그 감정이 지나가면 그만이다. 리 보츠도 그러면 좋으련만, 오히려 자신의 감정을 숨기는 데 익숙한 아이다. 저 때문에 엄마가 힘들면 어쩌나 걱정이 앞서니 속마음을 솔직하게 털어놓을 수가 없다. 리 보츠의 이런 마음에 귀를 기울이면 이 아이의 마음이 어떨까 싶어 한 대목도 허투루 읽을 수가 없다. 그래서 책을 여러 번 읽었으면서도, 줄거리를 모르는 것도 아니면서 리 보츠의 표정을 살피듯 마음을 쓰며 읽게 된다. 중간중간 리가 마음을 다칠 것 같은 부분에서는 걱정이 되어 나도 모르게 한숨을 쉬곤 한다.

감정을 숨기며 사는 데 익숙한 아이들이 대개 그렇듯 리는 자신감이 없는 편이다. 때문에 글짓기 대회에서 가작을 받은 후 수상자들이 모여 진짜 작가인 안젤라 배저 선생과 식사를 할 때도 주저주저했다. 안젤라 선생이 리를 알아보고 "아, 네가 바로 〈아빠 트럭을 탄 날〉을 쓴 작가구나!"라고 감탄하며 칭찬해줬을 때도 용기 내 한 말이 "겨우 가작인 걸요"였다. 아빠가 사무치게 보고 싶어 전화를 하면서도 "저는 단지 아빠가 사는 이동 주택에 전화벨이 울리는 걸 듣고 싶을 뿐이었어요. 아무도 받지 않을 거라서 엄마가 시외 전화 요금을 낼 필요도 없으니까요"라고 맘에도 없는 말로 스스로를 위로한다. 아빠에게 시외 전화를 하면 요금이 비싸서 엄마가 부담스러운데 아빠가 전화를 받지 않으면 오히려 다행이란 거다. 실은 아빠가 전화를 받지 않으면 얼마나 속이 상할지 리는 너무도 잘 알고 있다. 얼마나 실망할지 알기에 일부러 핑곗거리를 만드는 것이다. 리는 이런 아이다. 감정 표현을 잘하지 않고 속으로 삭이는 아이. 그렇다고 슬픔이 덜한 건 아니다. 마음껏 소리치지 못하니 아이의 마음에는 순간순간 만나는 좌절과 슬픔이 한 겹 한 겹 차곡차곡 쌓여간다.

작가는 순간순간 소년의 기대와 염려, 희망과 조바심을 조심스레 따라간다. 소년의 마음을 섬세하게 묘사한 글을 읽다 보면 어느새 내 안에 숨어 있던 어린 소녀가 불려 나온다. 어떤 순간은 리 보츠와 내가 하나가 될 때도 있다. 이를테면 이런 때. 아빠가 사내아이가 있는 어떤 아줌마랑 데이트를 한다는 걸 알게 된 순간 소년은 가슴이 철렁 하고 내려앉았다. 혼자 침대에 엎드려 울며 심한 말도 했다. 하지만 정작 아빠를 만나자 하고 싶은 말은 가슴에 덮고 이렇게 묻고 만다. "아빠, 산적 대신 딴 개를 데리고 다니는 건 아니죠?" 엄마와 자신을 영영 잊고 그 아줌마랑 결혼할 거냐고, 아들을 버리고 그새 딴 아이를 아들로 삼을 거냐고 따져 묻고 싶었지만 그렇게는 말하지 못한다. 그렇게 말해버리면 정말로 그런 일이 벌어질까 두렵기도 하고, 이런 일로 떼를 써서 아빠나 엄마를 힘들게 하고 싶지 않다. 그러니 늘 말이 속으로 숨는다.

큰 말썽을 부리지 않는 착한 아이, 속이 깊어 어른들 입장에서 보면 손이 덜 가는 아이, 어른들은 이런 아이를 착한 아이라고 생각한다. 혹은 무던하다고 한다. 나는 평생을 무던한 여자아이로 살았다.

남에게 폐가 될까 실례가 되는 일을 삼가고, 부탁할 일이 생기면 차라리 내가 손해 보는 편을 택했다. 짐짓 아무렇지도 않은 척 구는 무던한 아이는 아무도 보지 않을 때 혼자 아프다. 그래서 리가 다른 아이들과 달리 혼자만 낡은 셔츠를 입고 학교 행사에 참석했을 때 내 마음속에서 일어나는 감정의 동요를 억누를 수가 없었다. 아닌 척하면 할수록 혼자 숨어 더 많이 아파하고 부끄러워하는 아이의 마음을 알기 때문이다. 리처럼 속이 깊은 아이들, 그래서 종종 감정을 잘 표현하지 못하는 내성적인 아이들이 이 책을 읽으면 좋겠다. 혹은 어릴 때 꼭 리 보츠 같았다고 생각되는 어른들이 읽고 어린 자신의 모습에 공감해도 좋겠다.

동화 속에는 수많은 아이들이 있다. 이 아이들 중에 어린 시절 내 모습이 있다. 어른들은 마치 자신이 어린이였던 적이 없는 것처럼 굴지만 모든 어른은 과거 어린이였다. 까맣게 잊어버린 어린 마음을, 어쩌면 사라지지 않고 저 깊은 곳에 웅크리고 있는 어린 시절의 내 모습을 만나는 일이, 바로 어른이 되어 동화책을 읽는 즐거움이자 위안이다.

이제는 혼자 아파하지 말자.

엄마라고 중2병이 없었을까

《어쩌다 중학생 같은 걸 하고 있을까》 쿠로노 신이치

돌아보니 아까운 시간 낭비라고 생각했던 일들, 쓸데없는 짓이라고 여겼던 행동을 부모인 나 역시 중학 시절 모두 했다. 어쩌면 아이보다 훨씬 심했던 것 같다. 그때는 누구라 할 것 없이 고민이 많아지는 시기다. 부모가 되어서도 방황하는데 열여섯 살로 사는 게 힘들고 벅찬 건 당연하다.

아이가 다니던 중학교에서는 학기마다 작은 신문을 나눠줬다. 아이들이 쓴 글, 부모가 쓴 글, 학교 소식 같은 걸 담은 소박한 인쇄물이었다. 그저 이런 게 있구나 싶었는데 어느 날 아이가 이 신문을 담당하는 '이마미' 선생님에게 원고 청탁을 받아왔다. 국어 과목을 가르치던 선생님은 아이들에게 늘 자신을 '이마미'라고 불러달라고 했다. '이 세상에 마지막 남은 미남'이라는 뜻이다. 이 장난스러운 이름으로 짐작하겠지만, 아이들을 무시하지도 않고 그렇다고 아이들의 눈치를 보지도 않는 강단 있는 선생님이었던 걸로 기억한다. 주제는 '1학기를 마친 아이들에게'였다. 글 써서 먹고사니 A4용지 한 장 정도의 짧은 글이 뭐 어렵겠나 하겠지만 그렇지 않다. 글 쓰는 사람들은 글에 인색하다. 원고료가 없는 글은 좀처럼 쓰려 하지 않는다. 나 역시 비슷하다. 메일도 용건만 간단히, 블로그나 페이스북은 엄두도 내지 않는다. 한데 아이가 좋아하는 국어 선생님의 청탁이라니, 이건 무조건 써야 했다. 원고료가 없는데도 무슨 이야기를 써야 하나 엄청 고민했다. 어른이랍시고 하는 설교는 잘 못하는 편이니 그냥 내가 중학생이었던 때의 이야기나 하자고 마음먹었다. 막막했는데 막상 글을 써보니 그 시절의 기억이 실타래처럼 풀려 나왔다.

엄마가 다닌 중학교는 항구를 내려다보는, 깎아지르는 듯한 언덕 위에 있었어. 교실과 복도는 나무 바닥이어서 매일같이 엉덩이를 쳐들고 이쪽에서 저쪽까지 왁스칠을 해야 했어. 정문에서 운동장으로 들어오는 길에 박석이 깔려 있었는데 봄에 새순이 나고 꽃이 피면 그 길이 참 아름다웠어. 점심 도시락을 먹은 나른한 오후, 뱃고동 소리가 크게 울려 퍼지면 선생님이 수업을 하다 잠깐 말을 멈추곤 했지. 그때 신났던 기억도 떠오르네.

이렇게 써놓고 보니 엄마가 중학생이었던 시절을 잘 기억하고 있는 것 같지? 하지만 그럴 리가 있나. 어른들은 자기가 어렸던 시절을 까맣게 잊는단다. 엄마도 불과 몇 해 전까지만 해도 마치 처음부터 어른이었던 것처럼 그 시절을 잊고 있었어. 네가 중학생이 되기 전까지는 말이야.

네가 중학생이 되고 나서 생전 처음으로 방문을 닫고 들어갈 때, 노크를 해달라고 요구했을 때 엄마는 비로소 아주 오랜만에 '나는 중학 시절에 어땠지?' 하고 생각하기 시작했어. 미국에 사는 작은할아버지가 오랜만에 엄마를 만나고는 "봄철 조개처럼 입을 꼭 다물고 살더니 이제는 말도 하는구나"라고 하셨던 것이 기억나지? 그 시절 엄마는 지금의 너와는 비교도 안 될 정도로 말도 안 하고 방문은 꼭 걸어 잠그고 웅크리고 살았단다.

네가 빅뱅과 투애니원과 케이티 페리와 레이디 가가 같은 가수를 좋아하기 시작했을 때도, 그래서 앨범을 사겠다고 했을 때도 엄마는 생각했지. '나는 그때 어땠지?' 하고. 때때로 "그럴 시간이 있으면 책 좀 읽지? 그 시간에 공부 좀 하면 좀 좋아"라는 말이 입 밖으로 나올 뻔하기는 했지만 말이야. 그때 엄마는 손바닥만 한 작고 예쁜 수첩을 사서 정성스럽게 비닐로 포장해서 들고 다녔어. "그 안에 영어 단어를 적고 공부를 했지"라고 말하고 싶지만 천만에, 빌보드차트 1위부터 50위까지 노래 제목과 가수 이름을 정성스럽게 적어서 들고 다녔어. 그러니 자연스럽게 팝송 가사도 외우고 노래 테이프도 사고 싶더라. 《팝송의 역사》 같은 책을 사서 여름 내내 탐독하기도 했지.

어디 이뿐이겠어. 네가 수학 성적은 오르지도 않고, 수행 평가는 늘 시험을 앞두고 몰아서 하는 바람에 정신이 없고, 가끔 선생님들이 힘들게 해서 속상하다고 할 때도 엄마는 옛날을 떠올렸어. '그때 나는 어떤 마음이었을까' 하고. 엄마는 중학교 때 이미 수학을 절반쯤 포기했고, 선생님이 일을 시킬까 봐 도서관 문도 안 잠그고 도망갔다가 죽도록 혼이 났지. 시시때때로 가출을 해보면 어떨까 하는 생각도 했지.

돌아보니 아까운 시간 낭비라고 생각했던 것들, 쓸데없는 짓이라고 여겼던 것들을 엄마 역시 그 옛날에 모두 했더라고. 어쩌면 엄마가 너보다 훨씬 더 심하게 했는지도 몰라. 미래에 대한 불안감, 자아에 대한 자각, 부모에 대한 불신, 여기에 공부 스트레스까지. 그래, 그때는 누구라고 할 것 없이 고민이 많아지는 시기야. 엄마는 마흔 살이 넘어서도 방황하는데 열여섯 살이 때로 힘들고 벅찬 건 당연하지. 다 괜찮아. 그리고 1학기 내내 정말 수고했어.

정말이다. 생각해보니 내 중학 시절은 참으로 헐렁했다. 아빠 친구 아들이 중2에 마스터하고 서울대에 갔다는 《성문기본영어》 강의 테이프는 첫 60분도 다 못 듣고 졸았다. 친구랑 시립 도서관에 다녔는데 공부는 뒷전이고 웬 공상이 그리 많았는지. 그래도 꿈은 컸다. 대우에서 퍼스널 컴퓨터를 처음 출시하며 이름을 공모했는데 컴퓨터를 받을 욕심에 백과사전을 샅샅이 뒤졌다. 응모한 컴퓨터 이름은 애플과 무세이온이었다. 스티브 잡스도 몰랐던 시절인데 인간과 사과의 관계를 떠올려 애플을 생각해냈으니 정말 참신하지 않은가. 알렉산드로스 대왕이 만든 도서관 이름을 딴 무세이온도 참 멋졌는데, 아무도 나의 천재성을 몰라줬고 결국 중학 시절은 별 볼일 없이 끝났다.

그때를 새삼 떠올리게 하는 책들이 있다. 《어쩌다 중학생 같은 걸 하고 있을까》도 그중 한 권이다. 만화스러운 이야기 전개나 날 아갈 듯 가벼운 문체를 지닌 소설을 읽고 있으면 '그래, 중학교 2학년 시절이 딱 이렇지' 하는 생각이 든다.

도쿄 근처에 사는 평범한 중산층 가정의 외동딸 아사오카 스미레는 이제 중학교 2학년이다. 만화《이누야샤》를 좋아하고 장래 희망은 일러스트레이터다. 좋아하는 과목은 국어와 미술. 이럴 경우 굳이 물어보지 않아도 수학은 못한다. 외모와 성적 모두 평범한 스미레는 중학교에 좀처럼 적응을 하지 못해 고민이다. 초등학교 때는 반 아이들이 다들 착하고 왕따도 없었는데, 중학교에 들어오니 아이들이 기다렸다는 듯이 야만인으로 변했다. 남자아이들은 왜 그렇게 센 척을 하는지, 책상에 침을 아무렇지도 않게 뱉질 않나, 수업 시간에 대놓고 야한 만화를 읽지 않나 도무지 이해할 수가 없다. 여자애들도 나을 게 없다. 수업 중인데도 휴대전화로 사진을 찍지 않나, 책가방을 마음대로 브랜드 백으로 바꿔 들고 다니질 않나, 교복 치마를 팬티가 보일 정도로 짧게 줄이는 건 예사다. 머리를 염색하고 화장까지 한다. 쟤네들이 중학생 맞나 싶다. "너네들 나이 속이고 중학생인 척하는 거지?" 물어보고 싶을 때가 있다. 스미레는 모범생도 날라리도 아니고, 이편도 저편도 아닌 고립의 상태에 있다.

스미레는 중학교 2학년이 되자 더 이상 이렇게 지내지 말아야겠다고 다짐한다. 반에서 인기도 많고 얼굴도 예쁜 아오이파 아이들과 친해지려고 노력한다. 우연히 서점에서 아오이와 그 일당을 만나 시부야까지 함께 놀러갔다 온 후로 자연스럽게 친구가 되었다. 한데 중학생은 초등학생과 달리 저절로 친구가 되는 게 아니었다. 우선 그룹에 끼기 위해서는 친구들과 패션을 맞춰야 했다. 친구들은 모두 초미니 교복 치마를 입는데 혼자만 할머니처럼 샤넬 라인을 고집할 수는 없었다. 그래서 교복 치마를 줄여 입었다. 다음으로 친구들처럼 예뻐져야 했다. 염색은 기본이고 화장도 시작했다. 친구들처럼 하고 다니려니 생각보다 돈이 많이 들었고 친구들은 어떻게 그 많은 옷과 화장품을 구하나 궁금증이 일었다. 비밀은 금방 밝혀졌다. 남자친구에게 사달라고 하거나 소소한 화장품은 가게에서 훔쳤던 것. 아오이 일당이 스미레에게 화장품을 훔치라고 시키던 날, 싫다고 거부하던 스미레는 결국 현장에서 잡혔다. 아오이를 비롯해 도망간 아이들의 이름을 말한 벌로 스미레는 지독한 왕따를 당한다.

이렇게 심각한 이야기를 작가는 시종일관 농담으로 풀어낸다. 중학교 2학년 스미레가 아니라 대학생이 된 스미레가 그 시절을 되돌아보기 때문이다. 아무리 힘든 일이라도 되돌아보면 그땐 그랬지 하고 추억할 수 있는 법이다. 작가는 일부러 대학생이 된 스미레를 등장시켜 그 시절이 아무리 힘들어도 지나간다는 걸 말하고 싶었던 것 같다. 스미레는 그때 자신의 책상 위에 "너한테 자리 같은 건 필요 없어. 빨리 퇴학당해버려. 너 따윈 질색이야"라는 쪽지가 붙어 있는 걸 보고 어떻게 사람이 사람에게 이렇게 잔인해질 수 있나 싶어 죽을 만큼 절망했다. 하지만 스무 살이 된 스미레는 그 시절을 이렇게 말한다. "아무리 노력해도 잘 안 될 때는 지나치게 고민하면 안 된다. 좋아하는 간식이나 따뜻한 차라도 들면서 폭풍이 지나가기를 얌전히 기다리는 편이 낫다. 폭풍우는 금방 지나갈 테니까."

종종 교복을 줄여 스키니진으로 만들어 입은 남학생을 볼 때, 덕지덕지 화장한 여중생을 볼 때, 지금 그대로가 훨씬 더 예쁜데 왜 저럴까 싶어 혀를 찬다. 하지만 생각해보면 어디 중학생뿐인가. 사람은 누구나 주어진 조건에서 조금이라도 더 멋져 보이고 싶어 안달한다. 수녀복을 입는 수녀님들도, 군복을 입는 군인들도 알고 보면 저마다 안간힘을 써서 멋을 내고 있다. 성스러운 수녀님도 그럴진대 중학생은 어떻겠는가. 생애 처음으로 중학생 노릇을 하느라, 치마와 바지를 줄이고 멋져 보이려 애를 쓰는 중이다. 그러니 "지나보니 별거 아니다"는 어른들의 말일 뿐이다.

소설의 다른 한 축은 중학생이 된 스미레의 솔직한 마음이다. 부모가 중학생 자녀를 이해하는 데 큰 도움이 될 만큼 숨김없이 심경의 변화를 털어놓는다. 이래도 되나 싶게 뒤틀린 마음 중 하나가 엄마 아빠가 우스워 보이는 것이다. 스미레의 국어 성적이 오르자 아빠는 "이 기세를 몰아서 수학도 열심히 하자"라고 덧붙인다. 아빠 말이 옳은 건 알지만 "그렇게 꼭 한마디를 붙여야 하는 걸까. 국어 시험을 잘 봤구나라고 하면 되는 거 아닌가. 이렇게 생각하면 내가 철부지인가?" 싶다. 또 늘 바쁘고 성적에도 신경을 쓰지 않는 아빠가 가끔 스미레에게 관심 있는 척하는 것도 싫다. 순전히 자기 기분에 따라 야단을 치고 용서를 하는 등 제멋대로다. 게다가 늘 이야기가 똑같다. 아빠도 어릴 때는 공부를 못했는데 노력해서 좋은 대학에 들어갔고 성공했다며 결국 자기 자랑이다. 스미레는 분명하게 말한다. "딱 잘라 말하겠는데 그런 얘길 들으면 점점 더 공부하기 싫어진다." 남들이 보기에는 괜찮은 아빠인데 스미레에게는 "한마디로, 맘에 안 든다". 중학교 2학년이 부모에게 느끼는 감정 그대로가 아닐 수 없다.

그렇다고 스미레가 비딱한 아이냐 하면 그런 건 아니다. 초등학교 때까지 무조건 엄마와 아빠를 좋아했고 따랐던 평범하고 성실한 아이다. 한데 중학생이 되면서 엄마와 아빠가 겉 다르고 속 다르며, 때로는 거짓말도 서슴지 않고, 부모 자신의 기분에 따라 자식을 대한다는 걸 훤히 알게 되면서 이런 불편한 감정이 생겨났을 뿐이다. 어린 시절 스미레가 잘못을 저지르면 엄마는 "아빠한테 이야기한다?"라고 겁을 주었다. 그러면 스미레는 무서웠는데 이제는 속으로 무시하고 저녁밥 안 먹기 같은 소심한 복수로 의사를 표현할 만큼 달라졌다.

이런 의문을 가져본 적이 있는지. 왜 아이들은 부모나 교사의 말을 귓등으로 흘리는 걸까. 세계적 베스트셀러 작가인 말콤 글래드웰은 정당성의 원칙으로 설명한다. 비록 어려도 아이가 말하면 어른들이 들을 거라고 믿을 수 있어야 한다. 또 내일의 규칙이 오늘의 규칙과 같다고 믿을 수 있어야 한다. 한 사람을 다른 사람과 차별 대우하지 않는다는 걸 믿을 수 있어야 한다. 이것이 정당성의 원칙이다. 한데 이런 믿음이 한 번 두 번 깨지면 아이들은 부모나 교사를 믿지 않고 우습게 여긴다. 그러니 형이 동생을 때렸다면 한결같이 벌을 주어야 한다. 반대로 동생이 형을 때렸을 때도 똑같이 벌을 주어야 한다. 만약 형이 동생을 때리지 않았다며 억울해하면 형이 말할 기회를 주고 부모가 들어줘야 한다.

교육은 아이를 힘으로 누르는 것이 아니고 아이를 무시하는 것도 아니며 살살 달래고 눈치를 보는 것도 아니다. 원칙을 가지고 아이를 대하되, 먼저 부모가 좋은 본보기를 행동으로 보여주어야 한다. 그러므로 사춘기 아이를 키우는 건 지금껏 부모인 내가 어떻게 살아왔고 어떻게 살고 있는지를 다시 바라보게 하는 일이다.

엄마,
치마
요만큼
자를래.

으그
팬티 보인다.

실은, 엄마도 다 해봤다.

되바라진 아이가 진짜로 바라는 것

《행복이 찾아오면 의자를 내주세요》| 미리암 프레슬러

로우 이모는 힐라카에게 "행복이 찾아오면 의자를 내어주렴"이라는 말을 하곤 했다. 기다리지 말고 먼저 다가가라는 뜻이다. 사는 게 참으로 복잡해 보여도 진실은 단순하다. 진심만 있으면 된다. 이 단순한 사실, 아직 어린 소녀가 깨달은 이 자명한 진리가 나는 아직도 어렵다.

지금도 좋아하지만 한때 명언 외우기에 몰두한 적이 있다. "아는 바를 안다고 하고 모르는 것을 모른다고 하는 그것이 앎이다(공자)", "삶의 가장 지고하고 가장 빛나는 향유의 순간에는 죽음이 수반되는 법이다(키르케고르)" 하는 식으로 말이다. 위대한 이들이 일찍이 간파한 인생과 우주의 핵심을 외우고 있자면 때로 문장으로도 위로받을 수 있구나 싶었다. 《행복이 찾아오면 의자를 내주세요》를 읽으며 명언 외우기에 심취해 있던 소녀 시절을 떠올렸다. 누군가 말했던 한 구절을 따라 읊조리며 인생의 쓴맛과 단맛을 다 알아버린 듯 조숙한 티를 내던 그 무렵의 나는 소설 속 여자아이 힐라카와 비슷했다.

어린이 문학 속에는 종종 할라카 같은 여자아이들이 등장한다. 남자아이들은 깊은 슬픔에 주눅 들어 지내거나, 아니면 아예 부모와 학교에 반항해 튕겨나가 버린다. 반면 비슷한 처지에 놓였다 해도 여자아이들의 대처 방식은 좀 다르다. 영악할 정도로 현실 감각이 뛰어나고 속마음을 숨긴 채 어리숙한 어른들을 속여넘길 때가 많다.

캐서린 패터슨의 《위풍당당 질리 홉킨스》에 등장하는 소녀 질리 홉킨스도 딱 그런 모습이다. 자신을 찾지 않는 엄마 때문에 위탁모의 집을 전전하는 소녀는 어른의 위선을 잘 알고 있다. 소녀는 더없이 아이를 사랑하는 것처럼 굴다가 사정이 여의치 않으면 언제 그랬냐는 듯 버리고 모른 척하는 게 어른들임을 익히 겪어왔다. 그래서 평소에는 공부 잘하는 모범생으로 지내며 어른들의 기대와 사랑을 한 몸에 받다가 백지로 시험 답안지를 내고 모든 걸 무너뜨린다. 마치 그동안 부모 없이 이 집 저 집을 전전하며 자신이 느꼈던 희망과 절망의 롤러코스터를 어른들에게 그대로 돌려주듯 말이다. 질리 홉킨스는 이런 행동으로 자신이 받은 상처를 그대로 갚아주고 어른들에게 복수하고 싶었는지도 모른다.

겉으로 보기에 차가운 인상을 지닌 사람일수록 상처받기 쉬운 내면을 지닌 경우가 많다. 슬픔을 지닌 사람일수록 상처를 감추기 위해 단단한 가면을 쓰고 산다. 이기적이고 냉소적인 행동을 하거나 함부로 말을 하고 다른 사람을 믿지 못하는 사람이 있다면 오히려 그가 얼마나 필사적으로 자신을 지키기 위해 애를 쓰고 있는지 안쓰러워해주자. 이모를 제외하고는 누구도 신뢰하지 않았던 할라카도 마찬가지다. 할라카는 오로지 믿을 건 자기밖에 없다는 걸 뼈저린 경험을 통해 알고 있다. 그러니 쓸데없는 믿음과 신뢰와 사랑 같은 건 집어치우고 살기 위해서라도 자기 안에 웅크릴 수밖에 없다.

소설의 배경은 2차 세계대전 이후의 독일이다. 패전 직후 경제 사정이 어려웠던 독일은 부모가 제대로 돌보지 못하는 아이들을 고아원이나 보육원으로 보냈다. 보육원을 거쳐 기숙학교에서 지내는 주인공 할라카의 사정도 그랬다. 배가 고파 구걸한 적이 있고, 허기가 져서 잠을 이루지 못할 때가 많았으며, 길거리에서 엄마 아빠의 손을 한 쪽씩 잡고 가는 아이를 보면 이유 없이 밉기만 했다. 물론 일찌감치 험한 세상에 내던져졌으니 어리지만 나름대로 야무지게 살아가는 법을 터득해왔다. 세상은 강하고 힘센 사람들만이 살아남는 곳인데 자신은 병약하니 "깨물지 못할 바에는 이빨을 드러내지" 않기로, 본래의 모습을 숨기고 사는 편을 택했다.

《허클베리 핀의 모험》을 끼고 살 정도로 열심히 책을 읽는, 감수성이 풍부한 할라카는 비밀 일기에 이상적이고 도덕적이고 희망적인 말과는 거리가 먼 더없이 현실적이고 냉정한 경구들을 쓴다. "기적이 일어날 것을 절대로 바라지 마라. 기적이란 기대하지 않을 때, 그제야 일어난다", "신은 오랫동안 기다렸다가 이자와 함께 대가를 치르게 한다. 사람은 언젠가는 모든 것에 대해 대가를 치른다" 등이 비밀 일기에 적어둔 글들이다. 아직 어린 할라카가 깨달았다고 하기에는 참으로 곱씹을 만한, 인생 경험이 많은 노인이 할 만한 말이다. 다행스럽게도 이런 금언들이 모두 이야기 전개와 맞물려 있어 소설을 읽다 보면 저절로 그 속내가 이해된다.

이처럼 할라카는 친구 따위는 필요로 하지 않고, 본모습을 드러내지 않도록 소리 죽여 지내고, 때로는 멍청하게 보이는 법까지 터득했지만 사실을 말하자면 소원은 사랑받는 것이다. 기숙학교에서 나가 자기를 사랑하고 이해해주는 로우 이모와 함께 살기를 간절히 원한다. 인간이란 아무리 극한 상황에 처했다 해도 소망과 열망과 꿈마저 버리지는 않는다. 어쩌면 그렇기 때문에 더 괴로운지도 모른다. 절절히 소망하지만 독일어도 서툴고 직장도 확실하지 않다는 이유로 이모는 할라카의 법적 후견인 자격을 얻지 못하고 할라카는 이모와 살 수 없게 된다.

그러던 어느 날 밤, 할라카는 아이들이 잠들면 소리 죽여 우는, 동생 같은 레나에게 초콜릿을 주고 비밀 일기를 읽어준다. 누구도 믿지 못하던 할라카가 울보 레나에게 손을 내민 것이다. 따뜻한 마음이 어둠을 뚫고 저도 모르게 나온 것이다. 사람이 쉽게 바뀌는 건 아닌지라 할라카는 호의를 베풀고도 이내 "자신을 너무 많이 보여준 것이 아닌가, 사람을 무턱대고 믿어버리는 건 바보짓인데"라며 스스로를 질책한다. 하지만 분명히 할라카는 마음 밖으로 의자를 꺼냈다. 레나를 괴롭히는 이기적인 엘리자벳과 한 판 싸움을 하고 난 후 그동안 살았던 방식을 버리고 함께 살아가는 법을 배운다. "남을 절대로 과소평가해서는 안 된다. 하물며 자기 자신에 대해서는 더욱 그렇다." 그날 할라카가 비밀 일기에 적은 말이다.

우리는 늘 '돈이 많으면 행복할 거야', '친구가 생기면 외롭지 않을 거야', '능력만 발휘했다면 성공했을 텐데' 하는 식으로 행복이 제 발로 걸어온다고 믿고 싶어 한다. 그러니 세상 사람들은 모두 행복한데 오로지 나에게만 행복이 다가오지 않는 듯이 느껴질 때도 많고, 대체 행복이 어디 있냐고 묻고 싶을 때도 있다. 행복은, 우리 곁에 늘 있다. 다만 행복에게 의자를 내주지 않았을 뿐이다. 행복은 먼저 의자를 내줄 때야 비로소 찾아온다. 의자를 마음속에 꼭꼭 숨겨놓고 있어서는 절대 행복도 친구도 찾아오지 않는다. 로우 이모는 할라카에게 "행복이 찾아오면 의자를 내어주렴"이라는 말을 하곤 했다. 할라카는 레나를 친구로 받아들이며 이 말의 의미를 깨닫는다. 그리고는 친구에게 내어준 의자를 다시 거둬들이지 않는다.

행복도 관계도 기다리는 게 아니라 먼저 다가가는 일이다. 산다는 것이, 사람의 관계가 더없이 복잡해 보여도 진리는 단 한 가지다. 진심만 있으면 된다. 이 단순한 사실, 이제 막 십대가 된 어린 소녀가 깨달은 이 자명한 진리가 나는 아직도 어렵다. 그래서 여전히 청소년 소설들을 찾아 읽는 건지 모른다.

지각이란, 인생을 즐길 권리

《조커, 학교 가기 싫을 때 쓰는 카드》 | 수지 모건스턴

"사람은 태어나면 자동적으로 조커들을 갖게 된단다. 인생에는 조커가 있
다는 사실을 잊지 말아라. 너희가 사용하지 않는 조커들은 너희와 함께
죽고 마는 거야."

학교 다닐 때 소원은 어서 빨리 졸업해서 다시는 학교에 가지 않
는 것이었다. 이 지긋지긋하고 감옥 같은 학교가 그나마 남아 있는
나의 상상력과 개성을 말살하여 있으나마나 한 사람으로 만들고 있
다고 믿었다. 살길은 하루빨리 여기서 탈출하는 것뿐, 방법이 없을
까. 먼 산 대신 교실 유리창을 쳐다보며 그런 궁리를 했다. 학교에
억류된 학생들 앞에서 권위를 내세우는 교사들의 뻔한 허세에도 넌
덜머리가 났다. 어른이 되면 절대로 교사는 되지 않겠다고 다짐을
했건만, 학력고사를 보고 돌아와 원서를 쓴 곳은 교대였다. 학교와
집이 세상에 존재하는 두 개의 감옥이라 생각했던 시절이라 반항하
지 않고 순순히 썼다. 하지만 떨어졌다. 여러 날을 이불에 누워 이
책 저 책을 읽다가 자다가 했다. 슬프다기보다는 담담했다. 아버지

가 하라는 대로 했는데 실패했다는 사실을 시위하고 싶었을 뿐이다.

교사와의 인연은 이걸로 끝이라고 생각했는데, 부모가 되고 보니 그런 것도 아니었다. 나보다 분명 어린 선생님을 만나는 일이 어찌나 조심스럽던지, 말도 제대로 못하고 죄인처럼 머리 숙여 인사만 꾸벅 했다. 아이가 자라고 거듭해서 학교를 가게 되자 나도 모르게 "선생 노릇하기도 쉽지 않겠다"라는 소리까지 나왔다. 학기 초에 참관 수업을 가면 부모가 뒤에 있는데도 학생들이 저렇게 떠들고 딴 짓을 하고 휴대전화를 만지작거리고 선생을 갖고 놀려고 하니 평소에는 오죽할까 싶어 혀를 차고 돌아온다. 하도 소란스러워서 참관 수업 내내 떠드는 아이들을 쩨려보고 온 적도 있다.

그리하여 학교를 졸업한 지 20여 년 만에 교사는 미래가 없는 직업이 아니라 미래를 만드는 직업이구나, 직업이라기보다는 신의 부름을 받아야 할 수 있는 일이구나 싶어 탄식했다. 그만큼 교사는 사명감이 없다면 제대로 할 수 없는 일이다. 교사 노릇하기는 참으로 어렵지만, 교사의 역할은 너무나 중요하기 때문이다.

참스승에 관한 말들이 많지만 그렇다고 바람까지 접을 수야 없다. 한 사람의 인생에 긍정적인 영향을 미친 선생님, 나아가 가르친다는 것은 무엇인가에 대한 생각까지 확장시킨 귀한 선생님은 여전히 존재한다. 《나는 선생님이 좋아요》를 쓴 일본 작가 하이타니 겐지로나 《달려라 탁샘》이란 책을 펴낸 탁동철 선생은 천연기념물로 보존할 만한 귀한 선생님들이다. 이런 분들과 함께라면 다시 학생이 되어도 좋겠다는 엉뚱한 생각이 들 때도 있다. 특히 《조커, 학교 가기 싫을 때 쓰는 카드》에 나오는 노엘 선생님이 계시다면 나는 당장 학생으로 돌아갈 수 있다. 진작 노엘 선생님을 만났다면 자기 억제와 강박이 심한 나 같은 사람도 삶을 즐기는 법을 좀 더 일찍 깨닫지 않았을까 싶기 때문이다.

새 학기, 기대에 가득 차서 교실에 들어선 아이들은 배가 불룩하고 얼굴은 주름투성이인 할아버지 선생님을 만난다. 바로 노엘 선생님이다. 이 할아버지 선생님은 아이들에게 인사도 하기 전에 선물부터 나눠주었다. 조커 꾸러미였다. 조커는 카드놀이를 하다 궁지에 빠졌을 때 피해갈 수 있는 카드다. 아이들이 받은 조커도 비슷한데, 영 엉뚱하다. 학교에 가고 싶지 않을 때 쓰는 조커, 지각하고 싶을 때 쓰는 조커, 숙제를 하고 싶지 않을 때 쓰는 조커, 수업 시간에 잘 때 쓰는 조커 등 갖가지 조커가 담겨 있다.

아이들은 조커를 쓸 수 있는 판타스틱한 학교생활을 시작한다. 일찌감치 조커를 쓰는 아이, 조커를 모으는 아이 등 반응도 여러 가지다. 그러다 아이들은 조커를 함께 쓰면 더 재미있다는 걸 알고, 하루는 반 아이들이 전부 '학교에 가기 싫을 때 쓰는 조커'를 써버리기도 한다.

그러니 노엘 선생님을 교장 선생과 학부모들이 좋게 볼 리 없다. 갈등은 예견된 일이고, 결국 노엘 선생님의 마지막 수업이 다가온다. 노엘 선생님은 아이들에게 이런 질문을 던진다. "너희는 내가 조커를 사용한 사람과 그것들을 쓰지 않고 가방 안에 간직해둔 사람 중 누구를 더 높이 산다고 생각하느냐?" 마치 딱지 거래를 하듯 거래를 해서 조커를 잔뜩 모은 아이가 의기양양하게 '조커를 잔뜩 가진 사람'이라고 대답한다. 하지만 노엘 선생님은 "절대 아니다. 내가 너희에게 그 조커들을 준 것은 쓰라고 준 것이다"라고 답한다.

처음에는 하기 싫은 걸 하지 않을 수 있는 면죄부로 여겨졌던 조커는 이 짧은 동화가 끝날 즈음에는 다른 모습을 하고 독자에게 다가온다. 글쎄, 조커를 뭐라 불러야 할까. 동화를 읽는 독자가 저마다 그 이름을 명명해야 하지 않을까 싶다. 나는 조커를 '살아 있다는 걸 즐길 권리' 혹은 '어린아이처럼 천진난만하게 놀 권리'라고 부르고 싶다. 대부분의 어른들은 놀 줄 모른다. 나는 여전히 노래방에서 노래를 시키면 차라리 죽고 싶고, 나 혼자 틀리면 어쩌나 싶어 게임을 하자고만 해도 노이로제가 발동한다. 춤을 추자고 하면 온몸이 뻣뻣한 막대기가 된다.

노엘 선생님은 "사람은 태어나면 자동적으로 조커들을 갖게 된단다. 인생에는 조커가 있다는 사실을 잊지 말아라. 너희가 사용하지 않는 조커들은 너희와 함께 죽고 마는 거야"라고 말했지만, 조커를 함부로 쓰면 베짱이 같은 게으름뱅이가 되어 낙오될지도 모른다는 죄의식이 나에게는 있다. 종교도 없으면서 어쩌자고 이렇듯 청교도적 윤리를 간직하고 있는 것인가 답답할 때가 많다. 혹시 어릴 때 노엘 선생님을 만났다면 인생이 좀 달라지지 않았을까?

노엘 선생님의 수업이 그저 놀기만 권하는 것은 아니다. '인생의 시련들(혹은 스트레스)'이라고 불리는 수업이 있다. 크리스마스를 앞두고 무지무지 바쁜 우체국에 가서 편지를 보내는 것이 수업의 내용이다. 앉을 자리도 없이 사람들로 북적거리는 우체국에 서서 아이들은 자기 차례가 오기를 오래도록 기다린다. 아직 어린 아이들에게 이런 일은 무척이나 따분하고 힘들다. 아이들이 가까스로 편지를 보내고 오자 노엘 선생님이 이렇게 말한다. "자, 알았지. 자기 차례를 기다리는 것은 힘든 일이다. 살아가는 데는 이처럼 많은 인내심이 필요한 거야." 배움은 수업 시간에만 이뤄지는 것이 아니라 도처에서 배우고 익히는 것임을 노엘 선생님은 알고 있었던 거다.

그래서 귀한 선생님들은 하나같이 가르칠 때 배우는 게 아니라 스스로 보고 겪고 몸으로 익힌 것을 배운다고 믿는다. 하이타니 겐지로는 "아이들은 스스로 성장하는 힘이 있다. 교육은 단지 그걸 도울 뿐이다. 무엇인가를 가르치겠다고 생각하는 순간 교사의 생명은 끝난다"라고 말한다. 즉 누가 가르쳐서 머리로 배우는 게 아니라 겪어보고 저절로 익히는 게 배움이라는 거다. 《달려라 탁샘》의 탁동철 선생은 이렇게 말했다. "배우기만 하는 곳은 학교가 아니다. 아이들은 가르치러 학교에 와야 한다. 자기 말을 하러 와야 한다. 그래야 모두가 피어난다. 배우기만 하고 한없이 무기력하기만 하면 나중에는 머리가 가려우면 발로 말고 손으로 긁어야 한다는 것도, 하품할 때는 엉덩이 말고 입을 벌려야 한다는 것도 배워야 겨우 알게 된다."

여기까지 쓰고 보니 학교 다닐 때 이런 선생님을 한 명도 만나지 못했다고 한탄하는 소리가 들리는 것 같다. 실망할 필요도, 후회할 필요도 없다. 더 늦지 않게 《조커, 학교 가기 싫을 때 쓰는 카드》를 읽는 것만 해도 내 인생의 또 다른 조커를 만난 거니까.

좀 더 읽기

수지 모건스턴은 유대계 미국인으로 1945년 뉴저지에서 태어나 자랐다. 이스라엘에서 유대계 프랑스인 수학자 자크 모르 겐슈를 만나 사랑에 빠지는 '인생의 기적'이 일어나 결혼해 니스에 정착했다. 대학에서 비교문학을 가르치다 두 딸을 낳은 후 그 경험을 100여 편의 어린이 · 청소년 소설로 풀어냈다. 《조커, 학교 가기 싫을 때 쓰는 카드》는 학부모로서 느낀 학교에 대한 분노를 담아 쓴 책이고, 《중학교 1학년》은 중학교에 들어간 작은딸이 학교에 적응해 가는 과정에서 탄생했으며, 사춘기가 되자 말문을 닫은 큰딸과 소통하기 위해 쓴 교환 일기를 바탕으로 한 소설이 《딸들이 자라서 엄마가 된다》이다. 전 세계 엄마와 딸들의 공감을 얻은 이 작품으로 수지 모건스턴은 프랑스 여성인권문학상인 알리스상을 받았다.

수지 모건스턴의 작품을 특징짓는 것은 인생은 아름답고 어려운 일도 얼마든지 해결할 수 있다는 긍정성과 자신감이다. 그래서 그녀의 작품에는 밝고 따뜻하고 때로는 기발한 이야기가 담겨 있으며 독자들 또한 같은 이유로 수지 모건스턴을 사랑한다.

더 늦기 전에 쓰자.

으... 역할바꾸기 조커를
쓸까말까.

엄마
내옷!

여보!
밥!

에미야.
전화!

노는 게 좋은 건 뽀로로만이 아니다

《내 이름은 삐삐 롱스타킹》, 《떠들썩한 마을의 아이들》 | 아스트리드 린드그렌

삐삐는 돌봐줄 사람 없는 고아다. 하지만 삐삐는 슬퍼하지 않는다. 귀찮게 하는 부모가 없어서 더 행복하다. 완벽한 어린이의 세계 속에 사는 삐삐를 보고 있자면 무한한 해방감과 카타르시스가 느껴진다.

우스이 요시토가 20여 년간 연재한 《크레용 신짱》이란 만화가 있다. 국내에는 '짱구는 못 말려'로 소개되었고 이 제목으로 텔레비전 애니메이션이 선보였다. 지금도 짱구 하면 엉뚱한 짓으로 엄마를 한순간에 늙게 만드는 장난꾸러기가 떠오른다. 아이는 어렸을 때 《짱구는 못 말려》의 왕팬이었다. 하루는 시어머니가 못마땅한 표정으로 말씀하셨다. "짱구 만화만 보더니 짱구에게 못된 짓만 배워서 꼭 똑같이 따라 해 죽겠구나!" 시어머니에게는 아이가 짱구처럼 천하의 말썽꾸러기로 보였나 보다.

그러나 그게 꼭 짱구를 따라 해서겠는가. 아이는 원래 어른들이 감당하지 못할 생래적인 에너지와 호기심을 지녔다. 《내 이름은 삐삐 롱스타킹》에는 삐삐가 황소랑 한바탕하는 장면이 나온다. 힘이

장사인 삐삐를 당해내지 못하는 황소가 속으로 이런다. '아이란 정말 엄청난 인간이구나.' 심지어 황소도 어린 소녀 삐삐를 당해내지 못하는데, 평범한 우리 어른들이 어찌 어린이의 에너지를 감당할 것인가.

하지만 이런 사실을 감안해도 삐삐가 별난 아이인 건 맞다. 어디 하늘에서 떨어진 건 아닐까 싶다. 어른의 입장에서 말하자면 삐삐를 책으로 만나는 건 좋지만 같이 사는 건 별로다. 나 같은 평범한 어른도 이런데, 만약 잘난 척 권위를 내세우는 어른이라면 삐삐만큼 불쾌하고 불편한 아이도 없을 것이다.

《내 이름은 삐삐 롱스타킹》에서 삐삐는 자신의 진짜 이름은 '삐삐 로타 델리카테사 윈도셰이드 맥크렐민트 에프레임즈 도우터 롱스타킹'이라고 밝힌다. 엄마는 돌아가셨는데 지금은 하늘의 천사로 계시고, 아빠인 프레임 롱스타킹은 바다의 무법자였지만 지금은 식인종의 왕 노릇을 하고 있다. 실은 선원인 아빠가 폭풍우에 휩쓸려 바다에 빠진 건데 삐삐는 식인종의 섬에 도착해 왕 노릇을 하고 있을 거라고 생각하는 거다. 사실 삐삐는 엄마 아빠 없는 고아에 돌봐줄 사람도 없이 혼자 사는 아이다. 하지만 삐삐는 슬퍼하지 않는다. 한창 신나게 놀고 있는데 자라고 하거나 캐러멜 대신 약을 먹으라고 말할 사람이 없으니까 잘된 일이라고 여긴다. 현실이건 동화건 부모가 없는데도 행복한 아이는 아마 삐삐밖에 없지 않을까. 고아지만 씩씩하게 자신의 삶을 개척해가는 캐릭터라면 《키다리 아저씨》

의 주디와 《빨간 머리 앤》의 앤 정도가 떠오른다. 하지만 두 소녀도 완전한 고아는 아니다. 주디에게는 키다리 아저씨가 있고 앤에게는 매튜 아저씨가 있다(아, 삐삐에게도 원숭이 닐슨 씨가 있기는 하다).

삐삐는 부모 없는 아이들이 겪을 애정 결핍이나 정체성 문제 따위는 아랑곳없이 언제나 당당하며 거짓말도 서슴없이 하고 늘 노는 데만 정신이 팔려 있다. 동네 아이들이 빨간 머리라고 놀려도 울거나 겁먹지 않는다. 읍내의 화장품 가게에서 "주근깨 때문에 고민이 많으십니까?"라고 쓰인 광고를 보자 가게 문을 벌컥 열고 들어가 다짜고짜 "주근깨 때문에 고민하지 않아요!"라고 말한다. 주근깨조차 자랑스러운 삐삐다. 대단한 자존감을 지닌 아이다. 여러 해 전에 심리학 책을 쌓아놓고 읽다가 삶의 목표를 '뻔뻔하게 살자'로 정한 적이 있는데, 삐삐처럼 산다면 굳이 이런 목표를 세울 일도 없겠구나 싶다.

삐삐의 행동거지를 보고 있자면 어른 입장에서 이래도 되나 싶은 것들이 많다. 그중 하나가 거짓말도 밥 먹듯이 하는 것. 때로 모니카나 토미가 거짓말을 지적하지만 삐삐는 당당하다. "우리 엄마는 천사고 아빠는 식인종의 왕이야. 그래서 난 평생 바다만 쏘다녔는데 어떻게 만날 참말만 할 수 있겠니?" 거짓말이 나쁜 건 사실이지만 '여기'가 아니라 '저기'에서 온 자신은 그럴 수도 있지 않겠냐며 다시 거짓말을 한다. 하지만 삐삐의 거짓말은 어른들의 거짓말과 다른, 참과 거짓의 경계가 없고 상상과 현실의 구분이 없는 어린이 세계에 사는 아이의 말이다.

삐삐 롱스타킹이 등장하는 동화를 처음 읽었을 때 나는 입이 쩍 벌어졌다. 어떻게 이런 아이를 탄생시켰을까 싶어서였다. 그 궁금 증이 풀린 것은 《내 이름은 삐삐 롱스타킹》과 같은 해에 출간된 《떠들썩한 마을의 아이들》을 읽고 나서였다.

만약 삐삐가 천사 엄마와 해적 왕인 아버지를 두지 않았다면, 평 범한 부모와 언니와 오빠들이 있는 집에서 태어났다면 아마 떠들썩 한 마을의 아이들처럼 자라지 않았을까 싶다. 실제로 이 책을 포함 하여 린드그렌의 초기작인 '삐삐' 시리즈, '에밀' 시리즈, '명탐정 칼 레' 시리즈 등은 작가의 어린 시절 경험이 녹아 있는 작품이다. 린 드그렌은 어릴 때 정말 삐삐처럼 놀았다. 당시 린드그렌의 부모는 일하기 바빠 아이들을 쫓아다니며 돌볼 틈이 없었고, 아버지는 아 이들이 짓궂은 장난을 해도 혼내지 않고 껄껄 웃기만 했다고 한다. 부모가 멀지 않은 곳에 있지만 간섭하지 않는, 안정감 있고 자유로 운 환경에서 린드그렌은 마음껏 놀았고 그때 이야기가 동화에 모두 담겨 있다.

《떠들썩한 마을의 아이들》은 신나게 노는 아이들의 이야기다. 한 마을에 나란히 북쪽 집, 가운뎃집, 남쪽 집, 이렇게 세 채의 집이 있 고 여기 사는 아이들이 서로 어울려 논다.

가운뎃집의 리사는 오빠만 둘이지만 다행히 북쪽 집에는 브리타 언니와 안나가 살고 있고 서로의 방이 마주 보고 있어서 재미난 놀이를 많이 한다. 실에 담뱃갑을 연결해 편지를 주고받는 놀이도 하고, 용이 지키는 성에 갇힌 공주라고 상상하고 비밀 편지를 주고받는 놀이도 하고, 귀부인처럼 구는 '척하기 놀이'도 하느라 시간 가는 줄 모른다. 또 오빠들과 헛간의 짚 속에 동굴을 파고 하룻밤을 자기도 하는데, 실제로 린드그렌이 어린 시절에 했던 놀이라고 한다.

《떠들썩한 마을의 아이들》이나 《내 이름은 삐삐 롱스타킹》에 대해 평론가는 평론가대로, 심리학자는 심리학자대로 할 말이 많겠지만 독자 입장에서는 뭐니 뭐니 해도 놀이가 가득한 동화라 즐겁다. 린드그렌의 아이들은 정말 원 없이 논다. 독일 작가 카트린 하네만이 쓴 린드그렌의 전기를 보면 린드그렌 역시 그랬다. 린드그렌은 어린 시절 놀고 또 놀았고 놀다가 죽지 않는 것이 이상할 정도로 놀았다.

린드그렌의 큰아들 라세는 "엄마는 공원 의자에 조용히 앉아서 노는 아이들을 바라보는 그런 엄마가 아니었어요. 엄마는 직접 놀고 싶어 했어요. 나는 엄마가 나만큼, 아니면 나보다 더 재미있어 하는 건 아닐까 하는 의심을 떨쳐버릴 수 없었지요"라고 말한 적이 있다. 삐삐가 궁금해서 '떠들썩한 마을'의 리사를 떠올렸지만 결국 삐삐도 리사도 린드그렌의 분신이었다. 이 아이들에게 가장 중요한 건 자유롭게 노는 거였다. 그 유희 정신이 린드그렌의 초기 동화에 그대로 녹아 있다.

삐삐나 떠들썩한 마을의 아이들은 어른들 말대로 하지 않을수록 더 재미난 놀이가 된다는 걸 안다. 요즘 말로 하면 창의성이 발휘되는 순간이고 아이들에게는 놀이가 탄생하는 순간이다. 삐삐에게는 모든 게 놀이의 발견이다. 삐삐가 나무 아래 누워 있는 할아버지를 발견했다고 하자, 모니카가 할아버지를 발견해서 뭐에 쓰냐고 되묻는다. 삐삐는 "할 게 얼마나 많은데. 할아버지를 토끼 대신 토끼장에 가둬놓고 민들레를 먹이로 줄 수도 있잖아"라고 대꾸한다. 이런 터무니없는 놀이에 한 발을 내딛는 순간, 어른과 어린이 독자는 모두 해방감을 맛본다.

이렇게 신나게 놀았던 린드그렌조차 열네 살이 되었을 즈음 다시는 그렇게 놀 수 없다는 걸 깨닫고 슬펐다고 했다. 노는 게 재미없어지기 시작하면, 남는 시간에 그저 잠이나 자고 싶으면 그는 틀림없이 어른이다. 더 이상 아이도 아니고 그럴 수도 없지만, 그래도 가끔 어른이 아닌 척해보자. 마치 토끼장에 할아버지를 가두고 민들레를 먹이로 주는 삐삐가 된 것처럼 늘 잘난 척하는 사람, 겉 다르고 속 다른 사람, 설거지 안 하는 남편, 반찬 투정하는 아이를 발견하는 즉시 토끼장에 가두고 민들레를 먹이로 주는 거다. 야호, 신난다.

아스트리드 린드그렌이 1945년 선보인 《내 이름은 삐삐 롱스타킹》은 처음에는 환영받지 못했다. 삐삐는 '신경을 건드리는 불쾌한 아이' 혹은 '구제불능' 취급을 받았고, "평범한 아이는 크림 케이크를 순식간에 먹어치우거나 맨발로 설탕 위를 걸어 다니지 않는다. 그런 행동은 정신병자를 떠올리게 한다"고 비판받았다. 린드그렌이 원고를 탈고하고 출판사에 투고했지만 주인공이 "너무 버릇없고 고집 센 소녀이고 아이들에게 모범이 될 만한 이야기가 아니라" 출판할 수 없다는 통보를 받았다.

당시는 요즘과 많은 것이 달랐다. 부모들은 아이들을 존중하지 않고 엄격하게 키워야 바르게 큰다고 생각했다. 유럽에서 가장 먼저 아동체벌이 금지된 나라가 스웨덴이었지만 당시 스웨덴조차 아이들이 벌을 받고 매를 맞았다. 하지만 그럼에도 《내 이름은 삐삐 롱스타킹》은 출간 2주 만에 2만 권 이상 팔려나갔을 만큼 어린이들에게 환영받았다. 아마도 전 세계 어린이들에게 삐삐만큼 해방감을 선사한 아이가 없기 때문일 것이다. 어른인 나조차 삐삐를 만나면 카타르시스가 느껴진다.

동화에서 삐삐가 이웃에 사는 모니카와 토미를 따라 학교에 간 적이 있다. 선생님이 삐삐에게 7 더하기 5는 얼마냐고 묻는다. 삐삐가 "글쎄요. 선생님이 모르는 걸 제가 어떻게 알아요?"라고 답하자 선생님은 삐삐를 나무라며 12라고 일러준다. 그러자 삐삐는 "그것 봐요! 잘 알고 계시면서 왜 물어봤어요?"라고 말대꾸한다. 이렇게 어른 얼굴을 똑바로 쳐다보며 속에 있는 말을 다 하는 것은 아이들이 상상 속에서만 했던 일인데 이걸 삐삐는 아무렇지도 않게 해버린다. 이런 삐삐를 보며 어른도 쾌감을 느낀다.

일본 분석심리학자인 가야이 하야오는 삐삐를 완전한 어린이의 세계에 있는 아이, 단 하나의 진실과 규범이 있는 어른들의 세계가 아니라 여러 가지 진실이 있는 어린이의 세계에 속한 아이라고 말한 바 있다. 상상과 현실의 구분이 없는. 완벽한 어린이의 세계에 사는 아이라는 뜻이다.

이렇게 재미난 책이 있다니!

《왕도둑 호첸플로츠》| 오트프리트 프로이슬러

처음 책 읽기를 시작할 때는 만화책이나 게임과 경쟁 상대가 될 만한 재미
난 책을 권해야 한다. 아이가 스스로 책도 읽을 만하구나 하는 느낌을 갖
는다면 평소 만화책만 본 아이라고 하더라도 읽기 습관을 들일 수 있다.

어쩌다 우리 집을 처음 방문한 사람들은 깜짝 놀란다. 사는 집이
대궐처럼 으리으리해서가 아니고 순전히 집에 책이 많아서다. 대부
분 "이렇게 책이 많은 집은 처음 봤어요!"라며 감탄을 쏟아낸다. 여
느 집이라면 장식장이나 침대 같은 것이 있어야 할 곳마다 모두 책
장이 자리 잡고 있다. 그도 모자라 집 안 여기저기 빈 공간마다 책
이 그득하다. 이 방을 열어도 책, 저 방을 열어도 책, 심지어 베란다
에도 책이 있다. 직업의 세계란 경험해보기 전에는 모르는 것이라,
사람들은 이 책 모두를 내가 사서 다 읽은 줄로 안다. 실은 책을 읽
고 글을 쓰는 것이 직업이라 상당히 많은 책을 얻는다. 하지만 그
책들은 대부분 읽지 못한다. 그러니 다음에 우리 집에 오시걸랑 너
무 놀라지 마시길.

책이 많다는 걸 확인한 후엔 으레 다음 질문이 따라온다. "아이가 책을 많이 읽겠어요?"나 "책을 많이 읽으니 아이가 공부도 잘하겠어요?" 같은 질문들 말이다. 간절한 눈빛의 그들을 실망시킬 수는 없어 모호한 대답을 하곤 했다. "아이가 책을 좋아하기는 하지요, 만화책을."

일곱 살이나 여덟 살 무렵 혹은 그 이전부터 대부분의 아이들이 만화의 세계로 빠져든다. 어릴 때부터 텔레비전 애니메이션에 길들여진 탓이다. 내가 어릴 때는 〈소년중앙〉이나 〈어깨동무〉를 통해 길창덕의 《꺼벙이》나 윤승운의 《맹꽁이 서당》, 이상무의 《비둘기 합창》 같은 명랑 만화를 봤지만 요새 아이들은 대개 《마법 천자문》이나 '살아남기' 시리즈 같은 학습 만화를 끼고 산다. 이 만화들은 스무 권도 넘게 끝없이 출간되는 시리즈인 까닭에 신간이 나올 때마다 부모는 아이와 승강이를 벌여야 한다.

하루는 아이가 무척 기분 좋은 일이 있다고 하기에 무슨 일이냐고 물은 적이 있다. 학교 앞 문방구에서 '마법 천자문 9권 출시'란 문구를 보았다며 입이 벌름벌름해져서 집으로 뛰어온 것이었다. 기다리고 기다리던 만화책을 읽을 생각만 해도 하루가 행복하던 초등학교 시절이었다. 서점에서 엄마가 만화책 값을 계산하자마자 아이는 비닐 포장을 뜯고 걸어 가며 읽기 시작한다. 집에 가려고 주차장에서 차에 올라탄 순간 아이가 책을 덮으며 "엄마, 다 읽었어!"라고 할 때는 아, 허무하고 본전 생각이 났다.

그러니 다른 책이 눈에 들어올 리가 없다. 그나마 엄마로서 열심히 한 건 자기 전에 책을 한 권씩 읽어주는 일이었다. 보통 아이가 초등학교에 입학하고 글을 읽는 것에 능숙해지면 부모는 더 이상 책을 읽어주지 않는다. 부모는 책을 읽어주기 귀찮던 참에 잘됐다 싶고 아이 역시 눈으로 읽는 속도가 빨라지면서 부모가 읽어주는 것을 답답해한다. 하지만 부모가 책을 읽어주는 건 그런 효율성의 문제로 따질 수 없는 가치가 있다. 잠자기 전에 소리 내어 책을 읽어주는 시간은 부모와 아이들이 함께 웃고 장난치고 수다를 떠는 즐겁고 행복한 시간이다. 많은 부모와 아이들에게 하루 중 가장 행복한 시간이 언제냐고 물으면 잠자기 전의 수다 시간을 손꼽는다. 이 시간을 함께 즐길 준비가 되었다면 초등학교 내내 엄마가 아이에게 책을 읽어줘도 좋다. 내 아이가 초등학교 내내 만화책만 읽었는데도 (책을 많이 읽는 아이가 아니라) 책을 좋아하는 아이가 된 비결이 있다면 잠자기 전에 책을 읽은 습관이 아닌가 싶다.

한 가지만 더 말하자면, 초등학교 5학년에서 중학생 무렵이 되면 본격적으로 책 읽기를 시작해야 한다. 뇌의 발달이 최고조에 달해 깊이 있는 독서를 할 수 있을 뿐 아니라 평생 책 읽기 습관을 간직할 수 있는 마지막 기회이기 때문이다. 만약 아이가 여전히 책 읽기를 힘들어하고 집중하지 못한다면 무조건 재미있는 책으로 시작해야 한다. 아이들 입장에서는 만화나 게임을 제쳐두고 책을 읽어야 한다. 엄마의 욕심 때문에 공부에 필요한 책을 줘봤자 '책은 재미없다'는 선입관만 강화시킬 뿐이다. 그러니 만화나 게임과 경쟁이 될 만한 책을 권해야 한다. 아이가 스스로 책도 읽어볼 만하다고 느낀 다면, 평소 만화책만 본 아이라도 읽기 습관을 들이기는 어렵지 않 다. 중학생이라면 김려령의 《완득이》같이 배꼽 빠지게 웃기는 소설 로, 초등학생이라면 김진경의 《고양이 학교》나 프로이슬러의 《왕도 둑 호첸플로츠》같이 재미나는 동화로 시작하기를 권한다.

프로이슬러는 세계에서 가장 뛰어난 동화 작가에게 주는 한스 크 리스티안 안데르센 상을 수상한, 더 이상 말이 필요 없는 유명 작가 다. 하지만 그래서 읽어보자는 것이 아니라 그의 작품이 정말 재미 있기 때문에 꼭 읽어보자고 권하는 거다. 그의 대표작으로 손꼽히 는 《크라바트》도 훌륭하지만 어린이들이 가장 좋아하는 작품은 뭐 니 뭐니 해도 《왕도둑 호첸플로츠》(전 3권)다.

하루는 카스페를의 할머니가 햇빛이 잘 드는 집 앞 벤치에 앉아 서 커피콩을 갈고 있었다. 손자인 카스페를과 그의 친구인 제펠이 선물한 커피콩 가는 기계는 손잡이를 돌릴 때마다 할머니가 좋아 하는 노래 〈모든 게 새로워라, 오월은〉이 흘러나오는 아주아주 귀 중한 물건이었다. 그때 2년 반 동안이나 경찰이 쫓아다니고도 아직 체포하지 못한 무지무지 유명한 도둑 호첸플로츠가 나타나 할머니 의 커피콩 가는 기계를 훔쳐갔다. 이 사실을 알게 된 카스페를과 제 펠은 가만있을 수 없다. 두 아이가 힘을 모아 왕도둑 호첸플로츠를 잡고 커피콩 가는 기계를 되찾기로 결심했다.

하지만 명색이 왕도둑인데 아이들 손에 호락호락 잡힐 리가 없다. 두 아이는 꾀를 내서 도둑이 숨은 동굴까지 찾아가기는 했지만 그만 호첸플로츠에게 잡히고 만다. 결국 제펠은 발에 사슬이 묶인 채로 땅바닥에서 잠을 자며 도둑의 장화를 닦는 신세가 되고 만다. 카스페를은 머슴이 필요한 위대하고 사악한 마법사 페르로질리우스 츠바켈만에게 코담배 한 자루에 팔려간다. 마법사의 집에서 카스페를은 지겹도록 감자 껍질을 깎는 딱한 처지에 놓이지만 마법사가 마법을 걸어놓아 집 밖으로 도망칠 수도 없다.

하지만 카스페를과 제펠이 속수무책으로 하인 노릇이나 하게 놔둔다면 프로이슬러가 아니다. 실은 도둑의 소굴을 찾아갈 때 변장을 하기 위해 카스페를과 제펠은 서로의 모자를 바꾸어 썼다. 한데 호첸플로츠는 변장한 아이들을 알아보지 못한 채 모자만 보고 카스페를을 제펠로, 제펠을 카스페를로 착각한다. 제펠의 모자를 쓴 카스페를이 마법사의 지하실에서 마법에 걸려 두꺼비로 변한 요정을 만나며 이야기는 급물살을 탄다. '모자를 바꾸어 쓴다'는 대단치 않은 설정으로 이렇게 많은 사건을 만들어내다니, 프로이슬러는 정말 대단한 이야기꾼이 아닐 수 없다(모자 이야기를 더 이상 들려주지 못하는 마음을 이해해주길, 모두 이 동화를 읽는 이들의 즐거움을 위해서다).

동화의 마지막 부분에서 카스페를과 제펠은 요정이 준 마술 반지로 두 가지 소원을 빈다. 그리고 마지막 세 번째 소원을 말하려는 순간, 나도 모르게 큰 소리를 질렀다. "앗, 안 돼! 카스페를!" 사람이 많은 도서관에서 책을 읽고 있다는 사실도 잊고 말이다. 그러니 프로이슬러의 작품을 읽을 때는 끝까지 방심하면 안 된다. 어떻게 이야기가 끝을 맺을지는 오직 프로이슬러만이 알 뿐이다. 무엇보다 프로이슬러 같은 작가를 만나 동화의 재미를 눈치챘다면 아이들이 책과 담을 쌓을 리가 없다.

좀 더 읽기

초등학교 선생님을 하다가 동화를 쓰기 시작한 오트프리트 프로이슬러의 작품은 전 세계 어린이들에게 사랑받고 있다. 1957년 《꼬마 물 요정》으로 독일 청소년 문학상을 수상했고 1961년에 《실다의 똑똑한 사람들》로 또 한 번 독일 청소년 문학상을 수상했다.

프로이슬러는 조상 중에 유리 장인과 금속 조각공이 많았고, 심지어 친척 중에는 마술사가 두 명이나 있었을 만큼 예술가의 기운이 넘쳐흐르는 집안에서 태어났다고 한다. 서재에는 방대한 양의 책이 있어 그 책들로부터 많은 영향을 받았다. 특히 프로이슬러의 할머니는 그에게 큰 영향을 미쳤다. 할머니는 동네 이야기꾼으로 불릴 만큼 옛이야기를 많이 알고 있었고 프로이슬러는 할머니가 들려주는 이야기를 들으며 자랐다. 할머니의 이야기는 그의 작품 속에 자연스럽게 녹아들었다. 프로이슬러는 "실제로 존재하지는 않지만 할머니의 이야기책은 내 인생의 그 어떤 책보다 가장 중요한 책이었다"고 회고하기도 했다.

덕분에 그의 작품에는 옛이야기에 등장할 법한 인물이나 설정이 자연스럽게 불쑥불쑥 나타난다. 빗자루를 타고 날아다니는 마녀가 수시로 등장하고, 마법에 걸려 두꺼비로 변했으나 실은 아름다운 요정이 나오고, 요정이 준 마법의 반지를 끼면 세 가지 소원이 이뤄지는 등의 판타지가 술술 흘러나온다. 물론 옛이야기 그대로는 아니고 인물이나 상징성을 현대적으로 활용해서 무척 드라마틱한 이야기로 다시 태어난다. 대부분의 옛이야기는 결말이 짐작 가능하고 전개가 전형성을 띠지만 프로이슬러의 동화는 옛이야기를 현대적으로 차용해 반전이 능하고 감칠맛이 별나다.

쉬고 싶다면, 어른이다

《한밤중 톰의 정원에서》 | 필리파 피어스

어른과 어린이의 가장 큰 차이점은 뭘까. 아마 심심함을 대하는 태도가 아닐까. 대부분의 어른은 아무 생각도, 할 일도 없이 단 얼마라도 있고 싶어 한다. 왜냐하면 늘 피곤하니까. 반면 아이에게 심심함은 휴식이 아니라 지옥이다.

어린이 문학에 가장 많이 등장하는 아이의 유형 중 하나가 혼자 있는 아이다. 그만큼 아이에게는 심각한 상황이다. 아파서, 전학을 와서, 부모가 너무 바빠서, 형제의 나이 차가 너무 많이 나서 혹은 외동이라서 아이는 혼자 있다. 이렇게 어쩔 수 없이 혼자 있을 때 아이들은 어떻게 할까? 혼자 논다. 대개 자신만의 판타지를 만들어 그 속에서 논다. 판타지 하면 톨킨의 《반지의 제왕》처럼 거대한 세계가 떠오르지만 뭐, 그리 거창하지 않아도 상관없다. 아이들은 일상에서 판타지를 길어 올린다. 토끼, 곰, 악어 등 인형이나 기차, 자동차 같은 장난감을 가지고 상상 놀이를 할 때도 있고 때로는 상상 친구를 만들어내기도 한다. 무언가 몰두할 거리를 찾고 그 세상으로 빠져버린다.

아이들이 판타지 속으로 들어가 그 속에서 놀고, 또 거기서 빠져 나오는 이야기를 섬세하고 아름답게 그려낼 줄 아는 최고의 작가 중 한 사람이 필리파 피어스다. 필리파 피어스의 작품 가운데《한 밤중 톰의 정원에서》는 판타지의 걸작으로 꼽힌다.

주인공 톰은 동생 피터가 홍역에 걸리자 전염될 것을 염려해 이모 집에서 여름방학을 보내게 된다. 이모 부부는 아이도 없는 데다 답답하게 앞뒤가 꽉 막힌 연립 주택에 산다. 혹시 동생으로부터 이미 홍역이 옮았을지도 모르니 톰은 되도록 타인과의 접촉을 피해야 해서 어쩔 수 없이 집에 갇혀 지낸다. 심지어 주인 할머니까지 무서워 매사에 조심해야 하니 한창 뛰어놀 사내아이 톰은 그야말로 심심해 죽을 지경이다. 쉽사리 잠조차 오지 않아 뒤척이던 밤, 톰은 거실의 오래된 괘종시계 소리를 따라 센다. 열하나, 열둘, 그런데 어럽쇼, 시계가 열세 번 울렸다. 톰은 '하루에 열세 시간씩 두 번 있다면 어떻게 될까. 밤 9시부터 아침 7시 사이에 어디엔가 13시가 있다면, 한 시간을 여분으로 가질 수 있다면' 하는 생각을 하며 시계를 확인하러 아래층으로 내려간다. 시곗바늘을 보려고 달빛이 비치는 뒷문을 연 톰은 깜짝 놀란다. 쓰레기통밖에 없어야 할 뒷마당에는 널찍한 잔디밭, 꽃이 만발한 꽃밭, 하늘 높이 자란 전나무와 주목나무, 온실 등 세상에 더없이 아름다운 정원이 펼쳐져 있다.

이제 소년은 심심할 틈이 없다. 밤마다 잠옷 바람으로 정원에 나가 한참을 싸돌아다닌다. 정원에 있는 집에는 남자아이들도 있고 하녀도 있고 해티라는 계집아이도 있다. 해티는 오빠들 뒤를 졸졸 쫓아다니는데 남자 형제 중 누구도 그 아이와 놀아주지 않는다. 아무도 톰의 존재를 인식하지 못하는데 오로지 해티만이 톰을 볼 수 있다는 사실을 알게 되면서 둘은 친구가 된다. 톰에게 해티는 자신을 공주라고 소개한다. "나는 여기 포로로 붙잡혀 있어. 변장한 공주야. 여기에는 큰어머니라는 여자가 있지만 사실은 내 큰어머니가 아니야. 그 여자가 나를 얼마나 구박하는지 몰라. (……) 이제 넌 내 비밀을 다 알았어. 그러니까 나를 공주님이라고 불러도 돼."

해티의 말은 이 작품을 이해하는 열쇠다. 톰은 갑작스럽게 감금되다시피 이모 집에 발이 묶여버렸고, 해티는 함께 놀 친구를 애타게 찾으며 정원을 자신의 왕국으로 만들어놓았다. 그 왕국에서 해티는 공주였다. 비록 오빠들은 놀아주지 않고 큰어머니는 해티를 구박하지만 자신의 왕국에서만은 이 모든 어려움을 온전히 잊을 수 있다.

해티가 왜 그토록 자신만의 왕국이 필요했는지는 책을 읽다 보면 알게 된다. 해티는 부모가 일찍 죽자 큰어머니 집에 더부살이를 하는 신세다. 오빠들은 소녀가 어릴 때는 어리다고, 소녀가 크고 나서는 이제 자기들은 어른이라고 놀아주지 않는다. 차가운 큰어머니는 대놓고 해티를 구박한다. 해티가 사고라도 치는 날이면 날벼락이 내린다. 하루는 해티의 비밀 통로를 따라 목초지에 살던 거위들이 들어와 정원을 못쓰게 만든 적이 있다. 그때 큰어머니는 "다 네 책임이다, 이 고아 계집애. 죽은 남편의 조카라서 거두어주었더니, 은혜도 모르는 거지 같으니라고. 너를 그래도 혈육으로 여겨 동정을 베푼 게 실수였다. 나는 네가 당연히 고마워하고 책임감도 있고 고분고분할 줄 알았다. 그런데 그러기는커녕 돈 들어갈 일만 저지르고 말썽만 피워서 나와 네 사촌들한테 손해와 창피만 주고 있다. 거짓말쟁이, 도둑년, 괴물 같은 계집애"라고 질책한다. 엄마 아빠도 없는 소녀가 이런 구박을 받으며 어찌 살았을까 싶다.

아마 그래서 해티는 더욱더 정원 속에서 함께 놀 상상 친구들이 필요했을 것이다. 때로 해티의 현실 속 사람들은 이런 소녀를 이상하게 여긴다. 혼자 중얼거리고 고개를 끄덕이면서 마치 누구랑 이야기를 나누는 듯이 구니까. 하지만 해티는 다른 사람의 눈에는 보이지 않는 톰과 즐겁게 이야기를 나누고 모험을 하는 중이다. 그렇다면 왜 톰은 큰어머니나 오빠들 눈에는 보이지 않느냐고? 왜냐하면 그들은 해티만큼 간절하게 톰을 원하지 않으니까, 현실에서 정신을 쏟을 쓸데없는 일이 너무 많아서 톰을 볼 여유가 없을 테니까.

이제 톰은 밤마다 시계 종이 열세 번 울릴 때를 기다려 해티를 만나기를, 함께 정원에서 시간 가는 줄 모르고 놀기를 간절히 기다린다. 그러는 사이 여름방학은 속절없이 흘러가고 톰이 집으로 돌아갈 시간이 임박한다. 이제는 처음과 달리 톰은 집에 돌아가고 싶지 않다. 심지어 정원에 영원히 머물러야겠다는 생각까지 한다. 불가능할 것도 없어 보인다. 정원의 시간과 톰이 현실에서 사는 시간은 다르다. 정원에서 그렇게 오랫동안 놀았는데도 현실에서는 겨우 몇 분이 흘렀을 뿐이니 염려할 것도 없어 보였다. 하지만 톰이 영원히 판타지 속에 살 수 있을까?

어린이 문학의 고전인 E. B. 화이트의 《우정의 거미줄》에는 밖에서 뛰어노는 대신 농장에서 동물들을 지켜보는 걸 더 좋아하는 여자아이 펀이 등장한다. 동물들은 펀이 자기들 편이라는 걸 알고 있고 믿어준다. 펀은 동물들과 한마음이어서 동물들의 말을 알아듣고 집에 가서 엄마에게 그날 농장에서 무슨 일이 있었는지를 조잘거린다. 엄마는 펀이 동물들과 너무 많은 시간을 보내는 건 아닌가 걱정하고 의사 선생님을 찾아간다. 그때 의사 선생님은 엄마에게 이런 말을 해준다. "지금 당장은 거미나 돼지가 헨리 퍼씨(펀의 남자친구) 못지않게 흥미롭고 좋을 테지만 헨리가 툭 내던진 한마디 말에 펀의 주의가 쏠리게 될 날이 틀림없이 올 겁니다. 아이들이 해가 다르게 달라지는 모습은 정말 놀랍거든요." 정말로 펀은 얼마 지나지 않아 박람회장에서 헨리 퍼씨를 만나 놀며 자연스럽게 동물들로부터 관심을 거두더니 이내 더 이상 동물들의 소리를 듣지 못하게 된다. 어린이의 세계를 떠나 자연스럽게 어른의 세계로 가버린 것이다.

필리파 피어스는 아이들이 어떻게 상상 속으로 빠져드는지를 동화 속의 판타지로 탁월하게 묘사하고 있다. 또한 때가 되면 상상이나 비밀 친구로부터 자연스럽게 멀어져간다는 것 역시 잘 보여주고 있다. 톰이 찾아갈 때마다 이상하게 점점 나이가 들어가던 해티는 어른이 된다. 해티가 톰과 함께 캐슬퍼드에서 일리에 있는 성당까지 강의 지류를 따라 스케이트를 타러 갔던 날이었다. 집에 갈 일이 막막했던 해티는 마을 청년 마티를 만나 마차를 얻어 타고 집으로 돌아간다. 마티와 대화에 빠진 해티는 마치 톰이 보이지 않는 것처럼 굴더니, 집에 도착해 마차에서 내리면서부터는 아예 톰을 보지 못한다. 톰을 잊어버린 것이다. 해티가 어린이의 세계를 떠나버린 날이었다.

이 책을 여러 번 읽었지만 나는 이 장면에서 언제나 낮게 탄식한다. 마치 톰이 해티에게 버림받은 것 같아서, 이제 해티가 완전히 유년기를 벗어나 어른이 되어버린 것이 안타까워서다. 어린 시절 그토록 외롭다가 드디어 말이 통하는, 사랑하는 남자를 만났으니 잘된 일이지만 어른 독자인 나로서는 그래도 아쉬움이 든다. 다시는 현실과 함께 존재하는 또 다른 세상을 보지 못하고, 한숨이나 푹푹 쉬는 어른이 되어버리다니 하며 말이다. 조잘대며 말하기를 좋아하던 소녀 해티도 나이가 들자 모두가 두려워하는 무뚝뚝한 할머니가 돼버리지 않았는가 말이다.

어른과 어린이의 가장 큰 차이점은 뭘까. 아마 심심함을 대하는 태도가 아닐까 싶다. 대부분의 어른은 아무 생각도, 할 일도 없이 심심하게 단 몇 시간만이라도 있고 싶어 한다. 왜냐하면 늘 피곤하니까. 절대 친절하고 싶지 않은 고객과 상사의 비위를 하루 종일 맞추고 집에 돌아오면 제발 얼마간의 침묵 속에 자신을 가두고 싶은 법이다. 그래서 직장에서 돌아온 아버지는 리모컨을 돌리며 소파 귀신이 되어버린다. 반면 아이에게 심심함은 휴식이 아니라 지옥이다. 혹 이런 상황에 처했다 해도 아이는 스스로 상상의 세계를 만드느라 심심할 틈이 없다. 이것이 어린이의 세계다.

좀 더 읽기

어린이 문학 평론가인 존 로 타운젠드는 "걸작이라는 말은 가볍게 사용될 말이 아니지만 《한밤중 톰의 정원에서》는 영국 어린이 문학의 얼마 안 되는 걸작 가운데 하나"라고 말했다. 명불허전이라는 말이 있듯 책을 읽고 나면 정말 판타지와 시간에 대해 곰곰이 생각하게 하는 훌륭한 작품이다. 판타지는 상상 속에 외따로 존재하는 공간이 아니라 현실과 긴밀하게 얽힌 톰의 정원 같은 곳이다. 시간 역시 절대적인 것이라기보다는 지극히 상대적이며 주관적인 것에 지나지 않아 보인다. 어린이에게는 흥미진진한 판타지이지만 어른에게는 가버린 시간을 추억할 만한 책, 《한밤중 톰의 정원에서》가 주는 마법이다.

심심하면 지는 거다.

외계어는 성장하고 있다는 증거다

《프린들 주세요》 | 앤드루 클레먼츠

"누가 개를 개라고 했냐고? 네가 그런 거야. 모두 이렇게 하자고 약속한 거야. 사전에 나오는 말은 바로 우리가 만드는 거란다."

한성우 교수가 쓴 《방언정담》은 방언학을 일반인들도 쉽게 접할 수 있도록 사람과 세상 이야기에 녹여 풀어낸 책이다. 그러다 보니 책에는 저자가 사투리와 말의 어원을 찾다가 보고 듣고 겪은 재미난 일화가 많이 소개되어 있어 읽으면서 여러 번 웃었다.

한 교수는 충청도를 경계로 서울말에 대한 원심력과 구심력이 생긴다고 주장한다. 종종 분명 사투리를 쓰는 데도 본인은 한사코 서울말을 쓴다고 주장하는 사람들을 만날 수 있다. 이런 사람들이 서울말에 대한 구심력에 사로잡힌 사람들이다. 저자는 학자답게 이걸 그냥 지나치지 않고 실제로 어디까지 서울말을 쓸까 조사해보았다. 경기도 용인 지역으로 가면 충청도말 냄새가 강한데도 "우덜이 사투리 쓰남? 저기 스산쯤 가야, 이랬슈, 저랬슈 하며 말을 길게 뽑어"라고 분명 사투리를 쓰면서도 서울말이라고 한다. 반면 충청도를 경계로 전라도와 경상도로 내려가면, 서울말에 대한 반감이 묻어난다. 원심력이 작용하는 거다. "뭐라카노? 서울말은 가시내들 말 아이가? 이랬어요, 저랬어요 할라 카믄 불알 띠놓고 해라"라는 식이다.

우리가 쓰는 말은 그러니까 인식하지 못해서 그렇지 사람과 함께 살아 움직이고 유행하고 죽기도 하는 생명체다. 예를 들어 '짬밥'처럼 말은 변한다. 군대에서 남은 밥을 '잔반'이란 군대 용어로 부르다가 차츰 발음이 편한 된소리를 섞어 '짠밥'으로 불렀다. 그러다 '반'이 밥이 되고, 밥그릇 수를 중시하는 군대 문화와 연결되다 보니, '짬밥'은 경험 혹은 경력을 뜻하는 말로 확장되는 식이다.

이런 식으로 어느 한 계층 혹은 연령에서만 쓰이는 말, 심지어 집에서만 통용되는 말들도 있다. 어느 집이나 아이들이 어릴 때 쓰던 말들이 있다. 내 아이는 이불을 '쭈꾸쭈꾸'라고 했다. 링컨 초등학교에 다니는 닉은 어릴 때 음악을 '과갈라'라고 했다. 앤드루 클레먼츠의《프린들 주세요》는 이렇듯 말이 생겨나고 유행하고 변하고 성장하는 과정을 아주 흥미진진하게 보여주는 동화다.

닉은 기발한 생각이 많고, 생각이 나면 바로 실천하는 아이다. 추운 2월에 교실을 열대 섬으로 만드는 일부터 일부러 선생님의 말꼬리를 잡아 숙제를 못 내주게 하는 일까지 다양한 성과를 내왔다. 한데 5학년이 되며 호적수를 만났다. 국어를 담당하는 그레인저 선생님이다. 학교의 전설로 통하는 선생님은 엄격하고 단정한 옷차림으로 학교에 출근하는데 바지조차 입는 일이 없다. 선생님이 잿빛 눈을 부릅뜨면 엑스선이 나온다고 느낄 만큼 주눅이 든다. 한마디로, 키는 작지만 거인 같은 카리스마를 지닌 여선생님이다. 선생님의 특이한 점 중 하나가 사전 숭배다. 사전은 선생님의 자랑이자 기쁨이다. 선생님은 5학년 학생들의 부모에게 "모든 학생은 맞춤법과 문법, 어휘 실력을 쌓아야 합니다. 국어를 잘해야 명쾌하게 생각할 수 있고 또 5학년은 어휘력을 늘리기에 가장 좋은 시기입니다"라고 당부하는 편지를 보내기까지 했다.

드디어 국어 시간, 닉은 그레인저 선생님의 수업을 방해하려고 "개라는 말이 꼬리를 흔들며 왈왈 짖는 동물을 뜻한다고 누가 말했나요?"라는 엉뚱한 질문을 한다. 그레인저 선생님은 "누가 개를 개라고 했냐고? 네가 그런 거야. 모두 이렇게 하자고 약속한 거야. 사전에 나오는 말은 바로 우리가 만드는 거란다" 하고 답한다.

그리고 문제가 생겼다. 마침 닉이 하굣길에 펜을 주워 친구에게 건네주며 "자, 프린들"이라고 무심코 말해버린 것이다. 머리 좋은 닉은 순간 선생님의 말을 완전히 이해해버렸고, 이제부터 펜을 '프린들'이라고 부르기로 작정했다. '프린들'이라는 말은 삽시간에 학교에 번졌고, 5학년 아이들은 "나는 오늘부터 영원히 펜이라는 말을 쓰지 않겠다. 그 대신 프린들이란 말을 쓸 것이며 다른 사람들도 그렇게 하도록 최선을 다할 것"이라는 서약서를 쓰기에 이른다.

아이들은 새로운 말, 프린들을 듣고는 재미있어하고 쓰고 싶어 한다. 하지만 그레인저 선생님은 이를 금지하고 싶어 한다. 이제 닉과 그레인저 선생님의 대결은 한층 첨예해진다. 선생님은 "앞으로 펜 대신 프린들이라는 말을 쓰다가 발각되면 방과 후에 남아서 '나는 펜으로 반성문을 쓰고 있습니다'라는 문장을 백 번씩 써야 합니다"라고 경고한다. 하지만 이미 유행어를 쓰고 싶다는 열망에 사로잡힌 아이들에게 벌은 명예와 다를 바가 없다. 사건은 수습되지 않고 점점 더 커져만 갔다. 학교와 집과 마을에서도 이 일을 두고 의견이 분분하다. 프린들 사건은 권위를 존중하느냐 그렇지 않느냐에 대한 신구 세력 간의 대립으로 번졌다.

이 일은 급기야 지역 신문에 보도된다. 기자는 "질서와 권위 세력의 옹호자 그레인저 선생님은 어린 프린들 용사 수백 명과 전쟁을 벌이고 있다. (……) 한 가지는 확실하다. 링컨 초등학교 학생들은 프린들을 사랑하며, 이 낱말 전쟁에서 단 한 명도 물러서지 않을 것 같다"라고 썼고 이 사건은 곧 전국으로 확대된다. 공중파 방송에서 이 내용을 담은 뉴스를 보도하고, 잡지에서 닉을 인터뷰까지 한다.

이제 닉조차 프린들은 "처음에는 제 것이었지만 이제는 아니에요. 막을 수 있는 방법이 있다면 저도 그렇게 하겠어요. 하지만 이제는 안 돼요"라고 말한다. 정말 프린들은 새로운 단어가 되어버렸다. 세월이 흘러 닉이 사는 마을 입구에는 '프린들의 고향'이란 표지판이 세워지고 닉이 대학생이 되었을 때 그레인저 선생님은 편지가 담긴 소포를 보낸다. 거기에는 웹스터 대학사전과 함께 그레인저 선생님이 닉에게 밝히고 싶었던 비밀을 적은 편지가 담겨 있다 (그 비밀이 무엇인지는 책을 읽을 독자를 위해 남겨둔다).

어쩌면 이렇게 흥미진진하고 재미도 있으면서 곰곰 생각해볼 만한 의미까지 담아놓을 수 있을까 싶어 동화를 읽는 내내 감탄하고 또 감탄했다. 앤드루 클레먼츠는 부자 관계, 말의 사회성, 돈 등 다양한 소재를 가지고 예상치 못한 이야기를 풀어내는 작가다. 세상에 존재하는 아이들의 숫자만큼이나 다양한 호기심과 고민이 있다는 걸 보여주듯 말이다. 동화 속의 아이들은 닉처럼 실제로 말이 어떻게 유행하는지를 실천해보기도 하고, 돈 버는 재미에 빠져 부자가 될 궁리를 하기도 하고, 학교 관리인으로 청소하는 아빠를 부끄러워하며 사고를 치기도 한다. 모두 현실 속에서 만날 수 있는 아이들이다. 이런 일들을 겪으며 아이들은 성장해간다. 동화에 등장하는 선생님이나 부모는 때로 못되게 구는 이 아이들이 미울 텐데도 끝까지 인내하고 지켜보며 응원한다. 《프린들 주세요》 역시 그런 작품이다.

십대들이 가장 활발하게 쓰는 은어가 주기적으로 신문에 오르락내리락하며 사회문제가 된다. 때마다 조금씩 문제의 양상은 변한다. 거친 표현이 문제가 되다가 이모티콘이나 줄임말이 도마에 오르는 식이다. 이를 찬성하거나 반대하는 이들은 모두 각자의 입장이 있다. 하지만 결국 유행어를 두고 벌이는 대립은 기성세대와 신세대의 힘겨루기인 경우가 많다. 젊은 세대는 일종의 구별 짓기로 저희들끼리 통하는 언어를 사용하려 든다. 링컨 초등학교 아이들이 딱 그랬다. 오죽하면 반성문 쓰기가 일종의 명예로까지 여겨졌을까. 부모나 교사가 이런 모습을 보고 무조건 달가워하기는 참 어렵다. 하지만 그 또한 말이니 대중에게 사랑받을 만하다면 살아 움직여 생명을 얻을 테고 그렇지 않다면 한때의 유행으로 사라져버릴 것이다. 오히려 "총명한 학생들이 고리타분한 교실에서 배운 생각을 받아들여 그것을 세상 속에서 실제로 실험하는 모습을 지켜보는 기회"라고 여긴다면 그레인저 선생님처럼 이 모든 과정을 여유롭게 즐길 수도 있다. 언어의 유행뿐 아니라 아이가 자라는 과정 또한 마찬가지다. 그레인저 선생님이 내게 준 교훈이다.

배웠으면 써먹어야지!

책 읽다 울어본 적 있나요?

《괭이부리말 아이들》 | 김중미

동화를 읽으며 언제 눈물을 흘리는가. 동화에서 꼭 나 같은 사람들을 발견했을 때 마음속 스위치가 딸칵 켜지듯 눈물이 흐른다. 사람에게 상처받은 이들이 그럼에도 불구하고 사람에게서 희망을 찾을 때 눈물이 흐른다.

때로 책을 읽으며 운다. 책을 읽으며 우는 버릇을 좀처럼 버리지 못하리란 걸 알고 있다. 그저 책상 위에 한가득 널브러진 눈물과 콧물로 범벅된 휴지가 좀 줄어든다면 그나마 다행이지 싶다. 아예 '나를 울린 책들'이란 리스트를 만드는 게 더 낫지 않을까 싶을 때도 있다. 하지만 이건 '내가 사랑했던 남자들'의 목록을 만드는 것만큼이나 위험한 짓이다. 감추어진 욕망과 무의식을 고스란히 보여주는 일이 될 테니까. 세상에서 가장 무섭고 단단한 자의식의 검열로부터 자유로울 수 있는 그 어떤 날 '나를 울린 책들' 리스트를 만든다면 꼭 들어가야 할 책이 있다. 《괭이부리말 아이들》이다.

일명 괭이부리말이라 불리는 빈민촌 아이들이 고단한 삶과 아픔을 건강하게 극복해가는 모습을 진솔하게 담아낸 책이다. 1999년

즈음, IMF 시절이 배경이다. 없이 사는 사람들에게 이런 불황은 더 힘들고 모진 일이라 남편이 실직하자 부인이 집을 나가고 아이들은 졸지에 고아가 된다. 방치된 아이들은 겨우 하루 한 끼를 학교 급식으로 때우며 산다. 소설에 등장하는 동준이와 동수네가 딱 그랬다. 엄마가 집을 나가자 아버지 역시 돈을 벌어오겠다고 달랑 편지 한 장 써놓고 사라졌다. 제법 공부도 잘하던 동수는 학교를 자퇴하고 현실을 잊으려 본드를 불고 며칠씩 집에 안 들어왔다. 아직 어린 동생 동준이는 빈집에서 혼자 지내기가 두렵고 외로워 밤새 텔레비전을 켜둔 채 잠이 들었다. 숙희, 숙자 쌍둥이 자매도 사정이 나을 게 없었다. 평소에는 사람 좋은 아버지가 술만 마시면 거칠게 변해 사고를 쳤고 빚이 늘어나자 엄마가 가출했다.

이렇듯 버려진 아이들이 소설의 한 축이라면 다른 한 축은 이 아이들을 껴안는 영호 삼촌과 김명희 선생이다. 영호 삼촌은 이곳에서 자라 고등학교를 마치고 기술을 배운 후 여전히 괭이부리말에 산다. 반면 김명희 선생은 열심히 공부하고 성공해서 이곳을 떠나는 게 목표였다. 그 목표를 달성해 선생이 되었는데 첫 부임지가 하필 괭이부리말이었다. 여기서 3년만 참으면 다른 학교로 떠날 거고 그러면 다시는 이 구질구질하고 가망 없는 동네와 아이들은 쳐다보지도 않을 생각이었다. 하지만 초등학교 동창인 영호가 소년원에 들어갔다 나온 동수를 상담해달라고 부탁하면서 명희는 다른 삶을 살게 된다.

소설의 무대는 바닷가에 인접한 인천 만석동과 그 주변 구도심인데 실은 내가 어린 시절 살았던 곳이기도 하다. 소설에는 첫 월급을 탄 동수가 동생 점퍼를 사러 갔다가 '수도국 산' 재개발 때문에 송현 시장과 인근 사람들의 살 길이 막막해졌다는 이야기를 듣는 장면이 나온다. 나는 바로 그 수도국 산 달동네에서 태어났다. 엄마는 틈이 날 때마다 "숟가락 두 개랑 사과 상자 하나 가지고 살림을 났다"며 지지리도 가난해 서럽던 수도국 산 달동네 시절을 이야기했다. 하지만 어쩐 일인지 나는 자라고 나서는 태어난 곳에 한 번도 가본 적이 없고 갈 생각을 해본 적도 없다. 지금은 재개발이 이뤄져 아파트 숲이 되었으니 옛 모습을 찾아보려 해도 불가능한데, 왜 진작 한 번쯤 가볼 생각을 안 했을까. 《괭이부리말 아이들》을 읽으며 그 이유를 깨달았다. 말하자면 나는 김명희 선생처럼 자랐다.

김명희 선생의 엄마처럼 나의 엄마에게도 공부가 종교였다. 엄마는 "공부만 잘하면 월남치마를 팔아서라도 뒷바라지를 하겠다"고 노래를 불렀다. 시험 때면 믿음도 없는 분이 부처님, 하느님, 공자님을 모두 찾으며 '우리 아이들 시험 잘 보게 해주세요' 하고 빌었다. 남에게 해코지를 하거나 거짓말을 해서는 안 되지만 그렇다고 없이 사는 사람들과 어울리거나 그들을 측은하게 여길 필요는 없다고 생각하며 자랐다. 그럴 시간이 있으면 좀 더 힘세고 근사한 사람이 될 꿈을 꾸는 게 당연했다.

《괭이부리말 아이들》에서 김명희 선생은 영호 삼촌에게 "나는 어릴 적에나 사춘기에나 모두 헛산 것 같아. 난 뒤돌아볼 추억 같은 게 하나도 없어. 친구들과 나눌 추억도, 동네 사람들과 나눌 추억도, 아무것도 없다"라고 말한다. 나도 마찬가지다. 학교와 집을 오가던 익숙한 길들, 쫄면과 왕만두를 사 먹은 신포 시장, 영화를 보러 가던 내동 사거리 정도가 기억의 전부다.

그러니 책을 읽는 내내 김명희 선생에게 감정이입하지 않을 도리가 없었다. "그때는 이 동네가 왜 그렇게 구질구질하게 보였나 몰라. 여길 벗어나려면 공부를 잘해서 성공하는 길밖에 없다고 엄마가 늘 말씀하셨지. 중학교 때부터는 내가 이 동네에 산다는 걸 학교 친구들에게 절대 말 안 했어." 괭이부리말에 산 건 아니었지만 나는 늘 내가 살고 있는 동네, 내가 다닌 학교, 내가 하고 있는 일을 부끄러워하고 그것으로부터 탈출하는 꿈을 꾸었던 것 같다. 그런 까닭에 세월이 흐르고 나면 내가 살던 공간과 시간과 사람에 대한 기억이 턱없이 적다는 걸 발견한다. 사람과 공간에 대한 애정 없이 건성으로 그 시간을 보냈으니 당연한 결과였다.

김중미 작가는 《나는 어떻게 쓰는가》에서 이 소설을 쓰게 된 이야기를 소상하게 털어놓았다. 작가는 고등학교 졸업 후 대학병원의 사무직 노동자로 일하다가 부러 빈민 지역인 괭이부리말로 들어갔다. 그동안 가졌던 지적 허세와 결별하고 빈민촌에서 공부방을 시작했는데 그때의 경험이 고스란히 소설에 녹아 들어갔다. 그러면서 "세상을 향해 가난은 수치스러운 것이 아니라고, 세상의 손가락질을 받을 이유가 없다고, 가난은 사회가 만들어낸 것이지 아이들이나 그들 부모의 탓이 아니라고, 사람들이 부끄러워해야 하는 것은 가난이 아니라 남보다 더 많이 가지려고, 더 앞서 가려고 누군가의 것을 뺏거나 짓밟는 것이라고, 판잣집보다 아파트가 편하고 공부를 못하는 것보다 잘하는 게 낫고 물질적 결핍보다는 물질적 풍요가 더 낫다고 생각하는 사람들에게 때로는 결핍이 사람을 더 넉넉하게 해준다고 말하고 싶었다"고 적고 있다.

가끔 소설을 읽지 못하겠다는 사람을 만날 때가 있다. 감정이입이 되지 않기 때문이란다. 방황하는 십대가 주인공인 소설, 극단적으로 소외된 사회적 약자가 등장하는 소설을 읽을 수가 없단다. 왜냐고 물으면 재미가 없어서란다. 감정이입을 하고 싶지도, 할 수도 없다는 뜻이다. 가끔 소설이 아직도 우리에게 무엇을 해주는가 의문이 들 때가 있다. 문학이 세상을 구원하기는커녕 이제 문학은 밥도 돈도 되지 않을 때가 많다. 하지만 《괭이부리말 아이들》을 읽고 나면 그래도 소설이 있기에 우리가 정서적 불구자가 되지 않고, 타인의 고통과 아픔을 이해하고 공감할 수 있구나 싶어 적잖이 안심이 된다.

언제부터인가 우리는 아이들이 한눈팔지 않고 집과 학원만 오가도록 경쟁에서 살아남는 것이 가장 중요하다고, 살기 위해 남을 짓밟을 필요도 있다고 가르쳐왔다. 하지만 성적과 입시 말고도 인생에는 중요한 것이 많다. 바로 사람에 대한 희망이다. 우리는 사람으로부터 버림받고 사람에게 상처를 입지만 이 아픔과 상처 또한 오로지 사람으로 치유할 수 있을 뿐이다.

소설을 읽으며 언제 눈물을 흘리는가. 김명희 선생처럼 꼭 나 같은 사람들을 발견했을 때 마음속 스위치가 딸칵 켜지듯 눈물이 주르륵 흐른다. 그리고 그럼에도 사람에게서 희망을 찾을 때 또 눈물을 흘린다. 김명희 선생이 마음을 열고 숙자에게 '사랑해'라는 카드를 줄 때, 현실로부터 도피하던 동수가 첫 월급을 받아 동생 동준이에게 점퍼를 사다줬을 때 나는 서럽도록 엉엉 울었다. 사람들이 서로 마음과 마음을 나눌 때 괭이부리말 아이들만이 아니라 척박하고 황량한 이 세상에도 희망이 피어난다.

3부

—

어른도
때로는 아프다

　　　부모들은 늘 아이가 자신의 마음을 몰라준다고 생각한다. 저 잘되라고 이 고생인데, 부족한 것 없이 뒷바라지하는데 대체 뭐가 불만인가 싶다. 좋은 엄마가 되기 위해 아이의 운전사 역할을 마다하지 않고 아이의 인생을 관리하느라 숨가쁘다. 아빠 역시 집에서 공부하는 아이 눈치 보느라 숨도 제대로 못 쉰다. 하지만 이런다고 좋은 엄마와 아빠가 되는 것일까?

　자신이 어떤 부모인지 알고 싶다면 아이와 부모의 관계를 다룬 어린이 청소년 책들을 읽어보자. 부모의 입장에서 잠시 벗어나 아이 입장에서 부모의 모습을 바라볼 수 있다. 십대가 되면 어릴 때만큼 부모를 절대적으로 믿고 따르지 않는다. 아이가 어릴 적에 엄마와 아빠는 영웅이었지만 십대는 부모를 객관적으로 바라본다. 이제 아이 눈에 부모는 그리 대단한 존재가 아니며 오히려 엄마나 아빠처럼 시시하게 살면 어쩌나 두려울 때도 있다. 그래서 아빠와 아들의 갈등은 어떤 세대건 겪고 넘어야 하는 통과의례다.

　한편 사춘기에 접어든 딸의 변덕 때문에 엄마는 속이 뒤틀릴 때가 많다. 수지 모건스턴이나 최나미의 작품은 여기서 좀 더 나아가 엄마의 삶을 보여준다. 엄마라고 아이들이 언제나 무조건 사랑스러운 건 아니다. 때로 밉고 싫을 때도 있다. 엄마는 엄마이기 이전에 한 사람으로 행복하게 살 권리가 있다는 진리를 이들의 작품이 말해준다.

아이를 잘 키운다는 것은 방임도 아니고 그렇다고 무조건 통제도 아닌, 이 둘 사이의 적절한 경계에서 아이에게 자율성과 원칙을 갖도록 하는 일이다. 동시에 부모는 언제 어떤 일이 생겨도 아이를 믿어주는 사람이 되어야 한다. 이런 이야기들은 《열네 살의 인턴십》과 《황금 열쇠의 비밀》 같은 책 속에서 만날 수 있다.

아빠처럼 살고 싶지 않아

《황금 열쇠의 비밀》| 앤드루 클레먼츠

아이가 어릴 때 아빠는 영웅이다. 아들에게 아빠는 세상에서 가장 멋진 남자다. 그래서 세상의 모든 아들은 아빠를 꼭 닮고 싶어 하고 아빠를 따라 한다. 하지만 그런 시절은 오래가지 않는다.

아버지에 대해 처음으로 진지하게 생각한 건 삼십대 중반으로 접어들 무렵이었다. 그전까지 아버지는 내게 지지리 궁상을 떠는 부모, 하고 싶은 걸 뒷바라지 못해주는 부모에 불과했고 원망스러운 존재였다. 당신은 기억하지 못하겠지만 아버지가 했던 말과 행동 때문에 나는 상처를 많이 받았고 매일매일 죽어버릴까 생각하느라 어둡고 말이 없는 십대를 보냈다. 그러니 아버지가 평생 직장을 다니며 가족을 부양한 건 그저 부모로서 의당 해야 할 일을 하는 거라 여겼고 당연하다고 생각했다.

그러다 결혼을 했고 직장에 다닌 지 10여 년이 흘렀고 아이는 초등학교에 입학했다. 그동안 열심히 살았지만 앞은 깜깜하고 어떻게 살아야 할지 알 수가 없었다. 언제까지 이렇게 돈을 벌 수 있을까 자신도 없었다. 아이가 이제 초등학생이니 앞으로 십수 년을 더 일해 뒷바라지를 해야 한다는 건데 과연 그럴 수 있을까. 마치 천길 낭떠러지 벼랑 위에 서 있는 것처럼 한 걸음도 내디딜 수 없이 무섭고 겁이 났다. 그러자 지독한 슬럼프가 따라왔고 기다렸다는 듯 아버지 생각이 났다.

말단 경찰 공무원으로 한평생을 묵묵히 일한 아버지는 무슨 생각을 하며 삼남매를 키웠을까. 시골에서 서울로 유학했던 총명한 소년은 자신의 인생에 만족하며 살았을까. 처음으로 아버지에게도 과거가 있고 슬픔이 있으며 고통이 있었으리라는 사실을 깨달았다.

아버지 생각을 다시 한 건 아들이 십대 중반으로 접어든 즈음이었다. 아버지의 부재 속에서 자란 남편의 하소연 때문이었다. "내가 뭘 잘못했냐? 왜 나한테 이렇게 퉁명스럽게 구는 거야?"라며 상기된 얼굴로 묻는 그에게 대체 어디서부터 무얼 이야기해주어야 할지 막막했다. '엄마의 정보력과 아빠의 무관심'으로 좋은 대학에 가는 세상이고 실종된 강아지는 찾아도 아빠는 찾지 않는 게 요즘 세태라지만 그 일이 우리 집에서 일어나면 이야기는 달라진다.

사실 세상 모든 아버지와 아들의 이 불편한 관계는 하루아침에 시작되지 않는다. 아이가 자라며 서서히 진행된 해묵은 불편함인데, 당사자인 아버지는 아들이 덩치가 커진 후에야 비로소 체감하고 당황한다. 이럴수록 대개의 아버지들은 분위기 파악을 못하고 엉뚱한 행동을 보여주는 경우가 많다. 여전히 권위를 앞세워 대장 노릇을 하려 들거나 아들이 아직도 대여섯 살인 걸로 착각하는 듯 어린아이 취급을 하거나 말만 꺼내면 자기 자랑을 일삼아 대화를 하면 할수록 관계가 더 썰렁해진다.

하여 아버지와 아들의 관계를 다룬 동화책은 없나 살폈는데 생각보다 이 문제를 정면으로 다룬 책이 드물었다. 동화를 쓰는 동시대 작가들이 대개가 여자라서 그런가. 그러다 《황금 열쇠의 비밀》을 발견했다. 앤드루 클레먼츠는 아버지와 아들이 불화하고 화해하는 과정을 아주 세밀하게 보여준다.

주인공 잭은 성실하고 말썽을 부리지 않고 책임감도 강한 초등학교 5학년 남학생이다. 한데 음악실 책상과 의자를 껌으로 도배해놓고 유유히 사라지며 쾌재를 부른다. 잠시 후 더럽혀진 책상과 의자를 치우기 위해 관리인 잭이 불려올 거라는 사실을 알기 때문이다. 관리인 잭은 다름 아니라 학교 관리인으로 일하는 아버지다. 잭은 허드렛일을 하는 아버지가 창피했고 그런 아버지에게 복수를 하고 싶어 심술을 부렸다.

그날 반 아이가 교실에 토하자 아버지가 그걸 치우러 와서 잭을 보고 "안녕, 아들"이라고 인사를 했다. 잭은 아빠에게 인사를 하는 둥 마는 둥 대답을 웅얼거리고 고개를 숙인 채 무언가 찾는 척했지만 아이들은 눈치를 채고 놀렸다. 설상가상으로 수업이 끝난 후 잭은 양동이에 물을 채워 복도를 걸어가던 아버지와 정면으로 부딪쳐 넘어졌고 옆에서 이 광경을 지켜본 아이들이 폭소를 터뜨렸다. "너네 아빠 옷 멋지더라. 초록색 작업복이 진짜 끝내주던데", "토한 걸 치우려면 굉장한 재주가 있어야겠지? 청소부 대학에 들어가서 토사물 청소 강의를 듣지 않으면 빗자루를 못 만져. 그 영예로운 기술은 아버지에게서 아들로 전해진대"라고 비아냥거리며 놀렸다. 그소리에 잭은 화를 참을 수 없었다. 마음속에 활활 타오른 분노가 표적으로 삼은 건 결국 아빠였고, 아빠가 고생 좀 하라고 일부러 못된 짓을 했다. 뿌듯한 표정으로 "좋아, 관리인, 이걸 닦아"라고 혼잣말을 하는 잭을 보며, 마치 드라마를 보고 감정이입하는 할머니처럼 중얼거렸다. "에이, 못된 놈!"

하지만 잭의 계획은 형사 뺨치는 추리력을 지닌 교감 선생님이 재빨리 범인을 찾아내며 수포로 돌아갔다. 오히려 잭은 벌로 3주 동안 관리인의 조수로 학교 내의 껌을 제거하는 벌을 받게 되었다. 이 일을 계기로 아빠는 아들이 자신에게 화가 났고 자신을 부끄러워한다는 걸 알게 된다. "아들은 똑똑하고 잘생겼는데 아빠는 학교 관리인이니까" 그럴 수도 있겠다 싶어 이해하려고 한다. 하지만 아빠는 서운하다. "잭은 자기가 평생 굶어본 적이 없다는 사실을 몰라. 신발을 원하면 신발이 마술처럼 저절로 생기는 줄 알지. 전부 아빠가 청소해서 번 돈으로 사준 거라는 사실을 모르는 거야" 하는 마음이 절로 든다.

벌을 받는 3주 동안 잭은 아빠 옆에서 일하며 그동안 몰랐던 사실들을 알게 된다. 대학에 합격한 아빠가 진학하지 않고 왜 갑자기

베트남전쟁에 지원했는지, 공부를 잘했던 아빠가 왜 학교 관리인으로 일하고 있는지를 알게 된다. 아빠 역시 할아버지에게 "아버지는 싸구려 점퍼 차림으로 입만 나불거리는 교활한 장사꾼이에요!" 하고 소리친 적이 있다는 것도, 할아버지가 아빠에게 혹독하게 굴었으며 그 이유를 뒤늦게 깨달았다는 것까지 모두 아빠로부터 듣게 된다.

잭은 "나도 커서 아빠처럼 되면 어쩌지" 하고 걱정하지만 실은 외모뿐 아니라 성격도, 그리고 좋아하는 것까지도 아빠를 빼닮았다. 어쩌면 아버지를 부정하는 것까지도 아빠를 닮았는지 모르겠다. 자신을 꼭 닮은 아들을 보며 잭의 아빠는 젊은 시절을 떠올렸고, 감정에 복받쳐 다짜고짜 화를 내거나 닦달하지 않고 참고 기다렸다. 그래서 버르장머리 없이 구는 아들에게 "아빠는 네가 관리인이 되는 걸 바라지 않아. 아빠의 삶은 아빠의 삶이고 너의 삶은 너의 삶이야. 그저 앞으로 몇 년간 서로 사이좋게 지내면 좋겠구나. 아빠가 바라는 건 그뿐이야"라고 차분히 말한다. 실종된 아들이 뒤늦게 나타났을 때도 벼락같이 소리를 치는 대신 "찾으려고 마음만 먹으면 얼마든 찾을 수 있었지. 하지만 때로는 뒤로 물러나서 지켜봐야 할 때도 있는 법이야"라며 추위에 떠는 아들을 위해 히터를 올려줄 뿐이다.

아직 어린 아들을 키우는 아빠들을 만날 때가 있다. 뭐든 아빠를 따라 한다며 자랑이 끝이 없다. 어린 시절 아들은 아빠의 단점까지 멋지다고 생각한다. 아들이 아빠를 따라 담배 피우는 걸 흉내 내고 아빠처럼 양말을 집어 던지는 건 아빠가 자랑스럽기 때문이다. 아빠는 아들에게 영웅이다. 잭도 마찬가지였다. 초등학교 2학년 때만 해도 잭은 선생님이 장래 희망을 묻자 서슴없이 "우리 아빠처럼 건물 관리인이 되고 싶어요"라고 말했다. 세상의 모든 아들은 그렇게 아빠를 꼭 닮고 싶어 한다.

하지만 그런 시절은 오래가지 않는다. 간혹 너무 잘난 아빠 밑에서 자라 주눅 든 아들도 생겨나지만 평범한 부모 밑에서 자란 아들들은 십대로 접어들면 대개 아빠를 미워하고 증오하며 아빠처럼 시시하게 살까 두려워한다.

아빠를 부끄러워하는 아들과 맞닥뜨렸을 때 누군들 당황하지 않으랴. 그때 어떻게 할 것인지에 대해 동화 속 잭의 아빠가 모범 답안을 보여준다. 부모로서 자식에게 하고 싶은 이야기가 없다면 그게 더 이상한 일이다. 하지만 그럴수록 '아빠는 1등만 했다'는 식의 자랑이 아니라 실패하고 어려웠던 일들을 진솔하게 들려줄 필요가 있다. 아빠가 잘난 척하고 싶어 하는지, 진정으로 대화를 하고 싶어 하는지 십대의 아들은 잘 안다.

심리학에서는 아버지와 아들이 평생 경쟁관계를 벗어날 수 없다고 말한다. 아들이 아버지와 화해하는 건 아버지가 죽기 직전, 아버지가 더 이상 아들을 공격할 수 없을 때뿐이라고 한다. 대개의 남자들이 자신의 약점을 솔직하게 인정하기를 두려워하듯, 아버지 역시

아들에게 약한 모습을 보여주기 싫을 거라는 점은 충분히 이해한
다. 하지만 잭의 아빠가 보여준 정도의 솔직함은 필요하다. 그래야
서로 이해할 수 있다. 무엇보다 아들을 제대로 키우고 싶다면 아버
지로서 존경받을 만한 모습을 보여줘야 한다. 존경이라고 하면 거
창하게 느껴질지 모르나 그냥 열심히 사는 모습이다. 부모가 정직
하고 남을 배려하며 성실하게 열심히 하루하루를 사는 모습을 보여
주는 것보다 더 큰 교육은 없다. 뭐가 이렇게 힘든가 싶겠지만 아들
은 언젠가 아빠를 이해하기 마련이다. 느긋해지자.

아빠인 듯 아빠 아닌 아빠 같은 나.

엄마에게도 화낼 권리가 있다

《딸들이 자라서 엄마가 된다》| 수지 모건스턴, 알리야 모건스턴

엄마도 사람이다. 자식을 사랑하지만 보고 있자면 괴로울 때가 많다. 아이의 조그만 실수는 부풀려 보이고, 단점은 '투우장에 나간 황소 앞에 펄럭이는 붉은 깃발'처럼 너무도 선명하게 보인다.

멀쩡하던 아이가 어느 날 몹쓸 병에 걸린다. 보고된 증상도 가지가지다. 머리카락이 떡이 되도록 청결에 관심이 없더니 닦달을 안 해도 매일 머리를 감는다. 벌거벗고 온 집안을 돌아다니더니 갑자기 문을 닫고 옷을 갈아입는다. 옷장이 터질 것 같은데 입을 옷이 없다며 옷 타령이다. 호환마마보다 더 무서운 돌림병의 이름은 사춘기. 별다른 치료법도 없고 그저 시간이 약인데 그사이 엄마 속이 많이 탄다.

우리 집에는 매일 아침마다 '머리가 마음에 안 들어' 질병이 창궐했다. 남자아이라 머리가 짧아 뭐 별것도 없는데 그날의 기분이 순전히 머리 모양에 따라 왔다 갔다 했다. "네 엄마가 죽어도 그만큼은 안 슬프겠다"라는 소리가 나오려는 걸 간신히 참고 살살 달랜다.

"왜 그래? 머리가 마음에 안 들어?(엄마가 보기엔 어제랑 똑같은데, 뭐가 나쁘다는 거야?)" "그래, 왼쪽 머리카락이 조금 죽어 보이긴 하네. 머리 다시 감을래?(다시 감긴, 학교는 언제 가냐?)" "그래, 시간이 없으니 물만 살짝 묻혀 드라이를 해라(오늘도 머리 만지느라 밥 먹긴 다 글렀구나!)." "아까보다 훨씬 나은데. 엄마는 우리 집에 현빈이 왔나 했다(우웩, 여드름 난 현빈도 있나 보다)."

아이를 어떻게든 엘리베이터에 쑤셔 넣으며 속으로 수없이 주문을 외웠다. "엄마가 말했지. 세상 사람들은 네가 생각하는 것만큼 너에게 관심이 없어. 머리 모양이 이상해 보여도 다른 사람은 잘 몰라. 너도 네 친구가 어제 머리 모양이 어땠는지 기억 못하잖아." 종이학도 천 번만 접으면 소원이 이뤄지는데, 아이 문제는 그렇지 않다. 같은 당부를 하고 또 하고 그게 천 번인지 혹은 만 번이 반복되었는지조차 잊어버릴 때가 되면 "어, 그러고 보니 요즘 아이가 통 머리 타령을 안 하네" 싶다. 그렇게 한 고비를 넘기는 거다.

혹시 매일 아침마다 사춘기에 접어든 아이들과 "화장실에서 언제 나올 거냐" 혹은 "치마 길이가 그게 뭐냐" 하며 승강이를 벌이느라 미칠 지경인 부모라면 수지 모건스턴과 알리야 모건스턴의 《딸들이 자라서 엄마가 된다》를 권한다. 특히 엄마들이 꼭 읽어야 한다. 엄마라는 이유로 차마 하지 못한 말과 솔직한 속내를 수지 모건스턴이 대신 쏟아낸다. 통쾌하다. 사춘기 자녀를 둔 엄마들의 정신 건강을 위해서도 좋은 책이다.

《딸들이 자라서 엄마가 된다》는 프랑스에서 1985년, 한국에서는 1997년 처음 출간되었다. 국내에 출간된 지 17년이나 흘렀지만 여전히 사랑받는 스테디셀러다. 출간 당시보다 지금 부모들이 읽으면 더 공감이 클 듯하다. 그때보다 요즘 부모들이 아무래도 덜 권위적이고, 특히 자녀를 친구로 대하려고 노력할 터이니 읽으면 맞장구를 칠 만한 대목이 많다. 수지 모건스턴은 딸과 영화도 같이 보고 좋아하는 음악과 심지어 친구들까지 공유한다. 세대 차이가 엄연했던 전 세대라면 꿈도 못 꿀 일이다. 그렇지만 모녀간의 갈등까지 사라지는 건 아니다.

수지 모건스턴의 큰딸인 알리야는 사춘기에 접어들자 대화 대신 침묵을 선택했다. 딸이 '열쇠를 잃어버린 일기장' 같이 변해서 엄마가 도무지 들춰볼 수가 없었다. 열정적이고 의욕적이고 말 많은 엄마 수지 모건스턴에게는 견디기 힘든 일이었다. 학교에서 돌아온 딸에게 "오늘 어땠어?"라고 물었는데, 딸이 대뜸 "엄마가 알아서 뭐 하게"라고 대꾸하면 엄마의 마음이 어떻겠는가. 이 상황에서 수지 모건스턴은 딸과 교환 일기를 썼다. 딸이 일기를 쓰면 엄마가 하고 싶은 말을 덧붙이는 식이다. 그 생생한 교환 일기가 이 소설의 바탕이다. 덕분에 사춘기 자녀를 둔 집안에서 흔히 벌어질 법한 이런저런 전쟁들이 아주 세세히, 그리고 유쾌하게 생중계된다. 소설 역시 교환 일기처럼 엄마 수지 모건스턴과 딸 알리야 모건스턴이 한 가지 사건에 대해 각자 자기 입장을 번갈아 가며 썼다. 한 사안에 대해 엄마와 딸이 얼마나 다른 꿈을 꾸고 있는지 서로의 마음을 비춰 볼 수 있다는 게 이 책의 재미다.

수지 모건스턴의 집 풍경을 잠깐만 들여다보자. 열여섯 살인 큰 딸은 아침에 한 시간 넘게 공들여 씻고, 옷을 갈아입고, 신발을 맞춰 신고, 머리를 빗고 또 빗고 또 빗고 식탁에 온다. 그도 잠깐, 비가 온다는 소리를 듣더니 옷을 갈아입기 위해 씩씩거리며 다시 제 방으로 올라간다. 아빠는 시계를 들여다보며 "아니, 쟨 여태 뭐하고 있었대?" 하며 딴소리다. 이젠 좀 알 때도 되었건만 여전히 딸이 왜 그런지를 모르고 신경질이다. 엄마는 "도대체 한나절 학교 수업에 알맞은 복장을 차려입기 위해서 한 시간 35분이나 허비한 결과가 어떨지" 기가 막히다 못해 궁금하다. 여드름을 효과적으로 가린 머리 스타일에 물 빠진 청바지를 입고 스카프를 치렁치렁 두른 딸이 나타나 "입을 게 하나도 없다"며 징징댄다. 엄마는 더 이상 참지 못하고 한마디 한다. "그럼 아무것도 입지 말고 가라!" 물론 딸의 생각은 다르다. 사실 열여섯 살에게 "복장 관리는 그렇게 만만한 일이 아니다". 다른 애들처럼 멋진 잠바가 있다면 옷 입는 데 그렇게 시간이 걸릴 이유가 없다. 옷장엔 모두 친척들에게 물려받은, 유행이 지난 옷뿐이니 이것저것 입어보다 시간이 걸리고 결국엔 청바지나 입게 되는 거다.

간신히 남편과 아이들을 보내고 나면 엄마는 일을 해야 한다(수지 모건스턴은 당시 박사학위 논문을 준비하고 있었다). 한데 다시 갈등이 시작된다. 일을 하기 전에 청소기를 돌리고 설거지를 하고 집 안 정리를 하고 싶은 마음이 들불처럼 일어난다. 좀 정리된 집에서 일을 하면 얼마나 좋아? 하지만 해본 사람은 안다. 집안일에 일단 손대기 시작하면 시간은 모두 날아가 버린다. 어질러진 집을 보지 않으려 이를 앙다물고 집중한다. 진도가 나간다 싶으면 꼭 일이 생긴다. 큰딸이 엉엉 울며 들이닥친다. 뭔 일인가 싶어 조심조심 달래니 시험을 망쳤단다. 놀란 가슴이 가라앉자 분통이 터진다. 딸이 좀처럼 울음을 멈추지 않자 성질난 엄마는 "나가버려" 하고 버럭 소리를 지른다. 다음 차례는 자책. 죄의식이 슬금슬금 기어와 등에 착 달라붙는다. 엄마 닮아서 수학을 못하는 걸 어떻게 하겠어, 조금만 참을걸, 이놈의 성질 때문에 다 망쳤다 싶어 노심초사다.

그렇다면 딸은 왜 그렇게 울었을까. 처음에는 열심히 공부했는데 성적이 안 나온 것 때문에 속이 상했다. 엄마에게 위로받고 싶었다. 그런데 엄마는 "차갑고, 동정심도 없이 낯선 목소리"로 엉뚱한 소리만 했다. 점차 시험 점수가 아니라 엄마 때문에 서러워 눈물이 그치지 않았다. "아니, 무슨 엄마가 저래. 엄마가 됐으면 딸을 이해하고, 딸 편을 들어야 하는 거 아니야." 서럽고 서러워 눈물이 났다.

세상에는 모성 신화가 있다. "신은 모든 곳에 있을 수 없어 엄마를 만들었다"거나 "한 사람의 어머니는 백 사람의 선생님보다 낫다"거나 "어머니는 자식이 말하지 않는 것까지 이해한다"는 좋은 말들이 이를 뒷받침한다. 하지만 거짓말이다. 실은 엄마도 사람이다. 아무리 내 자식이라도, 사랑하지만 그렇기 때문에 보고 있으면 괴로울 때가 많다. 아이의 조그만 실수는 부풀려 보이기 일쑤고, 단점은 '투우장에 나간 황소 앞에 펄럭이는 붉은 깃발'처럼 너무도 선명하게 보인다. 잔소리를 안 하려야 안 할 수가 없다. 사춘기 시절의 십대도 비슷하지 않은가. 부모를 이해하기는커녕 못난 점만 보이지 않는가. 이러니 십대의 자식과 부모가 사이좋게 지내는 건 불가능한 일인지 모르겠다.

어떤 시인이 "지금 알고 있는 걸 그때도 알았더라면"이라고 노래한 적이 있는데, 이만한 거짓말도 없다. 삶에서 미리 알아지는 건 없다. 똑같이 상처받고 미워하고 아파하고 상대방의 입장이 되어야 알아지는 것들이 있을 뿐이다. 그러므로 자식은 부모가 되기 전에는 결코 그 마음을 모른다. 오로지 같은 입장에 서봐야 알 수 있다. 그래도 분명한 건 있다. 아들은 자라 아빠가 되고, 딸들은 자라서 엄마가 된다는 것. 그러니 엄마를 너무 미워하지 마라. 특히 딸들은 크면 꼭 엄마 같은 엄마가 된단다.

너 같은 딸 하나만 낳아봐라!

아까 입은게 더 낫나?

어린 시절로 돌아가고 싶은 순간

《나의 린드그렌 선생님》 | 유은실

아이들은 어떻게 어른이 되어갈까? 가슴속 구슬이 하나하나 깨져나가면서 어른이 된다. 그래서 어른이 되는 과정은 아프다. 그렇다면 어른이 아이로 돌아가는 때는 없을까? 어린 시절을 추억할 때, 어린이 책을 읽을 때 어린이의 마음으로 들어갈 수 있다.

간혹 옛날에 읽은 책을 다시 펼쳐보다가 뜻하지 않은 흔적을 발견할 때가 있다. '네 존재를 건 문학을 해라' 같은 진지한 글이 담겨져 있기도 하고, '남자는 다 똑같다'는 선배의 장난기 어린 격려사를 발견할 때도 있다. 부러 책 속에 내가 적어놓은 글을 만날 때도 있다. 2005년에 읽은 유은실의 《나의 린드그렌 선생님》에는 지금보다 젊지만 삶이 팍팍했던 내가 끼적인 메모가 남아 있었다.

그 무렵 나의 삶은 정말 팍팍했다. 찬바람 부는 벌판에 버려진 듯도 했고, 그늘 하나 없는 사막을 홀로 걷나 싶기도 했으며, 사람들이 모두 제 집을 찾아든 밤에도 갈 곳 없는 성냥팔이 소녀처럼 막막하기도 했다. 그때 《나의 린드그렌 선생님》을 읽었고 비읍이와 비읍이 엄마를 만났다. 내가 왜 이 모녀에게 그렇게까지 감정이입을 했는지 그 이유를 책 속 메모를 보고 깨달았다.

동화의 주인공 이름은 비읍이(왜 비읍인지에 관한 사연은 동화에 담겨 있다). 비읍이 엄마는 걱정이 많다. 어른에게 말대꾸를 하면 안 된다고 꾸짖고 돈을 아껴 쓰라고 타박이다. 비읍이 엄마도 처음부터 잔소리가 많고 소파에 멍하니 앉아 드라마를 보는 어른은 아니었을 거다. 남편이 다섯 살밖에 안 된 비읍이를 남겨두고 먼저 저세상으로 가버린 후, 두 사람이 함께 일해서 갚자던 대출금이 모두 비읍이 엄마에게 남겨진 후부터 부쩍 걱정이 많아졌다. 어쩌겠는가, 하루하루 살기가 빠듯하고 돌덩이가 들어앉은 듯 삶이 무거우니 애꿎은 아이에게 싫은 소리를 할 밖에.

잔소리할 딸도 없는 비읍이가 탈출구로 삼은 건 '말괄량이 삐삐'를 탄생시킨 작가 린드그렌의 동화다. "삐삐를 알게 되고 상상을 하며 덜 심심하고 덜 외로웠고 무엇보다 행복"했다. 도서관에서 빌려 읽은 린드그렌의 책도 소장하고 싶었다. 책을 사러 헌책방에 갔다가 린드그렌의 책을 좋아하는 어른, '그러게 언니'를 만난다. 대화를 나눌 사람이 없었던 비읍이는 그러게 언니에게 한바탕 말을 풀어놓는다. 어떻게 린드그렌 선생님을 만나게 되었는지, 나중에 스웨덴에 갈 예정이라는 이야기까지. 신기하게도 그러게 언니는 엄마처럼 중간에 끼어들지도 않고 그냥 "그러게", "그랬구나" 하고 맞장구만 쳐주었다. 그러게 언니는 비읍이 속이야기를 들어주었을 뿐만 아니라 더 깊이 있는 린드그렌의 동화를 소개해준다.

　동화는 두 가지 재미를 간직하고 있다. 하나는 책 속에서 비읍이를 따라 린드그렌의 책을 만나는 재미다. 비읍이는 처음에《내 이름은 삐삐 롱스타킹》을 만나 삐삐의 기발한 상상력에 매료된다. 다음으로 신나게 노는 아이들의 이야기를 담은《난 뭐든지 할 수 있어》,《에밀은 사고뭉치》를 읽는다. 이처럼 비읍이의 책 읽기를 따라 린드그렌의 동화가 흥미롭게 소개된다.

　독서력이 생겨나자 비읍이는 린드그렌의 책 중에서 조금 더 어려운 동화, 그러니까《산적의 딸 로냐》,《미오 나의 미오》,《사자왕 형제의 모험》같은 작품을 읽는다. 혹 린드그렌의 책을 처음 접하는 독자가 있다면 비읍이가 읽은 순서대로 만난다면 좋겠다. 재미있고 유쾌하고 억눌린 것 없는 유희정신이 가득한 책부터 때로 슬프지만 "사람에 대한 진정한 예의를" 일러주는 책까지 비읍이를 따라가면 어느새 린드그렌의 열혈 독자가 되어 있을 것이다.

　두 번째 즐거움은 린드그렌의 책을 읽으며 성장하는 비읍이를 만나는 일이다. 동화를 읽은 비읍이가 어떻게 변하는지, 세상과 사람을 책이라는 거울에 비추어보는 과정을 만날 수 있다. 비읍이의 가출 사건이 좋은 예다.《난 뭐든지 할 수 있어》에 나오는〈펠레의 가출〉이라는 단편을 읽은 비읍이는 엄마와 싸우고 펠레처럼 가출한다. 하지만 갈 곳이 없어 그러게 언니를 찾아갔다. 그러게 언니는 "린드그렌 선생님이 왜 가출 얘기를 썼을까? 가출을 하라고 썼을까, 아니면 가출 계획을 세우는 데 도움을 주려고 썼을까?"라고 비읍이에게 묻는다. 그러자 비읍이도 알게 된다. "린드그렌 선생님은, 가출하는 애들 얘기를 재미있게 읽고, 가출하고 싶으면 머릿속으로 가출하는 상상을 실컷 해서 왼쪽 가슴 아래쪽이 무엇에 세게 부딪힌 것처럼 아픈 것을 낫게 한 다음에 진짜 가출은 하지 말고, 자기 잠옷 입고 자기 침대에서 양말 벗고 자라고 쓰신 것"이라는 사실을 말이다. 책을 통해 간접 경험을 폭넓게 할 수 있다는 말을 작가는 이렇게 비읍이를 통해 들려준다.

처음에 비읍이는 린드그렌의 동화를 읽으며 지겨운 현실에서 벗어나 상상에 빠지는 게 좋았다. 하지만 동화는 일시적 도피가 아니라 상상하는 힘, 나아가 다른 사람을 이해하는 힘을 건넸다. 비읍이는 《산적의 딸 로냐》에서 페르 영감이 죽는 장면을 읽다가 처음으로 아빠를 이해한다. 그동안 비읍이는 그저 아빠가 없는 게 속상하기만 했다. 한데 이 책을 읽으면서 갑자기 죽는 바람에 비읍이에게 작별 인사도 못하고 떠난 아빠는 얼마나 슬펐을까 하는 생각을 한다. 처음으로 비읍이 입장이 아닌 아빠의 마음을 헤아려봤다. 비읍이는 이렇게 남을 배려하는 어른으로 커갈 것이다. 문학 작품이 주는 커다란 선물 중 하나, 타인의 마음을 헤아리는 힘을 이미 선물로 받았으니까.

아이들은 어떻게 어른이 되어갈까? 그러게 언니 말에 따르면 "가슴속 구슬이 하나하나 깨져나가면서 어른이 되"는 거다. 그래서 어른이 되는 과정은 아프다. 학교에 내는 일기장에 속마음을 다 털어 놓으면 안 된다는 걸, 세상에 진짜 산타클로스는 없다는 걸, 실은 부모가 대단한 존재가 아니라는 걸 깨달을 때마다 아이들의 마음에 있는 구슬이 하나씩 깨져간다. 하지만 그렇게 "다 깨지고 단단한 진짜배기 구슬만" 남으면 정말 어른이 되는 것이다.

그렇다면 어른이 어린이로 돌아가는 때는 없을까? 있다. 잔소리만 일삼던 비읍이 엄마도 옛날에는 어린이였다. 그리고 어른이 되었어도 어린이로 돌아갈 때가 있다. 노래방에서 마이크를 들고 어릴 때 재미있게 본 〈말괄량이 삐삐〉 주제가를 신나게 불렀을 때, 얼음판 위에서 춤을 추듯 신명나게 스케이트를 탈 때 비읍이 엄마는 아이가 된다. 나는 여기에 한 가지를 더하고 싶다. 어린이 책을 읽으면 언제 어디서나 어린이의 마음으로 들어갈 수 있다. 그저 잊고 있었을 뿐, 모든 어른들 역시 처음부터 엄마나 아빠는 아니었다. 비읍이였던 시절이 있다. 어린이 책을 읽을 때 우리는 누구나 비읍이 였던 순간을 기억해내고 만날 수 있다.

이 글을 시작하며 꺼냈던 이야기를 마무리할 때가 되었다. 동화에는 비읍이가 《내 이름은 삐삐 롱스타킹》을 읽다가 삐삐가 백만장자라는 사실에 매혹되는 장면이 나온다. 자신도 백만장자가 되었으면 하는 바람은 이내 돈이 생기면 하고 싶은 일을 상상하는 대목으로 넘어간다. 가장 먼저 할 일은 금화를 들고 은행에 가서 "우리 엄마 김영희 씨 대출금을 갚으러 왔어요"라고 말하는 것. 두 번째는 금화를 들고 서점에 가서 "린드그렌 선생님 책을 몽땅 세 권씩 주세요"라고 말하고 손수레에 책을 싣고 오는 것. 세 번째는 금화를 들고 자전거 가게에 가서 야광 딱지가 달려 있고 삼단으로 접을 수도 있는 자전거를 사는 것. 네 번째는 태어나서 한 번도 영화관에 간 적이 없는 친구 지혜를 데리고 영화관에 가는 것. 다섯 번째는 엄마에게 자라탕을 사드리는 것이다(텔레비전에 나온 한의사가 피로에 시달리는 여성이 자라탕을 먹으면 좋다고 말하는 것을 듣고 엄마에게 꼭 필요할 것 같아서 넣었다).

책을 다시 펼쳤다가 비읍이가 백만장자가 되는 상상을 하는 대목에서 아이가 어린 시절 내게 털어놓았던 소원을 발견했다. 여백에 학교에서 돌아오는 길에 로또 가게를 보고 흥분한 아이의 이야기가 적혀 있었다. 로또 가게를 본 순간 아이는 '로또가 당첨되었으면 좋겠다'를 넘어 '만약 큰돈이 생기면 무얼 할까' 하는 상상을 했다고 했다. 아이가 떠올린 소망은, 우선 우리 집 빚을 다 갚는 것, 두 번째는 할머니에게 휴대전화를 사드리는 것, 세 번째는 자기도 친구들처럼 휴대전화를 사는 것이었다. 되돌아보니 나도 비읍이 엄마처럼 돈이 없다는 소리를 달고 살았고, 아이에게 친구들이 모두 갖고 있는 휴대전화를 절대 사주지 않았다. 돌아가실 때까지 시어머니에게도 휴대전화를 사드리지 않았다. 순간 내가 참 못나게 굴었구나 싶어 가슴이 먹먹했다.

《나의 린드그렌 선생님》을 처음 읽던 그때, 내 마음속의 어린아이만 만나지 말고 아직 어렸던 내 아이의 마음까지 만날 수 있었다면 좋았을 것을. 하지만 어쩌겠나, 삶은 이렇게 수업료를 요구하는 것을.

좀 더 읽기

유은실의 데뷔작인 《나의 린드그렌 선생님》에는 아스트리드 린드그렌의 여러 동화들이 중첩되어 담겨 있다. 유은실이 좋아하는 작가 린드그렌에게 바치는 헌사이자 오마주 같은 작품이다. 식품영양학을 전공하고 영양사로 일하던 작가는 뒤늦게 문예창작과에 다시 입학하며 글을 쓰기 시작했다. 독하고 다부진 결의가 없으면 하지 못할 일에 뛰어든 건, 특히 동화를 써야겠다고 결심한 건 린드그렌의 동화를 읽은 후부터라고 한다. 유은실은 린드그렌에 빠져 미친 듯이 책을 찾아 읽었고, 글을 썼지만 번번이 실패만 거듭했다. 그러던 작가의 습작 시절 린드그렌이 세상을 떠났다는 소식을 접했다. 이런 전후 사정이 모두 작가의 첫 작품 《나의 린드그렌 선생님》에 담겨 있는 셈이다. 유은실은 이 동화를 쓰며 이마저 빛을 보지 못하면 글쓰기는 그만두자고 마음먹었고, 린드그렌은 그녀의 손을 잡아주었다. 유은실은 린드그렌을 만나 동화에 눈떴고, 린드그렌을 디딤돌 삼아 동화 작가가 되었다.

꼰대 구출 작전

《오이대왕》 | 크리스티네 뇌스틀링거

오이대왕은 누가 봐도 우습다. 오이대왕을 떠받들며 권위를 맹목적으로
추종하는 아버지는 더욱 우습다. 혹시 우리들은 이토록 우스운 오이대왕
노릇을 하고 있는 건 아닌가?

한 세대 전만 해도 아버지의 권위는 하늘을 찔렀다. 그 시절의 삶
을 다룬 소설을 읽다 보면 술 먹고 노름하고 계집질하느라 가정을
돌보지 않으면서도 집에서는 큰소리를 치는 아버지들이 늘 등장한
다. 자신의 어린 시절을 만화로 풀어낸 최규석의 《대한민국 원주
민》에도 "50년 동안 하루도 거르지 않고 가족을 위해 아침밥을 지
어왔던 엄마, 날마다 술에 취해 가족에게 주사를 부렸던 아버지"가
등장한다. 한겨레문학상을 수상한 작가 최진영의 소설 《끝나지 않
는 노래》에도 부인을 두들겨 패면서 "돈 내놓아라, 밥 내놓아라, 몸
내놓아라"고 닦달하는 남편이 나온다. 이런 아버지 혹은 남편 밑에
서 소처럼 일하는 어머니와 딸들의 모습을 보면 깊은 연민 때문에
눈물이 다 난다. 대체 옛날 아버지들은 왜 이렇게 못됐을까.

가부장적 권위 운운하면 아마 요즘 아버지들은 더럭 억울한 마음부터 들 것 같다. 실제로 자신의 아버지가 누렸던 권력의 10분의 1도 행사하지 못하는데 권위라니 말이다. 권위나 존경은커녕 사람대접도 못 받는다고 푸념할 만큼 신세가 처량하다. 요즘 아버지들이 더 억울한 것은 전 세대의 아버지와 달리 자신들은 노력하는데도 이런 취급을 받는다는 점이다. 자녀에게 친구 같은 모습을 보이고 가족들에게 헌신하며 노력하는데도 아내는 남편을 무시하고 아이들은 아버지를 '돈 못 버는 찌질이'로 여긴다. 만약 당신의 사정도 이와 같다면 혹시 가족들이 아버지를 오이대왕으로 여기고 있는 것은 아닌지 물어보기 바란다. '오이대왕'이 뭐냐고? 모른다면 소설을 함께 읽어보자. 이 정도 노력은 해야 가족과 소통하는 아버지 노릇을 할 것이 아닌가.

　뇌스틀링거의 《오이대왕》에는 전형적인 가족이 등장한다. 주인공인 볼프강의 아버지는 자동차보험사에서 과장으로 일한다. 많은 아버지들이 그렇듯 회사에서는 기를 못 펴고 집에 와서야 소리를 지르고 사사건건 간섭한다. 엄마는 가족들 뒤치다꺼리를 하느니 직장을 구하겠다고 입버릇처럼 말하지만 실천은 못한다. 모범생인 마르티나 누나는 멋을 부리고 남자친구를 만나느라 정신이 없다. 초등학교 저학년인 막내 닉은 어디로 튈지 모르는 엉뚱한 말썽쟁이다. 열네 살 볼프강은 수영을 좋아하지만 수학이라면 질색하는, 그저 불량스러운 척할 뿐인 보통의 남학생이다.

이 평범한 가족에게 어느 날 기상천외한 일이 생겼다. 부엌 식탁 위에 왕관을 쓴 커다랗고 통통한, 마치 오이 같은 녀석이 등장했다. 오이대왕은 가족들을 보더니 낮은 목소리로 명령한다. "짐은 트레페리덴 왕조의 쿠미-오리 2세 대왕이다. 짐에게 이불을 덮어주고 편안한 잠자리를 대령하라." 오이대왕은 백성인 쿠미-오리들이 배은망덕하게도 반란을 일으켜서 잠시 피신 중이라며, 자신이 없으면 아무것도 못하는 무지하고 어리석은 백성들이 곧 대왕인 자신을 모시러 올 거라며 자신만만하다.

가족들은 이 어이없는 오이대왕을 시답지 않게 여기지만 웬일인지 아버지만은 솔깃하다. 심지어 "주무시는 동안 전하를 지켜드리겠습니다"라며 마치 신하처럼 오이대왕을 떠받든다.

오이대왕이 등장하자 쌓였던 불만이 폭발한다. 그동안 가족들은 텔레비전도 아빠가 보고 싶은 것만 보고 먹는 것도, 입는 것도, 때로 웃는 것도 아버지가 원하는 대로 해야 했다. 아이들은 여행을 가거나 놀러 갈 때도 아버지의 허락을 받아야 했다. 엄마 역시 알고 보니 옷을 사거나 세척기 같은 가전제품을 살 때도 아버지의 눈치를 보느라 공짜로 얻었다거나 가격이 싸다고 거짓말을 했다. 아버지는 가족을 걱정하는 마음에 간섭한 거라고 말하겠지만 가족들을 배려하지 않고 일방적으로 명령을 일삼은 결과였다.

볼프강이 다니는 학교도 정도의 차이는 있지만 사정은 비슷했다. 하슬링거 선생은 모르는 수학 문제를 이해할 수 있도록 설명해주지 않았고 볼프강은 권위에 눌려 제대로 물어보지도 못했다. 무식한 방법으로 벌을 내리고 이행하지 않으면 유급을 당할지도 모른다는 압박을 일삼았다.

소설을 읽다 보면 몇 가지 궁금증이 생긴다. 작가는 왜 오이대왕을 등장시킨 걸까. 아버지는 왜 오이대왕에게 굽실거린 걸까. 오이대왕은 왜 큰일이라도 날 것처럼 왕관에 집착하는 걸까. 이 궁금증은 자연스럽게 책의 메시지와 연결된다.

오이대왕은 백성인 쿠미-오리들이 무지해 자기가 없으면 한시도 못살 거라 여기는 시대착오적 군주다. 하지만 쿠미-오리는 어리석지 않으며 노예는 더더욱 아니다. 일상의 아버지도 이와 비슷하다. 아버지가 사사건건 간섭을 하고 규제를 하는 건 혹여 아이들이 잘못될까 걱정스럽기 때문일 것이다. 하지만 혹시 아이들을 독립된 인격체가 아니라 미숙하고 부족하다고 여기기 때문은 아닐까. 소설에서 볼프강은 막내가 고집을 피우자 큰소리를 친다. 그러다 문득자기가 마치 "어른들이 그러는 것처럼 어리다고 막내를 우격다짐으로 몰아붙이고 있구나" 하는 사실을 깨닫는다. 국가 지도자든 선생이든 부모든 형제든 상대를 인격적으로 존중하지 않는다면 보호와 관심은 사실 명령과 간섭의 다른 이름일 뿐이다.

옛날 아버지들이 그토록 권위적이었던 것은 아마 사회적으로 권위에 복종하는 일을 당연하게 여겼기 때문이 아닌가 싶다. 국가의 최고 통치자가 독재적인 방법으로 나라를 장악하자 이를 본받아 회사나 학교 역시 군대처럼 복종을 강요했고, 나아가 집에서도 아버지가 가족을 지배하는 것을 당연시했던 게 아닐까. 하지만 존경은 강압에서 나오는 것이 아니라 마음에서 저절로 우러나는 것이다. 대상이 국가 지도자건 부모건 다를 바 없다. 오이대왕처럼 별 볼일 없을수록 존경을 강요하기 마련이다.

작가는 오이대왕이 얼마나 우스워 보일지를 누구보다 잘 알고 있다. 그래서 일부러 오이대왕을 등장시켜서 오이대왕을 떠받들며 권위를 맹목적으로 추종하는 아버지를 비꼬고 있다. 혹시 우리들의 아버지는 이토록 우스운 오이대왕 노릇을 하고 있는 것이 아닌가 하고 말이다.

인간의 의식 속에 뿌리내린 가부장적 사고와 언어는 그리 쉽게 바뀌지 않는다. 사라진 가부장의 권위와 절대권력이 그리운 사람은 언제든 쉽게 오이대왕의 꼬임에 빠질 수밖에 없다. 볼프강의 아버지처럼 말이다. 그러니 혹시 아버지가 권위적이고, 꼰대 같다고 느껴진다면 볼프강처럼 오이대왕으로부터 아버지를 구출하기 위해서라도 당장 이 책을 펴야 한다.

좀 더 읽기

어린 시절 2차 세계대전과 나치의 만행을 겪은 크리스티네 뇌스틀링거는 인간을 억압하는 모든 것들을 어린이 문학의 주제로 삼아왔다. 《그 개가 온다》에서는 대상이 학교였고, 《오이대왕》에서는 아버지로 나타난다. 하지만 그 실체를 어둡고 진지하게 다루지 않고 억압과 통제를 비웃고 조롱하며 까발리고 있어 어른들에게는 자못 무거워 보이지만 아이들에게는 그저 실실 웃으며 읽기에 맞춤하다.

엄마가 왜 굳이 일을 하느냐면

《엄마의 마흔 번째 생일》 최나미

엄마니까 할머니를 돌봐야 하는 것이 아니라 가족이니까 함께 할머니를 돌봐야 한다. 남자니까 씩씩해야 하는 게 아니라 사람은 씩씩해야 한다. 엄마의 일은 하찮고 아빠의 일은 중요한 게 아니라 사람의 일은 뭐든 중요하다.

"바보는 자기가 아는 것만을 읽고, 모범생은 자기가 모르는 것까지 읽는다. 그리고 천재는 저자가 쓰지 않는 글까지 읽는다"라고 말한 이는 소설가 김연수였다. 모범생도 아니고 천재도 아닌 나는 경험하고 아는 만큼만 책을 읽는다. 그러다 보니 같은 책이라도 생각과 경험이 얼마나 켜켜이 쌓였느냐에 따라 느낌이 달라질 때가 종종 있다. 2012년에 개정판이 나온 《엄마의 마흔 번째 생일》을 다시 읽으며 예전에 이 책을 읽은 게 맞나 싶었다. 예전에 읽지 못한 글들, 만나지 못한 마음들이 여기저기서 불쑥불쑥 튀어나왔다.

한 권의 책을 시간을 두고 여러 번 읽으면 그때마다 다른 가치를 발견하는 놀라움을 이미 수많은 책벌레들이 간증한 바 있다. 이를

테면 인문학의 가치를 누구보다 열렬하게 옹호하고, 실제로 자기가 아껴 읽은 책 이야기를 담은《책은 도끼다》를 펴낸 광고인 박웅현은 한 권의 책을 세 번쯤 읽는다고 고백한다. 나 역시 "책에서 제일 중요한 건 객관적 평가가 아니라 주관적 가치"라는 말이 무슨 뜻인지를 깨달은 건《엄마의 마흔 번째 생일》을 다시 읽은 후였다.

책을 펴자마자 가영이 할머니의 소동이 펼쳐진다. 시집와서 내리 딸만 다섯을 낳다가 마흔이 넘어 아들을 낳은 할머니는 가영이 엄마에게 손자 타령을 하더니 어느 날부터인가 치매가 찾아와 술을 마시면 지난 세월을 하소연하고 욕을 해댔다. 집안이 편할 리 없다. 정작 아빠는 "어머니가 치매인 거 같아"라는 말만 꺼내도 듣기 싫은지 불같이 화를 냈다. 다섯이나 되는 고모들은 출가외인이라고 일이 생기면 슬그머니 자리를 피했다. 모든 책임은 가영이 엄마 몫이었다.

한데 가영이 엄마가 폭탄선언을 했다. 할머니 곁을 하루 종일 지켜도 조용할 날이 없는데, 더 늦기 전에 직장에 나가겠단다. 아빠와 고모들은 엄마에게 눈을 흘기며 대놓고 싫은 소리를 했다. 심지어 딸인 가영이도 엄마가 너무한다 싶어 원망스러웠다. 엄마만 집에 있으면 될 텐데, 왜 엄마는 한사코 일을 하겠다는 걸까.

엄마를 이해하지 못한 이가 어디 가영이뿐인가. 치매에 걸린 시어머니를 돌보며 후회할 삶을 살지 않겠다고 결심한 가영이 엄마를 이해하는 데 나 또한 시간이 걸렸다. "어머니 나이가 되었을 때 내 모습이 자꾸 떠올라. 나도 저렇게 늙겠구나"라고 했던 가영이 엄마의 말을 알아들은 건 같은 경험을 한 후였다. 두 번째로 책을 읽으며 이런 생각을 한 사람이 나 말고 또 있었구나 싶어 반가웠다.

결혼 후 16년을 함께 살았던 시어머니는 폐렴으로 돌아가셨다. 처음에는 불면증과 관절의 통증을 호소하더니 다음에는 갑자기 줄이 끊어진 꼭두각시 인형처럼 자주 넘어져서 허리가, 팔이 부러졌다. 그러다 뇌출혈이 왔다. 위급 상황은 아니었지만 병원에서 퇴원한 후 시어머니는 평생 한 적이 없는 행동을 했다. 새벽 2시에 부엌에 불을 켜고 아직 저녁을 못 먹었으니 밥을 먹어야겠다고 했고, 밥을 먹었는지 안 먹었는지를 기억하지 못했다. 근육은 점점 굳어갔고 혼자서 걷지도, 밥을 먹지도 못했다. 사람들은 치매를 의심해보라고도 했고, 식탐이 심해지는 건 돌아가실 양식을 마련하는 거라고도 했다.

시어머니가 누워 지내는 시간이 길어지며 가족들은 서로를 탓하고 미워했다. 그렇지 않아도 며느리는 집안에서 가장 서열이 낮은 법인데, 시어머니가 아프니 벙어리보다 못한 처지가 되었다. 그럼에도 순간순간 분노가 송곳처럼 솟아나곤 했다. 이렇게 예리하고 원초적인 분노가 꿈틀대는 걸 제어할 수 없어 한참을 가만히 있어야 했다. 그런데 또 묘한 것이, 여러 해를 고생하다 시어머니가 돌아가시자 이번에는 죄의식이 넘실대는 것이었다. 왜 그때 따뜻한 밥 한 끼를 차려드리지 못했을까 하는 안타까움이 가슴 한쪽에서

서걱거렸다.

　나이 들어 늙으면 꼭 병들지 않아도 다시 흙으로 돌아가기 위해 몸이 마른다. 자연스러운 현상이다. 생로병사야 자연의 이치인 줄 알지만 막상 닥치면 회한과 슬픔과 분노가 일어난다. 평생을 고생하고 희생하며 살았다고 여길수록 미움이 마음 가득해진다. 그러니 품위 있고 아름답게 죽는 건 저절로 되는 것이 아니었다. 그것 또한 맺힌 것 없이 즐겁고 행복하게 이기적으로 살며 준비해야 가능한 일이었다. 힘겹게 소멸의 길로 걸어간 시어머니는 내게 다르게 살아야 한다고 말하고 있었다. 시어머니 나이가 되었을 때 저렇게 늙지 않으려면 말이다. 가영이 엄마가 치매에 걸린 시어머니를 두고 일하러 나간 것은 그만큼 절박했다는 뜻이다. 나는 그 마음을 안다.

　동화는 엄마의 이야기를 풀어내며 여기저기에 여성에 대한 이중적 시각과 정형화된 여성성에 대한 편협함을 폭로한다. 지금 봐도 드물게 여성주의 시각을 드러낸 동화다. 예를 들어 가영이 아빠는 딸이 씩씩하게 크길 바라면서도 아내는 순종적이길 원한다. 딸인 가영이 역시 아빠가 하는 일은 중요하고 엄마가 하는 일은 안 해도 그만이라고 여긴다. 이런 이중적인 잣대는 작품 곳곳에서 드러난다. 아빠는 축구도 잘하고 저보다 큰 아이랑 싸워 이기는 가영이가 자랑스럽다. 하지만 가영이가 축구 시합에 참여하는 문제 때문에 소란이 일자 자기주장이 강한 드센 딸은 원하지 않는다며 반대한다. 또 담임 선생님은 가영이가 여자니까 축구에 빠져도 별문제가 없다며 어찌 된 사정인지 살피지도 않은 채 남자아이들과 화해를 종용한다. 책은 처음에는 이해받지 못하는 엄마에 관한 이야기인 듯 보이지만 결국 딸들의 처지도 다를 것이 없음을 확인시켜준다.

자, 그렇다면 선머슴 같지만 여자임이 분명한 가영이는 엄마를 언제 이해하게 될까. 여자이기 때문에 억울한 일을 당하고 나서부터다. 가영이는 축구를 잘하지만 여자라서 시합에 나갈 수 없다는 남자아이들의 억지 논리 때문에 처음으로 차별을 경험한다. 늘 아빠에게 감정이입을 했던 가영이는 비슷한 처지에 놓이자 비로소 엄마를 이해한다. 우리가 약자를 이해하지 못하는 건 늘 자신을 강자 편에 놓기 때문이다. 그래서 저널리스트 고종석은 "남의 처지를 이해할 때 자신이 차별받은 경험을 떠올려보라"라고 주문했다.

전에 없이 여성의 파워가 거세다지만 여전히 우리는 일상에서 여자니까 혹은 남자니까 하는 말을 아무 생각 없이 한다. 그때마다 여자나 남자 대신 사람으로 바꾸어 말해보자. 엄마니까 할머니를 돌봐야 하는 것이 아니라 가족이니까 함께 할머니를 돌봐야 한다. 남자니까 씩씩해야 하는 게 아니라 사람은 씩씩해야 한다. 아빠의 일이 중요한 게 아니라 사람의 일은 뭐든 중요하다.

엄마한테도 설거지보다 중요한 게 있으니까.

그 잘난 대학 나와서 아빠는 행복해요?

《장수 만세!》,《짜장면 불어요!》 이현

엄마 아빠는 나를 지켜주기는커녕 힘들고 나약하지만 아닌 척하는 불쌍한 사람들일 뿐이다. 세상은 내가 사는 것이다. 그러니 내가 나를 지켜야 한다.

이현 작가를 처음 만난 사람들은 저마다 한마디씩 한다. 재미나다, 특이하다, 쿨하다 등등의 수식어가 따라붙는다. 독자가 상상하는 작가의 모습이 있기 마련인데, 대체 재미나고 특이하고 쿨한 작가란 어떤 모습일까 싶다. 경험상 작가란 실제로 만나기보다 작품으로 만나는 편이 더 낫다. 이현 작가는 지금껏 20여 권의 책을 펴냈으니 이 책들을 읽다 보면 저절로 작가를 만날 수 있지 않을까. 우선 작품 목록만 살펴도 작가가 오지랖이 넓다는 건 알겠다.《우리들의 스캔들》같은 청소년 소설부터《로봇의 별》같은 SF, 거짓말을 밥 먹듯이 해야 작가가 될 수 있다고 부추기는《애들아, 정말 작가가 되고 싶니》같은 글쓰기 안내서, 고전에 숨어 있는 귀신 이야기를 다룬《귀신백과사전》처럼 웃기는 책까지 관심사가 다양하다. 이 중에서도 작가의 맨얼굴을 만나려면《장수 만세!》와《짜장면 불어요!》처럼 이현 작가가 누구인지, 어떤 생각을 하는지를 잘 보여주는 동화를 읽어야 한다.

동화의 제목에 등장하는 장수는 초등학교 6학년 혜수의 오빠다. 장수는 한 번도 1등을 놓쳐본 적이 없는 집안의 자랑, 아빠의 기대주, 엄마의 촉망받는 아들이다. 반면 동생인 혜수는 적당히 공부하고 엄마의 눈을 피해 딴짓도 하는 평범한 여자아이다. 동화는 엄마가 혜수를 외국으로 영어 연수를 보내려는 장면으로 시작한다. 영어 공부가 지겨워서 살짝 죽고 싶다는 생각을 한 혜수는, 아뿔싸, 정말로 죽는다.

저승 사자에게 붙들려 염라국 지밀 과장 앞에 불려간 혜수는 자신이 죽었다는 사실을 인정할 수 없다. 억울하다. 알고 보니 지밀 과장이 실수로 명부를 잘못 관리한 탓이었다. 더 기막힌 것은 오빠인 장수가 자살할 예정이었는데 동생인 혜수를 잘못 데려왔다는 거다. 혜수가 살자니 오빠인 장수가 죽어야 하는 상황에서 죽은 지 50년이 넘었지만 아직 이승을 떠돌고 있는 혼령 송연화가 등장해 묘수를 낸다. 오빠의 수명을 딱 일주일만 늘려서 그사이에 오빠가 자살할 마음을 바꾸게 하자고 의기투합한다.

연화가 혜수 몸에 들어가고, 혜수는 생령으로 떠다니며 오빠인 장수를 살핀다. 이렇게 해서 평소에는 공부 좀 한다고 잘난 척이나 하던 오빠, 여든 노인처럼 어깨를 축 늘어뜨리고 다니던 오빠가 대체 왜 죽고 싶었는지가 드러난다.

《장수 만세!》는 '성적을 비관한 청소년의 자살'을 다룬 동화다. 저절로 얼굴이 굳어지고 이마에 굵은 주름이 생기고 마음이 무거워지는 소재다. 정황은 어둡기만 한데 실제 동화의 분위기는 전혀 딴판이다. 작가는 판타지를 끌어들여 동화를 마치 한바탕 굿판처럼 만들어버렸다. '해리 포터' 시리즈의 성공으로 판타지가 더 이상 낯설지 않지만 국내 작가들의 판타지는 남의 집에 손님으로 잠시 앉아 있는 것처럼 어딘지 불편한 기분이 들 때가 있다. 판타지를 써야 한다는 의지만 살아 있을 뿐 이야기가 억지스럽기 때문이다.

한데 이현의 판타지는 엉뚱하기 이를 데 없는 설정으로 시작해서 마치 정말 그런 일이 있었던 것처럼 필연으로 만들어가는 솜씨가 물 흐르듯 자연스럽다. 작가는 공부에 억눌린 아이의 죽음이라는 어둡고 칙칙한 소재를 판타지를 동원해 더없이 경쾌하게 풀어낸다. 질퍽하고 척척하고 무거운 삶이 작가를 만나면 가벼워지는 기분이다. 그래서 읽다 보면 헬륨 가스를 넣은 풍선마냥 자꾸자꾸 몸과 마음이 위로 위로 올라간다. 급기야 나를 괴롭히는 것들, 주눅들게 하는 이들을 한번 째려보고 나서 툭툭 털어버리고 금방이라도 신나게 날아갈 수 있을 것만 같다.

하지만 작가의 역할이란 아무쪼록 '사람 아픈 데를 들여다볼 줄 알아야 하는 법'이거늘, 아무리 공자님 말씀이라면 딱 질색이라도 하고 싶은 이야기가 없을 리는 없다. 다만 장광설로 설교를 하느냐,

아니면 들릴락 말락 지나가는 바람처럼 느끼게 하느냐가 다를 뿐이다. 자살하고 싶은 장수는 아빠에게 대뜸 "그 잘난 대학 나와서 아빠는 행복해요?"라고 묻는다. 어릴 때부터 지금까지 계속 잘난 놈이 되기 위해 발버둥쳤는데, 이 노릇이 언제 끝이 나냐고, 대학에 가고 취직을 하고 돈을 벌면 끝이냐고 묻는다.

장수의 질문에 대해 작가가 준비한 답은 이렇다. 세상은 내가 살아가는 것이다. 엄마나 아빠 때문에 사는 것도 아니고 그들이 날 지켜주지도 않는다. 엄마 아빠라 할지라도 나를 지켜주기는커녕 힘들고 나약하지만 아닌 척하는 불쌍한 사람들일 뿐이다. 그러니 스스로를 지켜야 한다. 무언가가 나를 잡아먹지 못하도록 나 스스로 지켜야 한다.

스스로를 지키는 사람이 어떤 사람인지 궁금하다면 작가의 데뷔작인 《짜장면 불어요!》에 등장하는 기삼이 형을 보면 된다. 입에 오토바이를 달았는지 입에 착착 감기게 말 잘하는 기삼이 형은 짜장면 배달원이다. 앉은 자리에서 잠깐 사이에 한 자루나 되는 양파 껍질을 벗길 만큼 직업 정신이 투철한 프로다. 열일곱 살 기삼이에게 종교가 있다면 짜장면, 신이 있다면 짜장면이다. 기삼이가 짜장면을 찬양하며 짜장면을 배달하는 사람이 얼마나 대단한지를 설파하는 장면을 읽다 보면 짜장면 한 그릇이 간절하게 먹고 싶어진다. 대단한 허풍쟁이가 아닐 수 없다.

그럼에도 독자 대부분은 동화 속의 인물인 용태처럼 기삼이를 하찮게 볼 것이다. 기껏 짜장면 배달원 주제에 허풍만 떤다고 여길 것이다. 용태는 아버지가 다쳐서 돈을 벌러 나왔지만 이런 일을 하는게 부끄럽다. 부모님 말대로 공부를 열심히 해서 대학에 갈 거고 기삼이 같은 사람과는 상종하고 싶지도 않다. 용태의 이런 기분을 아는지 모르는지 기삼이는 기죽지도 않고 제멋에 취해 있다. 또래처럼 좋은 대학에 가서 돈 잘 버는 사람이 되고 싶다는 꿈을 앵무새처럼 외우지 않는다. 당당하게 멋있게 짜장면 배달원으로 살고 싶은 꿈이 있다.

기삼이의 소망은 원대하다. 짜장면의 날을 국경일로 정하는 것부터 앞으로 개성 있는 인간으로 사는 것까지. 그렇다고 미래의 꿈을 위해 현재를 희생하지도 않는다. 철가방 드는 일이 체질에 맞고즐거워서 푹 빠져 있고 오늘도 열심히 배달한다는 게 그의 모토다. "형은 평생 철가방이나 들고 다닐 거예요?" 혹은 "형은 앞날에 대한계획도 없어요?" 하고 다그치는 용태에게 기삼이는 "난 그냥 내가좋아"라고 말한다.

공고하게 맞물려 돌아가는 교육제도와 자본주의 시스템에서 모든 걸 포기하고 짜장면 배달원으로 살라는 소리가 아니다. 동화 한편으로 세상이 달라지거나 세상을 바꿀 수 있다고 말하려는 것도아니다. 다만 무얼 하든 좋아하는 걸 하는 사람이 되는 것, 하고 싶은 게 있는 사람이 되는 것, 그게 인생에서 더 중요하다는 것을 기삼이를 통해 말하는 거다.

엄마들의 하소연 중에 가장 많이 듣는 말이 "우리 애는 욕심이 없어요"라는 소리다. 아이가 의욕이 없어 화가 난다고 한다. 엄마가 어렸을 때는 조르고 졸라 피아노를 배우고, 누가 시키지 않아도 공부를 하고 1등을 욕심냈는데 어떻게 자신이 낳은 애는 이래도 그만, 저래도 그만이냐고 불만이다. 만나는 엄마들 중에 열이면 아홉은 같은 소리를 하니, 대체 요즘 아이들이 어쩌다 이렇게 집단적으로 물러터지게 자랐을까.

물질적으로 풍요해서 그럴 수도 있고, 아이가 지닌 본성이 그럴 수도 있지만 그보다 더 큰 문제는 아이가 욕망하기 전에 부모가 모든 것을 먼저 해결해주기 때문은 아닐까. 뭔가를 갖고 싶은 건 지금 내게 그것이 없기 때문이다. 부족하기 때문이다. 한데 아이들에게는 부족한 것, 갖고 싶은 것, 아쉬운 것이 없다. 급할 것도 없고 하고 싶은 것도 없다. 말만 하면 부모가 다 해주고, 설사 가지고 싶은 것이 있다 해도 시험만 잘 보면 사준다. 김밥이나 샌드위치를 현관문 앞까지 따라가며 먹여주는 엄마들, 숙제의 모범 답안까지 만들어주는 엄마들, 아이 손을 끌고 학원에 데려가는 엄마들이 키운 아이들이 어떻게 배우고 싶은 게 있고 하고 싶은 게 있겠는가. 그저 엄마가 싫어하는 것만 알고 안 하면 될 뿐, 자신이 무엇을 잘하는지, 어떤 사람인지 알 필요도 없다.

이현 작가는 동화를 통해 '그 누구도 행복하지 않다면 우리는 대체 왜 이렇게 열심히 살고 있는 건가?'라고 질문한다. 사람은 저마다 생김새가 다른 법. 작가는 이 무거운 질문을 엉뚱하고 웃기게 농담처럼 하고 있다. 작가라는 사람이 왜 진지하게 탐구하지 않느냐고? 왜냐하면 기삼이는 기삼이가 좋아하는 게 있고, 장수는 장수의 길이 있듯, 이현은 이현이니까.

즐겁게 일하고 싶어

《열네 살의 인턴십》 | 마리 오드 뮈라이유

부모는 내 아이는 내가 잘 안다고 자신하지만 어쩌면 가장 잘 모르는지 모른다. 내가 믿고 싶어 하는 모습대로 아이를 상상할 뿐이다.

어른이라도 모르는 것이 있으면 인정하면 된다. 괜히 "그런 건 집어치우고 차라리 수학 공부나 해라" 같은 충고는 안 하느니만 못하다. 혹여 할 말이 궁하면 안 하면 된다. 괜히 "이번 중간고사에서 몇 등이나 했니?" 같은 질문일랑 하지 않는 편이 더 낫다. 이렇게 생각은 하지만 아이를 만나면 자꾸 비슷한 걸 물어본다. 예를 들어 "제일 좋아하는 과목이 뭐야?"라든가, "하고 싶은 게 뭐니?" 하는 질문이다. 나름 성적이 아니라 장래 희망에 관한 질문이라고 자위하지만 답하기 쉽지 않다는 걸 잘 안다. 한데 아주 가끔 너무나 구체적인 직업을 말하는 아이들을 만날 때가 있다.

한 친구의 공부 잘하는 딸은 "〈보그〉 잡지의 CEO가 되고 싶어요"라고 말해 내 입이 쩍 벌어지게 한 적이 있다. 겨우 초등학생 여자아이의 입에서 나오기에는 너무 현실적인 직업이라 차라리 비현실적이었다. 결정적으로 석연치 않은 것은 패션모델이면 모델이고 사업가면 사업가지 〈보그〉 잡지의 CEO라니.

추론하자면 이렇다. 여자아이들에게 가장 인기 있는 직업 중 하나는 패션 잡지 기자다. 《악마는 프라다를 입는다》 같은 소설과 영화가 세계적으로 인기를 끌고 나서는 더하다. 하지만 이건 어디까지나 아이들 생각이고, 부모가 보기에는 뭔가 부족한 직업이다. 그렇다고 옛날 부모 세대처럼 무턱대고 아이의 의견을 묵살하지는 않고 타협점을 제시한다. 아이가 좋아하는 패션과 부모가 원하는 경영학을 적당히 섞은 직업이다.

조카의 경우도 비슷했다. 조카는 아직은 잘 모르겠지만 돈을 많이 벌고 싶다며 이렇게 덧붙였다. "아빠는 날 보고 야구 전문 기자를 하래요." 여기서도 수상한 냄새가 났다. 추측컨대 격무에 시달리는 아빠는 아이가 자신처럼 평범한 직장인이 되지 말고 좀 재미나고 창조적인 일을 했으면 하는 바람이 있었나 보다. 그중에서도 아빠가 관심이 있는 두 가지 분야, 즉 기자와 야구를 버무린 걸로 보인다.

나도 부모로서 자기 직업을 자식에게 권하는 것이 얼마나 힘든지 이제는 안다. 나의 직업에 대해서 너무나 잘 알고 있기에 차마 그 일을 자식에게 권할 수 없다. 대부분의 부모는 자기가 하는 일에 자부심이 적고 때로 열등감도 가지고 있으며 미처 가보지 못한 길에 대해 턱없는 환상까지 품고 있다. 그래서 자신이 하고 싶었던 혹은 했으면 좋았을걸 하는 직업을 기필코 아이들에게 권한다. 그러면서 분란이 일어난다.

남편이 변호사인 친구가 있다. 하루는 남편이 아들에게 경영학과를 가라고 권했단다. 계획은 원대했다. "경영학과를 가서 공인회계사 자격증을 따고 다시 법학대학원에 가서 변호사 자격증을 따는 거야. 그러고 나서 변호사를 하면 정말 그 분야에서 최고지." 이 말을 들은 친구가 "아니, 그 많은 공부를 다 하고 우리 애는 언제 결혼해요?"라고 물었더니 "결혼은 안 해도 된다. 남자는 결혼하면 가장 노릇을 하느라 하고 싶은 것도 마음대로 못한다"라고 대꾸하더란다. "아니, 뭐라고요? 나랑 살면서 당신이 하고 싶은데 못한 게 뭐야. 진짜 하고 싶은 거 못한 사람은 나라고" 하며 한바탕 부부가 싸웠다는 웃지 못할 사연이 집마다 한두 가지는 있기 마련이다.

부모 세대 중에서 장래 직업을 구체적으로 정하고 대학에 진학한 사람은 드물다. 하고 싶은 일이 있더라도 대학의 학과는 또 별개였다. 일단 점수에 맞춰 들어가는 것이 중요했고 막상 대학에 들어가도 학과와 직업은 별 연관이 없었다. 중년이 된 대학 동기들을 만났을 때 전공을 살려 일을 하고 있는 사람은 참 드물다. 하지만 아이들의 환경은 좀 달라졌다. 물론 여전히 성적과 대학이 중요하지만 일선 학교에서는 2011년부터 '진로와 직업', '창의적 체험 활동' 같은 낯선 수업 시간이 등장했다. 진로 진학 상담교사가 이 수업을 진행한다. 이미 고등학교에서는 입학사정관제의 도입으로, 장래 희망을 찾아 그에 맞는 학과를 선택하고 재학 중에 꿈을 이루기 위해 노력한 흔적을 생활기록부에 담아야 한다. 그걸 대학이 요구하고 있다. 이처럼 부모가 생각하는 것보다 일선 학교에서 진로 진학에 대한 관심과 필요성은 높은 편이다.

이상은 높지만 현실로 돌아오면 갑갑하다. 게다가 자기 분야에서 성취를 이룬 사람들에게 물어보면 하나같이 자신이 좋아하는 일을 찾는 것이 가장 중요하다고 답하는데, 이 점에서 우리는 아이들이 좋아하는 것을 발견할 시간과 여유가 부족하다.

마리 오드 뮈라이유가 쓴 《열네 살의 인턴십》은 우리와 교육 현실은 조금 다르지만 사람 사는 곳이면 어디나 있을 법한 아이들의 직업에 관한 고민을 다룬 책이다. 프랑스에서는 중학생이라면 누구나 학기 중에 자신이 원하는 직종에서 인턴십을 하는가 보다. 주인공 루이는 중학교 3학년인데 인턴십을 정하느라 고민이다. 아마 프랑스에서도 아이들이 인턴십을 하려면 부모가 인맥을 동원해서 찾는 수밖에 없나 보다. 친구인 루드 빅은 방송국에서 인턴십을 한다며 스타를 볼 수 있다고 자랑인데 루이는 아직 정하지도 못했다. 마침 외할머니가 단골로 다니는 미용실에서 인턴십을 하면 어떻겠냐고 제안해 루이는 화요일부터 토요일까지 마이테 미용실에 다니기로 한다. 외과의사인 아버지는 "고생을 해보면 공부가 얼마나 좋다는 걸 깨닫게 되는 가치가 있지"라며 미용실에서 일하는 걸 탐탁지 않게 여긴다. 그렇지 않아도 루이는 수학은 영 헤매고 국어는 시원치 않으며 독일어 시간은 아예 졸 정도로 공부에는 취미가 없다.

화요일 아침 미용실에 출근한 루이는 온 동네 사람들이 모두 미용실로 몰려든 듯 분주한 매장에서 정신이 없다. 손님을 친절하게 맞이하고 커피를 대접하고 겉옷을 사물함에 보관하고 청소를 하다 보니 하루가 쏜살같이 지나간다. 저녁 7시 15분이 되자 눈은 충혈되고 미용실 특유의 약품 냄새로 코 안은 화끈거리고 다리는 후들거린다. 둘째 날은 제 시간에 일어나지도 못한다.

하지만 루이는 미용실에서 하는 일에 빠르게 익숙해져서 민첩하게 움직인다. 경쾌하고 상냥한 남자 미용사 피피, 미모의 스타일리스트 클라라, 일에 뜻이 없는 실습생 갸랑스, 그리고 마이테 원장과 함께 일하며 루이는 자신이 "인생에 대해 아직 배울 게 많다는 걸" 깨닫기에 이른다. 삶의 현장에서 다양한 사람들을 만나며 철이 들었다고 할까. 마이테 원장은 10여 년 전 교통사고를 당해 남편과 아들 그리고 두 다리를 잃고 휠체어 신세를 지고 있지만 단골손님이 오면 손을 잡고 이야기를 들어주고 그들이 슬픔에서 벗어나도록 돕는다. 클라라는 폭력을 휘두르는 남자친구 때문에 안절부절이다. 툭하면 지각에 결근인 갸랑스는 집에서도 학교에서도 내놓은 아이다.

"한꺼번에 많은 사람의 인생을 경험하게 된" 루이는 미용실에서 일하는 게 좋아진다. 미용사들의 손놀림을 유심히 보고 따라 하던 루이는 재능이 있다는 칭찬도 받는다. 루이는 아침에 미용실로 출근한다는 사실만으로도 가슴이 설레기 시작한다. 인턴십이 끝나고도 학교에 가지 않는 수요일마다 미용실에 가서 일을 도우며 미용일에 흠뻑 빠진다. 심지어 미용실에 어떻게 하면 손님을 끌어모을 수 있을까도 궁리한다. 온통 머릿속이 미용실 생각으로 들어차자 성적은 곤두박질치기 시작했다. 성적이 떨어지자 학교에 가기가 싫고 왜 학교를 다녀야 하는지도 회의스럽다. 결국 학교가 파업했다고 거짓말을 하고 미용실로 매일 출근하기에 이른다.

　루이의 거짓말이 오래갈 리 없다. 가족에게 들통 나고 교장 선생에게 불려간다. 하지만 무슨 말을 해줄 수 있을까. 오로지 하고 싶은 건 미용실에서 일하는 것뿐이라는 중학교 3학년 루이에게 당신이라면 어떤 조언을 하겠는가. 미용실에 갈 시간이 있으면 수학이나 영어 공부를 하라고 뻔한 말을 할 텐가. 아니면 그런 직업 대신 아빠처럼 의사가 되어야 성공할 수 있다고 할 텐가. 미용 기술을 한 번 보면 그대로 따라 하고 무엇보다 미용일을 하고 싶어 하지만 루이는 아직 어리다. 나중에 후회하지 않을까. 더구나 아빠는 미용 기술을 "아무짝에도 쓸모없는 거"라고 여기고 있다.

　다행히 루이 주변에는 현명한 어른들이 있었다. 처음에 루이는 아빠를 의식하며 "미용일은 공부 못하는 애들이나 하는 건데, 손을 쓰는 일이고"라며 주저했다. 이때 할머니는 "외과의사도 손을 써서 일하는 사람이다. 미용일은 그 일을 좋아하는 사람이 하는 일이다"라며 용기를 줬다. 또 루이가 다니던 학교의 교장 선생도 지원군이 되어줬다. 맘대로 학교를 빠진 루이가 실은 미용실에서 일했다는 사실을 알고 화가 나서 학교로 찾아온 아빠에게 이런 말을 해준다. "아이들은 모두 똑같은 게 아닙니다. 지능이란 다양해서 사회적인 지능도 있고 기술 지능, 예술 지능도 있습니다."

직업에는 귀천이 없다고 하지만 우리 모두는 좋은 직업과 나쁜 직업이라는 선입관을 지니고 있다. 좋은 직업이란 무엇일까. 대부분 돈을 많이 버는 직업을 생각한다. 하지만 직업의 만족도를 조사해보면 다른 평가가 나온다. 돈보다는 성취감이 더 중요하다.

성취감은 내가 좋아하는 일을 하고 있다는 만족감과 일을 통해 다른 사람에게 긍정적인 영향을 미치고 있다는 보람에서 나올 때가 많다. 내가 하는 일은 언제나 힘들고, 다른 사람의 직업은 쉬워 보이지만 사실 그 어떤 직업도 만만하지 않다. 삶이든 사업이든 모든 길은 장애물로 가득하다. 이런 장애물에 걸려 넘어지지 않고 뛰어넘을 수 있는 비결은 자신의 일을 사랑하고 자신의 일이 가치 있다고 믿는 것이다. 그래서 스티브 잡스는 "위대한 일을 하는 유일한 방법은 그 일을 사랑하는 것뿐이다"라고 말했다.

아버지에게 주눅이 들어 말도 제대로 못하던 루이는 관심 있는 일을 발견하자 집중력을 발휘하고 재능을 꽃피웠다. 결국 최고의 교육이란 하고 싶은 일을 찾도록 도와주는 과정이다. 그 과정을 돕는 것이 부모와 교사의 역할이다. 루이의 경우 그 역할을 해준 건 미용실 사람들이었다. 루이가 자라 성공한 후에 아빠는 "난 줄곧 그

녀석을 믿었어요. 걔는 이미 열네 살 때 톡톡 튀는 개성을 보였다니까요"라고 말하며 즐거워했다. 사실은 열네 살의 루이를 쉽사리 믿지 못했으면서도 말이다.

부모는 '내 아이는 내가 잘 안다'고 자신하지만 어쩌면 가장 잘 모르는지도 모른다. 내가 믿고 싶어 하는 모습대로 아이를 상상할 뿐이다. 그러면서 끊임없이 다른 아이들 이야기만 한다. 공부 잘하는 이웃집 아이나 피아노 잘 치는 친구의 딸을 바라보지 말고 내 아이를 봐야 한다. 내 아이가 무얼 좋아하는지, 무얼 싫어하는지, 왜 말을 못하는지를 세심하게 바라보는 것부터가 시작이다. 마이테 미용실 사람들만큼만 아이를 믿어보자.

아빠, 나는 게임 지능이 멘사 수준인데요.

의사
변호사
판사

힘들 때 한 번만 가족을 떠올려주렴
《아벨의 섬》 윌리엄 스타이그

용기를 내 씩씩하게 살아가는 데 아주 많은 것들이 필요하지는 않다. 아버지에게 자전거를 배운 추억, 함께 캐치볼을 했던 순간, 엄마가 해준 따뜻한 밥을 기억하는 것만으로 살아갈 힘이 된다.

사람을 만났을 때 말씨나 태도 등으로 첫인상을 살피듯 책을 읽을 때도 비슷하다. 표지가 끌리는지 보고 뒤표지에 실린 카피로 속내를 짐작하고 날개에 실린 저자 이력도 챙겨 읽는다. 대부분의 독자가 저자 이력부터 보는 이유는 글을 쓴 이의 전문성을 가늠하기 위해서인데, 내 경우는 또 하나의 꿍꿍이가 더 있다. 출생연도를 파악하기 위해서다. "젊은 애들과 경쟁하려 하지 마라. 절대 못 당한다"는 경고를 선배들에게 들었지만 그래도 나보다 나이도 어리고 글도 잘 쓰면 심사가 뒤틀린다. 이건 불공평하지 않은가 말이다.

그래서 나는 나이 들어 데뷔한 작가들을 좋아한다. 젊어 재능 있기는 쉬워도 나이 들어 뭔가를 새로 잘하기는 얼마나 힘든가. 나이 마흔에《나목》으로 데뷔한 박완서 선생이나 예순 살이 넘어 그림책 작가로 데뷔한 윌리엄 스타이그는 그 자체로 경이다.

스타이그는 자신의 어린 시절을 담아낸 그림책 《When Every body Wore a Hat》에서 어릴 때 뱃사람이 되고 싶었는데 고작 작가가 되고 말았다고 고백했다. 고작 작가라니 웬 말씀을, 예순 살에도 뭔가를 시작할 수 있다는 걸 보여준 것만으로 작가의 인생은 대성공이다. 마흔도 아닌 예순 살에 스타이그처럼 무언가를 시작할 수 있다면 우리에게도 시간과 가능성이 얼마나 많은가.

윌리엄 스타이그가 쓰고 그린 책들의 가장 큰 특징 중 하나는 간결함이다. 산전수전 다 겪고 나서 작가가 되어서인지 보는 사람에게 힘을 빼게 한다. 무슨 일이든 보는 사람마저 힘들게 일하는 사람들이 있는가 하면 쉽사리 뚝딱 해치우는 사람도 있다. 윌리엄 스타이그는 짐짓 너무 성의 없게 그렸다는 혐의를 받을 정도로 쉽게 쉽게 그리는 작가다. 《당나귀 실베스터와 요술 조약돌》을 봐도 그렇고 《아빠랑 함께 피자놀이를》을 봐도 별다른 표현이나 세심한 배경 처리 없이 등장인물의 동작과 표정을 간결하게 표현해냈다. 하지만 40여 년이나 그림을 그린 작가가 그냥 그렸을 리는 없다. 그의 그림을 가만히 들여다보면 간략한 선만으로 등장인물의 의기양양함이나 낙담, 그리움과 슬픔 같은 온갖 감정을 능수능란하게 표현해내는 솜씨에 혀를 내두르게 된다. 《치과의사 드소토 선생님》에서 여우는 이빨 치료가 끝나가자 생쥐인 드소토 선생님을 잡아먹고 싶어 한다. 이때 독자는 느물느물한 표정과 처진 눈꼬리만으로도 딴

꿍꿍이가 있는 여우의 속마음을 바로 느낄 수 있다.

그림만이 아니라 몇몇 작품을 제외하고는 글의 플롯도 유사하다. 평범한 주인공이 난데없이 마법의 도구를 손에 넣게 된다. 마법을 사용해 다른 존재로 변신하는 흥미진진한 경험을 한다. 하지만 놀이에 빠져 있던 주인공은 이내 곤경에 처한다. 집으로 돌아갈 수 없게 되거나 부모를 다시는 만날 수 없을지도 모르는 위험에 맞닥뜨린다. 그제야 주인공은 뼈저리게 집과 가족을 그리워한다. 스타이그의 작품은 이렇듯 일관되게 '과연 어떻게 가족에게 돌아갈 것인가'를 다루며, 이 주제를 가장 절절하게 담아낸 책이 《아벨의 섬》이다.

아벨(사람이 아니라 쥐다)은 조상 대대로 신분이 높았고 그 역시 상류층에서 교양인으로 살아왔다. 늘 좋은 음식을 먹고 책을 읽었고 아름다운 부인 아만다와 산책을 즐겼던 멋쟁이였다. 그날도 아벨은 아만다와 소풍을 갔다가 뜻하지 않은 거센 비바람을 만났다. 급하게 동굴로 피신했으나 아만다의 스카프가 바람에 날아가자 그걸 잡으려다 바람이 세차게 불면서 거센 물결에 휩쓸려 하염없이 떠내려갔다. 정신을 차린 아벨이 닿은 곳은 작은 무인도. 한 번도 자기 손으로 무언가를 해본 적이 없는 신사 아벨은 과연 이 섬에서 어떻게 살아남을 것인가. 동화는 그 과정을 담아내고 있다. 뗏목을 만들고 밧줄을 매단 돌맹이를 강 건너로 던져보는 등 아벨의 끊임없는 탈출 시도가 이어진다. 생쥐 판 《로빈슨 크루소》라고나 할까.

하지만 《아벨의 섬》은 무인도 표류기만이 아니라 아벨을 살아남게 한 것은 무엇인지를 살펴보는 데 묘미가 있다. 동화의 배경은 무인도이지만, 의지할 사람도 없고 이해해주는 사람도 없어 막막했던 순간으로 바꾸어 생각해도 좋다. 그때 우리는 어떻게 용기를 낼까. 아벨은 절망의 순간 아내인 아만다를 생각했다. 오직 한 사람, 사랑하는 아내만은 자신이 살아 있음을 믿고 자신이 느끼는 아픔과 외로움을 이해할 것이라고 생각하자 심지어 무인도에 홀로 있다는 고독감마저 창조의 황홀경으로 바뀌었다. 그러니 아벨이 살 수 있었던 것은 아내인 아만다와 이어져 있다는 믿음과 "가족이란 아무도 잊을 수 없는 그런 것"이라는 확신 덕분이다. 《당나귀 실베스터와 요술 조약돌》에서 바윗덩어리로 변신한 실베스터도 비슷했다. 그의 변신을 풀어준 마법은 바로 집으로 돌아가고 싶다는 마음이었다.

간혹 "힘들 때마다 부모님 생각을 해요. 그러면 함부로 살면 안 되겠다는 생각이 들어요"라고 말하는 사람들을 만난다. 누구에게나 절망과 낙담의 순간이 찾아온다. 그때 아버지에게 자전거를 배운 추억, 함께 캐치볼을 했던 순간, 엄마가 해준 따뜻한 밥을 기억하는 것만으로 살아갈 힘이 된다. 용기를 내 씩씩하게 살아가는 데 아주 많은 것들이 필요하지는 않다. 이 세상에 단 한 사람, 나를 믿고 지지해주는 사람이 있다는 믿음만으로도 우리는 결코 절망하지 않을 수 있다. 윌리엄 스타이그는 그 대상이 바로 가족이라고 생각했다. 아이들은 줄기차게 변신과 마법과 모험을 감행하고 때로 위험에 처한다. 하지만 사랑하는 부모와 가족이 있다면, 그들을 믿고 집으로 다시 돌아갈 수 있다는 믿음만 있다면 아이들은 세상을 두려워하지 않고 앞으로 나아갈 수 있다. 마치 아벨이 무인도에서 살아 나올 수 있었던 것처럼.

좀 더 읽기

《아빠와 함께 피자놀이를》, 《당나귀 실베스터와 요술 조약돌》 등의 그림책으로 너무도 유명한 윌리엄 스타이그는 미국 브루클린의 오스트리아계 이민자 가정에서 태어났다. 그의 아버지가 미국 대공황기에 실업자가 되자 스물세 살의 스타이그는 졸지에 가족의 생계를 책임지게 되었다. 잡지에 카툰과 일러스트를 팔며 생계 전선에 나선 이래 예순 살이 될 때까지 수십 년간 그림을 그렸다. 〈뉴스위크〉로부터 '카툰의 왕'이라는 애칭을 받았고 일러스트북도 여러 권 출간했을 만큼 일가를 이뤘다. 이제 할 만큼 했으니 은퇴가 기다리기 마련이다. 한데 스타이그는 달랐다. 《C D B!》와 《Roland, The Minstrel Pig》을 펴내며 그림책 작가로 데뷔했다. 그의 나이 무려 예순 살! 그 후 2003년 세상을 떠나기 전까지 20여 권의 어린이 책에 직접 글을 쓰고 그림을 그리며 열정적으로 활동했다. 남들은 한 번도 수상하기 어렵다는 칼데콧상과 뉴베리상을 총 네 차례나 받았다. 《당나귀 실베스터와 요술 조약돌》과 《멋진 뼈다귀》로 칼데콧상을, 《아벨의 섬》과 《치과의사 드소토 선생님》으로 뉴베리상을 수상했다.

아들이 어른이 되는 날

《돼지가 한 마리도 죽지 않던 날》 | 로버트 뉴턴 펙

모든 세대를 막론하고 아들은 아버지를 살해해야 한다. 기성세대의 질서를 거부해야 아들의 시대가 열리는 법이다. 그래서 잘난 아버지 밑에서 자란 아들은 자기 세계를 만들기 어렵다. 하지만 요즘처럼 아버지의 존재감이 없어도 아들은 온전한 성인이 되기 어렵다.

엄마에게는 일흔 살 아들도 어린아이처럼 보인다지만, 그래서 늘 차 조심하라고 당부를 한다지만 반대의 순간도 있다. 아들이 어른이 되었구나 싶을 때다. 그걸 느끼는 순간 이상한 이질감이 든다. 아들이 아니라 성인 남자를 대하고 있다는 생경한 느낌 때문이다. 어느 날 길을 걸어가다 말다툼을 했는데 화가 난 아이가 내 앞을 막아섰다. 순간 수염이 굵고 목소리가 꺼끌꺼끌한 이 녀석을 더 이상 이길 수는 없겠구나 하는 무섬증이 들었다. 이후로 주위의 선후배들에게 십대의 아들과 어떻게 지내는지 묻곤 했다. "돈이 궁할 때만 아빠를 찾고 진짜 속마음은 엄마에게만 털어놓는다"는 불만도 있고, 대놓고 "아버지는 자신이 어떤 사람이라고 생각하세요?"라며

별 볼 일 없는 아버지의 존재를 힐난한다는 대답도 돌아왔다.

그래서 생긴 의문인데, 아들은 언제부터 아버지를 대수롭지 않게 여길까. 아버지에 대한 도전은 어떤 방식으로 시작될까. 아들이 아버지와 맞서는 시기는 신체적으로 아버지를 압도하는 시점과 관계가 있어 보인다(육체가 정신에 미치는 영향이 지극하다는 점에서 참으로 수컷답다). 광고에도 등장할 만큼 유명한 문화심리학자인 김정운 교수는 다 커버린 아들과 '계급장 떼고 붙은' 아버지의 비애를 처절하다 못해 코믹하게 그린 글을 쓴 적이 있다. 아버지는 아들을 힘으로 당할 수 없다는 것을 알면서도 아직은 아버지인 척하고 싶어 안간힘을 쓴다. 이게 뻔히 보이기에 아들은 아버지에게 일부러 져준다. 이 사실을 알면서도 아버지는 센 척하고 싶어 하니 그 몸짓이 안쓰럽고 처절하다.

열여섯 살이 넘으면 아들은 아빠보다 키가 크고 덩치가 우람해진다. 이즈음이면 아들은 아빠의 행동이나 말이 뻔한 허장성세임을 읽어내고, 무섭기는커녕 숱하게 허점을 발견한다. 부자가 친구처럼 지냈다 해도 이제 아들은 아빠를 만만하게 여길 것이고 아빠가 엄했다면 아들은 거칠게 반항할 것이다. 아침마다 굵고 억센 수염을 깎으며 아빠처럼 되지 않겠노라 다짐할지도 모른다. 자신도 같은 과정을 거쳤지만 아버지는 이런 아들을 보는 것만으로도 말할 수 없이 서운하고 허전하다. 그러나 어쩌겠는가. 아버지와 아들의 갈등은 인류가 존재한 이래 피할 수 없는 필연이었던 것을.

로버트 뉴턴 펙의 《돼지가 한 마리도 죽지 않던 날》은 향수를 불러일으킬 만한 작품이다. 한 소년의 성장을 그린 잔잔한 소설이지만 농촌사회를 배경으로 전통적인 아버지와 아들의 관계를 잘 보여주기 때문이다. 소설의 배경은 1930년대 미국 버몬트 주의 러닝 마을이다. 마을 사람들은 공화당을 지지하는 독실한 기독교인들이며, 청교도적인 윤리에 따라 성실하게 살고 있다. 농사를 지으며 돼지 잡는 일을 하는 주인공 로버트의 아버지 역시 그렇게 살고 있다. 당시 최신 유행품이었을 자전거를 악마가 만든 사치품이라 여기고, 일요일에 교회가 아닌 야구장에 가서는 안 된다고 여기며, 코트를 사입는 것도 낭비라고 여긴다. 아버지는 돼지 잡는 일을 열심히 했기에 몸에서 돼지 냄새가 나는 건 당연했고 자랑스러웠다. 오히려 일하는 사람이 일을 쉬고 교회에 가는 일요일 아침처럼 좋은 냄새를 풍기는 게 이상한 일이었다.

이야기는 로버트가 이웃집의 젖소가 새끼 낳는 걸 도와준 대가로 새끼 돼지 핑키를 얻으며 시작된다. 로버트는 핑키를 잡아먹지 않고 새끼를 낳는 암돼지로 길러서 오래오래 함께 살 거라는 꿈에 부푼다. 핑키에게 리본을 달아 러클랜드 박람회에 출품해 가장 예절 바른 돼지에게 주는 1등상을 수상하는 기쁨도 누린다. 하지만 아버지와 아들의 갈등은 핑키로부터 시작된다. 핑키는 암돼지가 되어야 할 때가 지났건만 발정하지 않고 새끼를 배지도 못한다. 나이 많은 아빠는 겨울을 나기 위해 비축해두어야 할 사슴을 한 마리도 잡지 못했고, 몸집이 커진 핑키는 너무 많이 먹어 애완용으로 기를 수도 없다. 아버지가 아들에게 말한다. "이젠 그만 해치워야겠다." 평생을 돼지 잡는 일을 한 아버지는 자신의 손으로 핑키를 도살했다. 그날 아들은 처음으로 지금껏 믿고 따르던 아버지가 미웠다. 핑키를 죽인 아버지는 더 밉고 평생 수많은 돼지를 죽인 아버지가 싫어졌다.

지금으로부터 100여 년 전이 배경인 소설이라 읽다 보면 현재와 사뭇 다른 가치관들이 많이 보인다. 당시 마을 사람들은 모두를 먹여 살리는 농부보다 더 훌륭한 직업은 없다거나 아이들은 당연히 어른의 일을 도와야 한다고 생각한다. 로버트가 사는 러닝 마을뿐만 아니라 전통 사회의 아이들은 어릴 때부터 아버지 혹은 이웃 아저씨에게 일하는 법을 배우며 자랐다. 아버지는 연장을 다루는 것부터 가축을 기르고 농사를 짓는 법까지 자신이 알고 있는 모든 지혜를 아들에게 전했다. 로버트는 아버지로부터 초식동물인 소는 날카로운 이빨이 있는 육식동물 돼지가 가까이 있으면 불안해서 우유가 상한다는 것도, 닭을 지키는 개는 족제비를 영원히 미워하도록 일부러 싸움을 시켜야 한다는 것도 배운다.

비록 글을 읽을 줄도 쓸 줄도 모르지만 평생 일하며 보고 느끼고 겪은 지혜들이 아버지에게는 차곡차곡 쌓여 있다. 아들은 아버지와 함께 일하며 아버지를 존경한다. 로버트의 아버지는 아들이 농부나 돼지 도살꾼이 되길 바라지 않는다. 하지만 로버트는 "아빠는 훌륭한 도살꾼이잖아요. 돼지 반쪽만 봐도 물에 끓여서 털을 긁어낸 사람이 아버지라는 걸 한눈에 알 수 있대요. 아빠가 돼지를 잡으면 뭔가 다르대요"라고 자신 있게 대꾸한다. 아버지가 자랑스러운 거다.

한 세대 전만 해도 우리 사회의 아들들은 아버지를 존경하고 무서워하며 자랐다. 아버지는 가족에게 엄한 가장이었고 험난한 한국사를 온몸으로 겪으며 살아낸 역사의 주역이었다. 아들은 이런 아버지를 존경하고 미워하며 어른이 되었다. 하지만 아버지를 개흘레꾼으로 비유한 소설가 김소진을 거쳐 김애란에 이르면 아버지는 존재조차 희미하다. 실체의 아버지가 없다. 있다 해도 없느니만 못하다. 혁명을 위해 집을 나가는 것도 아니면서 아버지는 도망을 친다. 가족의 생계를 책임지던 아버지가 저만 살겠다고 꽁지가 빠지게 도망치는 일도 벌어진다. 초라하고 비루하다.

아버지의 부재는 소설뿐만 아니라 어린이 문학에서도 반복된다. IMF 이후부터 어린이 책에서 아버지 만나기가 힘들다. 아버지는 죽었거나 가출했거나 어디론가 잠시 떠나 있을 때가 많다. 아버지 없는 자식이 있을 수 없는데 처음부터 없는 것처럼 보이거나 있어도 없는 취급을 하는 것은 무슨 이유일까. 지금 아버지 처지가 그렇기 때문이다. 직장에서는 해고와 실직이 아버지를 위협하고, 회사에 매여 가정을 등한시한 탓에 불만과 권태에 찌든 아내는 남편을 주눅 들게 하고, 성공과 돈이 최고인 세상에서 돈 못 버는 아버지는 자식 앞에서 할 말이 없다. 살아도 죽은 거나 다름없다.

모든 세대를 막론하고 아버지를 살해해야, 즉 기존의 질서를 거부해야 아들의 시대가 열린다. 너무 잘난 아버지 밑에서 자란 아들은 자기 세계를 만들기 어렵다. 하지만 요즘처럼 아버지의 존재감이 없어도 아들은 온전한 성인이 되기 어렵다. 로버트는 아버지가 돌아가신 날, 의젓하고 점잖게 어머니를 대신해 모든 일을 처리한다. 그리고 아버지에게 말한다. "괜찮아요. 오늘 아침에는 푹 주무세요. 일어나지 않으셔도 돼요. 내가 아빠 일까지 다 할게요. 더 이상 일하지 않으셔도 돼요. 이제 푹 쉬세요." 평생을 하루도 쉬지 않고 열심히 일한 아버지에게 바친 로버트의 마지막 말은 진정으로 아버지를 존경한 아들의 마음이다. 그래서 감동적이다. 모든 아들은 이처럼 아버지를 존경하고 크지만 또한 아버지의 상징적인 죽음을 받아들이는 과정을 겪으며 어른이 된다.

좀 더 읽기

아버지와 아들의 관계에 관해 정신분석학 창시자인 프로이트는 둘 사이의 반목을 오이디푸스 콤플렉스로 설명했다. 그의 이론이 대부분 그렇듯 아버지와 아들의 대립은 성적인 의미로 해석된다. 아들은 아버지의 여자인 어머니를 사랑하지만 아버지를 당해낼 수는 없다. 방법은 두 가지뿐이다. 아버지 밑에서 죽은 듯 순종하며 지내든가. 아니면 아버지를 살해하고 어머니를 차지해야 한다. 결국 아버지와 아들은 갈등할 수밖에 없다. 그러니 아들은 아버지를 존경하고 닮고 싶어 하면서도 아버지를 뛰어넘고 싶다는 열망을 품으며 그 과정에서 어른이 된다. 이때 아버지에 대한 상징적 살해도 일어난다. 로버트에게는 평생 돼지 잡는 일을 했던 아버지가 죽던 날이 바로 상징적 살해가 일어난 날이었다. 그날 로버트는 아버지와의 반목을 거두어들이고 아버지를 인정하며 아버지 대신 남자로서 할 일을 책임지는 진정한 어른이 되는 모습을 보여준다.

4부

함께 세상을
배우는 시간

한 사람이 살아가며 공부와 성적만으로 해결할 수 있는 건 생각보다 적다. 오히려 살면서 겪는 수많은 문제들을 스스로 해결해나갈 수 있는 힘이 필요하고 어려운 순간 자신을 되돌아보고 더 나은 사람이 되고자 노력하고 변화를 이끌어낼 수 있는 내면의 동력이 더 중요하다. 실제로 성공한 사람들의 이야기를 들어보면 재능보다는 끈기가, 성적보다는 자기를 성찰할 수 있는 능력이 더 귀중하다.

한 세대 전만 해도 아이들은 할아버지나 할머니를 통해, 이웃의 어른들을 보며, 친구들과 만나며 간접 경험으로 이런 삶의 지혜를 만날 수 있었다. 하지만 자본주의가 견고해지며 아이들은 이런 경험으로부터 고립되어버렸다. 다양한 사람들을 만나거나 자연을 접하며 스스로 성장할 수 있는 계기도 닫혀버렸다. 그럴수록 삶을 이끌어줄 가치는 더욱 절실하다. 우리는 무엇을 통해 위대한 가치를 배울 것인가. 바로 문학 작품이며 아이들의 경우는 동화다. 친구가 잘되기를 바라는 마음, 두렵지만 마지막까지 자신을 믿고 나아가는 힘, 나보다 약한 사람들을 차별하지 않는 배려, 거짓말을 해서는 안 되며 설혹 거짓을 말했더라도 잘못임을 깨닫고 용서를 구하는 용기, 내 삶의 주인은 나라는 진리를 우리는 책을 통해 만나고 배울 수 있다. 아이들은 동화 속 주인공들을 통해 삶이 얼마나 슬프고 외로운지, 사람이 얼마나 쉽게 잘못을 저지르고 두려움에 발목 잡히는지, 그럼에도 불구하고 결국 얼마나 엄청난 용기로 모든 어려움을 극복하는지를 배울 수 있다. 그 과정이 곧 한 사람이 성장해가는 일이기도 하다.

공자, 니체, 톨스토이 등 인문학의 위대한 선각자들이 책으로 들려주는 이야기도 바로 이것이며, 이런 가치를 깨닫게 될 때 우리는 삶을 스스로 개척하고 스스로를 구원할 수 있다. 부모가 아이와 함께 동화를 읽고 이야기를 나누어야 하는 이유도 여기에 있다.

책이 주는 선물

《처음 가진 열쇠》 | 황선미

문학을 알고 나면 혼자 있어도 더 이상 외롭지 않은 법이다. 고단하고 팍 팍한 삶이라도 책을 만나면 다른 삶을 꿈꿀 수 있다. 세상의 많은 이들이 그랬듯 당신도 책을 통해 삶을 구원할 수 있다.

어떤 작가의 책을 따라 읽다 보면 그가 쓴 책을 통해 '나만의 그' 를 만들어낼 수 있다. 아마 '내가 만들어낸 그'와 '진짜 그'는 좀 다 를 거다. 하지만 상관없다. 책을 쓴 것은 작가지만 읽는 순간은 독 자 것이니까. 황선미의 동화를 따라 읽다 보면 그가 어릴 적 가난하 고 힘든 시절을 겪었다는 것을 알게 된다. 《내 푸른 자전거》, 《바람 이 사는 꺽다리집》, 《푸른 개 장발》, 《처음 가진 열쇠》 등은 자전적 요소가 강한 작품으로, 어린 작가의 모습, 고향 마을, 형제와 부모 의 모습이 투영되어 있다. 나는 그중에서도 《처음 가진 열쇠》를 좋 아한다. 이 작품에 등장하는 주인공 명자 때문이다. 명자는 자의식 이 강한 만큼 열등감도 크지만 책을 읽으며 다른 삶을 꿈꿀 줄 아는 아이다.

명자를 만나고 있자면 박완서의 《나목》이나 《엄마의 말뚝》을 읽고 있을 때처럼 작가와 주인공이 살며시 포개진다. 《나목》의 주인공 이경이 박완서의 분신이듯, 《처음 가진 열쇠》의 명자는 황선미의 분신이리라. 이경이자 박완서는 "내 위에 또 누가 있으랴" 싶게 콧대가 높던 여대생이었지만 한국전쟁이 나는 바람에 하루아침에 미군 PX 초상화부에서 일하는 고단한 처지가 된다. 이 삶의 모순이 주인공에게 열등감과 동시에 자의식이 강한 도도한 자아상을 안겨주었다.

《처음 가진 열쇠》에 등장하는 명자 역시 그렇다. 자의식이 강한 만큼 열등감도 크다. 실내화 살 돈이 없어서 맨발로 교실을 다니는 처지인데도 누구보다 고집이 세고 때로는 거만하다. 하지만 이마저도 잠시, 돌아서면 자신의 처지가 부끄럽고 억울하고 때로는 겁나서 혼자 질질 운다. 이런 명자에게서 내 모습을 발견할 때면 나 역시 손등으로 눈물을 훔쳐내며 부끄러운 줄도 모르고 카페고 도서관이고 아무 데서나 운다.

명자는 생선을 팔러 시장에 가는 엄마를 대신해 학교가 끝나면 집에 빨리 돌아와 장작을 때서 밥도 하고 집 안도 치워놓아야 한다. 폐결핵에 걸린 바람에 제때 약을 먹고 주사도 맞아야 한다. 삶은 이렇게 팍팍하지만 명자는 늘 꿈을 꾼다. 명자 같은 촌스러운 이름 말고 '명지'라고 사람들이 불러주었으면 하는 상상, 예쁜 새 옷을 입거나 책상과 옷장이 있는 나만의 방을 갖는 상상 혹은 자신이 주워

온 아이가 아닐까 하는 상상을 한다. 늘 꿈을 꾸고 다니니 뭔가를 깜빡할 때가 많아 늘 한눈을 판다고 엄마에게 혼나지만 그래도 어쩔 수 없다.

그러던 명자가 얼떨결에 육상부에 들어가게 되고 아침저녁으로 운동 연습을 하게 된다. 선생님은 명자의 처지도 알지 못한 채 그저 주번 노릇을 제대로 안 했다고 야단이다. 나중에 연유를 알게 된 선생님은 명자에게 반장이나 할 법한 심부름을 시킨다. 커다란 세계 지도를 자료실에 갖다 두고 오는 것(그리 멀지 않은 과거에는 선생님이 공부 잘하는 반장에게만 심부름을 시켰다). 심부름을 갔다가 명자는 책장으로 가득 찬 1학년 3반 교실을 그야말로 '발견'한다. 학교를 4년씩이나 다녔는데 이런 곳이 있는 것을 명자는 처음 알았다. 홀린 듯이 1학년 3반 교실에 들어간 명자는 그곳에서 교과서 아닌 다른 책을 읽기 시작한다.

예쁜 치마를 입은 소녀가 나오는 《알프스 소녀 하이디》도, 페인트칠하는 벌을 놀이로 바꿔버린 《톰 소여의 모험》도 읽었다. 글씨를 핥아먹듯이 읽다가 고개를 들면 교실은 텅 비어 있다. 아이들은 모두 가고 선생님과 명자뿐이다. 날은 이미 저물어가고 있다. "어두워졌잖아. 밥해야 되는데……" 하고 냅다 달려 집으로 가면서도 명자는 미처 다 읽지 못한 책이 어떻게 끝날까 궁금하다. 집에 늦게 왔다고 엄마가 등짝을 후려쳐도 도서관에 가는 것을 멈출 수 없다.

책 읽기에 빠져 매일같이 제일 늦게 가는 명자에게 1학년 3반 선생님이 제안을 한다. 이 교실 열쇠를 좀 맡아달라고. 일찍 와서 교실 문을 따놓고 저녁때는 애들이 보던 책을 정리하고 문을 잠그고 가달라고. 잘 알지도 못하는 명자를 어떻게 믿고 귀한 책이 있는 도서관 열쇠를 맡기려는지, 육상부에도 참석하고 집에 가서 밥도 해야 하는 명자가 이 일을 맡을 수 있을지, 명자는 고민이 많다.

이 동화의 시대적 배경은 1970년대다. 마치 '응답하라 1970'이라도 되듯 그 시대의 학교 풍경이 명자를 통해 복원된다. 그 시절을 경험한 성인이라면 향수에 듬뿍 젖을 만하다. 그때는 공부 잘하는 아이가 반장을 도맡아 했다. 반장이 되면 교실 커튼도 하고 주전자도 사놓고 소풍 때는 통닭도 사가야 했다. 그래서 가난한 집 아이들은 공부를 잘해도 1등은 하면 안 되던 시절이었다. 또 학교 도서관이 따로 없고 책장 몇 개가 있는 교실이 도서관 노릇을 했다. 이마저도 늘 열쇠가 채워져 있는 날이 많았다.

지금처럼 책이 흔하지도 않고 엄마들이 아이들에게 책을 읽히려고 갖은 노력을 하지도 않았는데 명자는 도서관을 발견하고 책을 좋아하는 아이가 되었다. 명자는 "책을 읽으면서 행복해질 수 있다는 걸", "책은 공부할 때만 필요한 줄 알았는데 아닐 수도" 있다는 걸 깨달았다. 그렇게 책 읽는 아이가 되었다. 그리고 무엇보다 1학년 3반 도서관 선생님도 만났다. 누군가 이 세상에 나를 믿어주는 사람이 한 명만 있다면 우리는 용기를 내 살아갈 수 있다. 명자에게는 잘 알지도 못하면서 열쇠를 맡기려 했던 1학년 3반 선생님이, 1

학년 3반을 통해 만난 책이 그런 역할을 했다.

황선미는 짧은 글에서 "책을 읽기 참 잘했다는 생각을 늘 한다. 그러지 않았다면 어느 골목에서 지치고 슬픈 가슴으로 살고 있을지도 모를 일이다. 차마 이루지 못한 소망 때문에 비루한 삶을 혐오하고 있을지 모를 일이다"라고 썼다.

문학을 알고 나면 혼자 있어도 더 이상 외롭지 않은 법이다. 책 읽기를 통해 삶을 찾아갈 수도 있다. 우리 아이들에게 모두 1학년 3반 선생님 같은 분이 있다면 좋겠지만 그럴 수 없을 때는 책이 그 역할을 대신할 수 있다. 황선미가 그랬듯, 책을 통해 삶을 구원할 수 있다. 그래서 책은 강남 8학군에 사는 아이들보다 소외된 지역 아이들에게 더 절실하다. 아무리 어렵더라도 책을 읽는다면 적어도 자신의 삶을 방치하거나 도망치는 일은 없을 테니까 말이다.

안네의 일기다...

길을 찾는 중.

우정이 있는 한 인생은 살 만하다

《우정의 거미줄》 E. B. 화이트

"산다는 것이 결국 무엇이겠니? 태어나서 잠깐 살다가 죽어가는 것 아

냐? 더구나 거미의 일생이라 어쩔 수 없이 이렇게 덫이나 놓아서 파리

따위 벌레나 잡아먹는 지저분한 것이지. 그런데 너를 도움으로 해서 나는

나의 일생을 훨씬 보람 있고 고상하게 만들어놓을 수 있었던 것이야."

《그림이 그녀에게》로 깊은 인상을 남긴 곽아람이 어린 시절 읽
었던 책 이야기를 《어릴 적 그 책》에서 풀어냈다. 이 책에서 그녀
는 남들은 자신을 '아무것도 아쉬울 게 없는 골드미스'라 불렀지만
혼자 집에서 멍하니 텔레비전을 보다가 마음 저 깊은 바닥으로 떨
어질 때가 있었다고 고백한다. 그러다 어릴 때 읽었던 책을 떠올렸
고 계몽사의 '어린이 세계 명작', '에이브 전집', 학원출판사의 '메르
헨 전집', 금성출판사의 '신세계 동화문학 은하수 시리즈' 등을 중
고 사이트를 통해 수집하기 시작했다. 힘들고 지쳐서 집에 들어오
는 날이면 "부모님이 사주셨던 책들"을 떠올리게 하는 옛날의 그 책
들을 읽으며 "부모님의 아낌없는 사랑을 받았던 온전한 나를 되짚

어"보았다고 한다. 중년으로 접어드는 인생의 한 시기를 그렇게 이겨나간 것이다.

비슷하게 〈이웃집 토토로〉로 유명한 애니메이션 감독 미야자키 하야오도 《책으로 가는 문》에서 유년 시절 읽었던 '이와나미 소년문고'를 추억한다. 그가 손꼽은 동화들, 《곰돌이 푸우 이야기》, 《버드나무에 부는 바람》, 《제비호와 아마존호》, 《클로디아의 비밀》, 《떠들썩한 마을의 아이들》, 《어스시의 마법사》 등은 한 예술가의 근원이 어디에 있는지를 보여줄 만큼 풍성한 목록을 자랑한다.

곽아람이나 미야자키 하야오가 아니라도 주변의 책벌레들이 동서문화사니 계림문고니 에이브 전집이니 하며 어릴 때 읽었던 책이야기를 할 때면 나는 슬쩍 주눅이 든다. 내가 동화책을 읽기 시작한 것은 어른이 된 후였고 그것도 어린이 책을 만드는 출판사에 취직하고 나서였다. 그러니 내게는 저들 같은 아스라한 향수가 있을 리 없다. 취직은 했는데 어린이 책에 대해 아는 것도 없고, 그때나 지금이나 공부는 안 하면서 학구열만 높은 척하는 버릇은 여전해 어린이도서연구회(이하 어도연)의 신입교육을 받으러 다녔다. 어도연이 오랜 더부살이 생활을 마치고 서울사대 동창회관에 둥지를 마련하고 몇 년 지나지 않아서였다. 1994년 입시제도가 학력고사에서 수학능력시험제로 바뀌며 어도연이 크게 성장해 바야흐로 어린이문화운동단체로 자리 잡기 시작할 때다. 석 달여 동안 강의를 들어야 했고 수강료도 꽤 큰돈이었으며 수료식에 어린이 책에 관한 간략한 보고서도 제출해야 했다. 당시 회사는 그 강의가 업무와 연관성이 없어 보인다며 마땅찮아 했고 간신히 팀장의 도움으로 결재는 받았지만 아침부터 교육받으러 가기가 왠지 눈치 보이는 날은 적당히 빼먹고 그랬던 걸로 기억한다.

구태여 과거를 들먹인 이유는 그때 과제로 읽었던 몇 권의 책이 내 인생에서 처음으로 읽은 동화다운 동화임을 고백하기 위해서다. 곽아람이 에이브 전집에서 '톰 깊은 밤 13시'라는 제목으로 읽었던 필리파 피어스의 책을 '깊은 밤 톰의 정원에서'라는 제목으로 그때 읽었다. 지금도 그 책들이 내 인생의 가장 감동적인 동화책으로 기억되는 것을 보면 곽아람이나 미야자키 하야오가 쏟아낸 그 시절 그 책에 대한 감상이 이해가 된다. E. B. 화이트의 《우정의 거미줄》역시 교육을 빙자해 읽었던 동화책이다. 이 책은 다코타 패닝이 주연을 맡아 영화로 만들어졌을 때 한 번, 예능 프로그램에서 소개되며 또 한 번 널리 알려졌고, 그때마다 종합베스트셀러 목록에 진입한 꽤나 유명한 책이다. 그래서 구태여 또 소개할 필요가 있을까 싶었지만 첫사랑을 죽는 날까지 못 잊듯 다시 읽어보니 이 책을 놔두고 무슨 책을 말하랴 싶게 애틋한 마음이 들었다.

이 책은 현재 국내에서 두 가지 판본을 만날 수 있다. 하나는 1985년 창비아동문고 중 한 권으로 소개된 《우정의 거미줄》이고, 다른 하나는 시공주니어에서 출간한 《샬롯의 거미줄》이다. 《우정의 거미줄》은 우리나라가 저작권보호를 위한 베른협약에 가입하기 이전에 출간되었지만 회복저작권을 인정받은 책이고 이후 출간된 《샬롯의 거미줄》은 정식으로 저작권 계약을 맺은 책이다. 나는 당연히 《샬롯의 거미줄》이 아닌 《우정의 거미줄》로 이 책을 처음 만났고 이 글에 인용되는 글들 역시 《우정의 거미줄》에서 따왔다.

《우정의 거미줄》을 번역한 김경은 후기에서 "나이가 들다 보면 언제인가부터는 또다시 동화를 즐기게 된다"며 "엄마들의 경우는 아이들이 자라는 것을 치다꺼리하는 동안 자연스럽게 다시 동화의 세계와 가까워지는" 경험을 하게 된다고 적고 있다. 곽아람이나 미야자키 하야오 그리고 내 경험을 생각해보면 맞는 말이다. 어린 시절 읽어도 재미있지만 몇십 년이 지나 다시 읽어도 여전히 감동적인 책이라 어린 시절에만 읽기 아까울 정도다. 《우정의 거미줄》에는 특히 계절이 오고 가는 과정과 그사이 하루하루가 달라지는 자연의 모습들이 다정하고 섬세하며 아름다운 문장으로 묘사되어 있다. E. B. 화이트의 원문은 소리 내어 읽기 좋은 문장으로 쓰여 있어서 번역본을 읽었다면 요즘 엄마들이 좋아하는 영어 원서 읽기에 아이와 함께 도전해봐도 좋겠다.

이라벨 씨네 막내딸 펀은 여덟 살이다. 아침부터 아빠가 어젯밤 어미 돼지가 낳은 새끼 중에 제구실을 못할 것 같은 녀석을 도끼로 '치우러' 간다는 걸 알고 울며불며 매달린다. 자기가 책임지고 키우겠다며 아빠를 막아선다. 이리하여 새끼 돼지는 윌버라는 이름을 얻고 펀이 물려주는 젖병으로 우유를 먹으며 쑥쑥 커간다. 얼마 지나지 않아 식욕이 왕성한 돼지의 먹이를 감당할 수 없게 되자 윌버는 이웃 주커만 씨네 농장으로 옮겨진다. 펀의 보살핌을 받다가 외떨어진 윌버는 심심하기 짝이 없다. 같이 놀아줄 친구가 절실하게 그리웠다. 펀도 놀러 오지 않아 윌버가 하루 종일 풀이 죽어 흐느껴 울던 날 밤, 가냘픈 목소리가 들린다. "친구가 있으면 좋겠니, 윌버? 내가 친구가 되어줄게. 난 오늘 하루 종일 널 지켜보았는데, 네가 마음에 들었어."

밤새 설레던 윌버는 날이 밝자마자 목소리의 주인공을 찾았다. 알사탕만 한 크기의 잿빛 거미가 여덟 개의 다리 중 하나를 윌버를 향해 흔들고 있는 것이 아닌가. 그녀의 이름은 샬로트 에이 캐버티카! 친구까지 생겼지만 세상만사 그렇게 호락호락하지 않다. 할머니 양이 윌버에게 살이 찌도록 먹이를 잔뜩 주는 이유를 귀띔한 것. 성탄절 무렵 베이컨과 햄을 만들기 위해 윌버를 죽일 거라는 사실을 알게 된 당사자 윌버는 하루 종일 징징거린다. 보다 못한 샬로트가 구해주겠다고 나서며 이야기는 흥미진진해진다.

고작 거미 한 마리가 무슨 수로 윌버를 구할까 싶지만 샬로트는 "내가 벌레를 속일 수 있다면 사람도 속일 수 있을 거야. 사람이라고 벌레들보다 더 나을 것도 없으니까"라고 하더니 묘안을 짜낸다. 자신의 거미줄에 '대단한 돼지'라는 말을 짜 넣은 것. 주커만 씨를 비롯한 동네 사람들은 기적이 일어났다며 난리법석이고 윌버가 특별하다고 믿기 시작한다. 다음번에는 '훌륭해'와 '눈부신'이라는 말을 짜 넣었고 윌버는 주어진 이름에 어울리도록 최선을 다했다. 규칙적으로 좋은 먹이와 사람들의 관심을 받게 된 윌버는 정말로 훌륭하고 건강한 돼지로 변해갔고 농산물 품평회까지 나가게 된다. 여기서 상을 받으면 이제 윌버는 주커만 씨의 보물, 마을의 자랑이 되어 결코 성탄절에 잡아먹히는 신세가 되지 않을 것이다. 신문조각을 물어다준 생쥐 템플턴, 꾀쟁이 샬로트와 천진난만 윌버 그리고 펀의 가족과 주커만 씨가 농산물 품평회로 향한다. 이번에 샬로트는 어떤 글자를 거미줄에 짜 넣을까? 윌버는 명예로운 돼지로 뽑혀 살아남을 수 있을까?

1953년 뉴베리 아너상을 받은 이 책은 그때부터 지금까지 미국 어린이들이 가장 좋아하는 동화로 손꼽힌다. 그만큼 매력적인데 그 이유 중 하나가 윌버나 샬로트, 템플턴 같은 동물들에게 불어넣은 생생한 생명력이다. 동화를 읽다 보면 등장 동물들이 어떤 녀석인지 손에 잡힐 듯 그려진다. 예컨대 윌버가 어떤 녀석인지 궁금하다면 그냥 일고여덟 살 정도의 어린아이를 떠올리면 된다. 마치 소풍 전날 밤잠을 못 이루듯 내일 아침이면 친구를 만난다는 생각에 잠을 설치는, 천진난만하고 감탄을 잘하고 먹을 것을 좋아하는 어린아이다. 반면 샬로트는 영리하고 지혜로운 친구다. 몸처럼 가느다란 목소리를 지녔지만 참을성도 강하다. 쥐인 템플턴은 오로지 자기 잇속만 차리는 기회주의자로 그려지는데, 동화에 없어서는 안 될 조연이다. 이처럼 생김새나 습성에 맞추어 창조해낸 동물들의 모습이 이야기와 맞물려 독자를 흥미진진한 이야기 속으로 빠져들게 한다.

　또 이 책은 아이들에게 인생에서 무엇이 귀중한지를 과하지 않게 들려주는 미덕을 지녔다. 인간에게 혼자 있는 것만큼 두려운 일은 없다. 어른이라면 같이 술 마실 친구가 필요하고, 아이라면 함께 놀 친구가 필요하다. 사회적 지위나 돈에 상관없이 나라는 사람을 있는 그대로 인정하고 믿어줄 사람이 필요하다. 그래야 더 이상 외롭지 않다. 샬로트가 거미줄에 '훌륭해'라고 짜 넣었을 때다. 윌버는 걱정스럽게 "난 훌륭하지가 않은걸, 그저 보통 돼지일 뿐이지" 하고 말한다. 그러자 샬로트가 "적어도 내가 보기에 넌 훌륭해. 그리고 바로 그게 중요한 것이야. 너는 나의 가장 좋은 친구이며 내겐 네가 정말 훌륭하다고 생각돼"라고 말해준다. 아마 윌버는 지극히 평범한 돼지에 불과할 것이다. 하지만 샬로트가 훌륭하고 좋은 친구라고 믿어주는 한, 윌버는 훌륭한 돼지로 살아갈 수 있다.

　융파 정신분석가인 아돌프 구겐빌 크레이그가 젊은 시절 아버지에게 우정에 대해 물었더니 "친구란, 밤 10시에 자동차 트렁크에 시체를 넣고 찾아가 어떻게 하면 좋겠냐고 할 때 그 이야기를 잠자코 들어주는 사람"이라고 답했다고 한다. "서로 깊이 신뢰하고 먼저 의심하거나 화내지 않고 일단 이야기를 들어주고 무엇이든 해보자고 하는 사람"이 친구다. 이런 친구가 있는 한, 인생은 살 만하다. 윌버가 자신에게 왜 이렇게 잘해주었냐고 물었을 때 샬로트가 들려준 마지막 말이 그 증거다. "너는 나의 좋은 친구잖아. 그것만으로도 이유는 충분하단다. (…) 산다는 것이 결국 무엇이겠니? 태어나서 잠깐 살다가 죽어가는 것 아냐? 더구나 거미의 일생이라 어쩔 수 없이 이렇게 덫이나 놓아서 파리 따위 벌레나 잡아먹는 지저분한 것이지. 그런데 너를 도움으로 해서 나는 나의 일생을 훨씬 보람 있고 고상하게 만들어놓을 수 있었던 것이야."

친구란 이런 존재다. 한 권의 좋은 책은 이처럼 우리에게 좀 더 나은 인생에 대해 말해준다. 나보다 친구가 더 잘되기를 바라는 마음, 그 위대한 가치를 우리는 이런 책을 통해 만나고 느낀다.

두려울 땐, 카알처럼
《사자왕 형제의 모험》 | 아스트리드 린드그렌

삶에서 도망가고 싶을 때마다 겁쟁이 카알을 떠올린다. "그래, 카알도 했잖아" 하고 용기를 내본다. 그래도 두려움은 사라지지 않는다. 그래도 힘을 내본다. "카알처럼 그대로 통과하는 거야!"

평범한 일상에서 만난 더 평범한 사람들이 갑자기 다르게 보일 때가 있다. 서로 좋아하는 책이나 작가가 같다는 사실을 알았을 때다. 머리숱도 별로 없고 배도 좀 나온 중년 아저씨가 무라카미 하루키를 좋아한다는 걸 알게 되면 비호감은 급 호감으로 변한다. 늘 가던 수선집 언니가 신경숙의 신작 소설을 읽는 것을 보면 마치 고등학교 시절 친구를 만난 것처럼 반가워진다. 서로 수다도 떨고 친절하게 안부를 묻고 때로는 수선비도 깎아준다. 좋아하는 것이 많다는 건 참 좋은 일이다.

어린이 책을 읽는 어른이 많지 않지만 유독 이 책을 좋아한다고 수줍게 고백한 사람을 여럿 만났다. 아스트리드 린드그렌의《사자왕 형제의 모험》이다. 린드그렌은 〈말괄량이 삐삐〉라는 텔레비전 드라마 덕분에 국내에 널리 알려진 작가다. 한데 삐삐가 나오는 《내 이름은 삐삐 롱스타킹》이 아니라 《사자왕 형제의 모험》을 좋아한다고 말한 어른 독자들에게는 공통점이 있다. 다들 소심하고, 부끄러움이 많고, 용기가 부족하다는 점이다. 아마도 《사자왕 형제의 모험》에 등장하는 소심한 카알이 낭기열라에 가서 사자왕이 되지 못했다면 이렇게 컸겠구나 싶게 마음이 여린 사람들이다.

'삐삐'가 남긴 강렬함 때문에 린드그렌이 힘세고 엉뚱하고 제멋대로인 말괄량이가 등장하는 동화만 썼을 거라고 지레짐작하기 쉽지만 그렇지 않다. 그녀는 평생 82권이나 되는 많은 책을 썼고 특히 후기에 쓴 동화는 선과 악, 사랑과 미움, 그리움과 죽음 같은 진지한 주제를 다뤘다. 《사자왕 형제의 모험》은 작가가 일흔 살에 집필한 책으로 살면서 만나게 되는 인생의 여러 의문에 진지하게 답하는 후기작이다. 린드그렌의 동화에는 스트레오타입의 주인공이나 설정이 없다. 《사자왕 형제의 모험》도 마찬가지다. 시작하자마자 주인공 중 한 명인 요나탄이 죽어버린다. 린드그렌에게 웬만큼 단련된 독자라도 적잖이 당황스럽다.

잘생기고 공부도 잘하는 요나탄 형은 몸이 약해 학교에도 못 가고 침대에 누워 있는 동생 카알을 늘 보살핀다. 병약한 카알은 이웃 아줌마들이 저렇게 매일 아프니 얼마 못 살 거라고 쑤군거리는 소리를 듣고는 자신이 죽어 땅에 묻히면 얼마나 무서울까 싶어 겁이 난다. 형은 그런 동생에게 죽으면 그냥 사라지는 것이 아니라 낭기열라에 가는 것이라고 말한다. 낭기열라는 린드그렌이 만들어낸 말로, 더 이상 배고프지도 않고 아프지도 않은 신나는 곳이다. 하지만 형을 믿고 의지하던 카알은 혼자만 낭기열라에 가는 것이 싫다. 그러자 형은 낭기열라는 이승과 달라서 시간이 무척 빨리 흐르니 설혹 카알이 먼저 간다 해도 단 며칠 후면 형도 그곳에 갈 거라고 달랜다.

하지만 집에 불이 나는 바람에 동생을 구하려던 형이 먼저 죽고 만다. 혼자 남겨진 동생은 형이 낭기열라에 갔을 거라고, 그곳에 가면 다시 형을 만날 거라고 믿는다. 엄마에게 형을 만나러 간다고 편지를 써놓은 다음날 아침 눈을 뜨니 정말 낭기열라였다. 형제는 낭기열라의 벚나무 골짜기에서 만나 "살아가는 것이 고통스럽지 않았던 마치 어린 시절" 같은 평화를 누리며 행복한 시절을 보낸다.

하지만 낭기열라라고 완전하게 평화로운 것은 아니다. 벚나무 골짜기와 달리 이웃한 들장미 골짜기의 사람들은 독재자 텡일의 지배를 받으며 고통스럽게 살고 있다. 요나탄은 동생의 만류에도 불구하고 들장미 골짜기 사람들을 도우러 떠난다. 형이 돌아오기를 기다리던 겁쟁이 울보 카알은 마침내 형을 찾으러 나선다. 사자왕 형제의 모험이 시작되는 것이다.

《사자왕 형제의 모험》은 죽음, 용기, 자유 등 여러 메시지가 중첩되어 있다. 그중에서 동화를 읽는 내내 마음을 사로잡은 것은 용기라는 가치였다. 카알은 용감한 형과 달리 두려움과 겁이 많다. 낭기열라 사람들조차 이런 카알을 흉본다. 형과 달리 걸핏하면 놀라고 운다고 수군거린다. 사실 책을 읽다 보면 대체 카알은 언제 형처럼 용감해질까 싶어 조바심이 나는 게 사실이다. 이런 동생을 믿어주는 사람은 오직 요나탄 형뿐이다. 형은 자신을 만나러 혼자 들장미 골짜기까지 찾아온 동생을 보고 "우리 스코르빤(카알의 애칭)은 정말 용감하구나. 그런 산속을 지나왔다니 참 장해"라며 어깨를 두드려준다. 모험을 떠난 카알은 조금씩 조금씩 용기를 내지만 무시무시한 악당 탱일과 맞서 싸우는 형에 비하면 늘 여러 발 물러서 있는 느낌이다.

그러나 소설은 끝까지 읽어봐야 하는 법, 카알을 이대로 평가하기엔 아직 이르다. 탱일과 맞서 싸우던 형은 사나운 용을 물리치지만 용이 내뿜은 불에 맞아 사지가 마비되어 죽어간다. 또다시 동생을 남겨두고 죽을 수밖에 없다. 형제가 헤어지지 않는 길은 낭기열라에 살던 사람들이 죽으면 간다는 이상향 낭길리마에 함께 가는 것이다. 그렇다면 방법은 하나, 카알이 움직일 수 없는 형을 업고 낭떠러지에서 떨어져 함께 낭길리마에 가야 한다. 자, 당신이라면 할 수 있겠는가. 형과 함께 낭길리마에 갈 수 있다는 믿음 하나만으로 천길 만길 낭떠러지에서 떨어질 수 있는가 말이다. 낭떠러지 앞에 선 카알을 생각하면 가슴이 벌렁거리고 다리가 떨리고 손이 오그라든다.

흔히 겁쟁이라면 힘센 아이들의 주먹에 굴복하는 나약한 모습을 떠올리는데 실상은 그렇지 않다. 살면서 반드시 해야 하는 일을 겁내며 회피할 때가 얼마나 많은가. 모르는 것을 모른다고 솔직하게 말하기도 어렵다. 모른다고 말하면 사람들이 업신여길까 두렵다. 낡은 옷을 입고 나가면 남들이 수군거릴까 봐 고개를 숙이고 다닌다. 옳은 일인 줄을 알면서도 정면으로 맞서기 싫어 늘 핑계를 댄다. 해야 할 일 앞에서 먼저 물러설 이유를 만든다. 나는 이럴 때마다 벼랑에 선 카알이 떠오른다. 마지막 순간까지 카알은 결코 두려움을 떨쳐내지 못했다. 형을 업고 낭떠러지에 선 카알은 혼잣말처럼 이렇게 말한다. "늘 무서워. 하지만 해낼 수 있다고 믿고, 지금 해." 이것이 카알이 겁쟁이 울보가 아닌 사자왕이 될 수 있었던 이유다.

늘 사는 것이 겁나고 두렵다. 이것만 해내면 좀 다른 사람이 되지 않을까 하고 간절히 기대할 때도 많았다. 안타깝게도 두려움이 완전히 극복되거나 사라지는 일은 없었다. 늘 저만치 앞에서 두려움이 뚜벅뚜벅 걸어오는 소리가 들린다. 그럴 때마다 뒤돌아서 등을 보이고 꽁지가 빠지게 도망치고 싶다.

하지만 삶에서 영원히 도피할 수는 없다. 《사자왕 형제의 모험》을 읽고 난 후부터 나는 달아나고 싶을 때마다 카알을 떠올린다. 그리고 "그래, 카알도 했잖아" 하고 용기를 내본다. 물론 그래도 두려움은 사라지지 않는다. 단지 두려움을 있는 그대로 받아들이고, 마지막까지 자신을 믿고 맞서서 행동할 뿐이다. 오늘도 카알을 생각하며 중얼거린다. "카알처럼 그대로 통과하는 거야."

아스트리드 린드그렌은 세계에서 가장 유명한 동화 작가 중 한 사람이다. 그녀가 쓴 책은 아프리칸스어, 카르기스어, 타이어처럼 잘 알려지지 않은 언어를 포함해 총 95가지 언어로 번역되어 무려 1억 4500만 권 이상이 팔렸다. 우리나라에도 그녀의 작품이 대부분 출간되어 있다. 하지만 정작 린드그렌 자신은 유명세나 돈에 별로 연연하지 않았다. 자신이 받은 상이나 트로피를 가리키며 "창문을 열어 환기시킬 때 창틀 고임돌로 쓰면 아주 좋다"고 농담을 하곤 했다.

《사자왕 형제의 모험》은 린드그렌이 일흔 무렵 손자 니세를 위해 썼다. 니세의 할아버지가 죽고 연이어 삼촌이 크게 다치는 불운이 집안에 들이닥치자 아직 어린 니세는 사람이 죽으면 흙에 덮여 땅에 묻힌다는 사실을 두려워했다. 할머니 린드그렌은 이런 손자를 위해 동화를 썼다. 마치 요나탄이 동생 카알에게 낭기열라에서 다시 만나자고 위로했듯, 자신의 동화를 읽어주며 손자가 죽음이라는 두려움에서 벗어나도록 이끌었다. 아마 니세는 죽음이라는 두려움을 이겨냈을 것이다. 《사자왕 형제의 모험》을 읽으며 삶의 두려움을 회피하지 않고 통과할 수 있다고 믿게 된 나처럼.

해낼 수 있다고 믿고 지금 해!

아이들에게도 애도는 필요하다

《마지막 이벤트》 유은실

가까운 사람이 죽는다는 건 충격이지만 죽음은 그 자체로 남아 있는 이들에게 많은 이야기를 들려준다. 죽음 앞에서 도망하거나 뒷걸음질친다면 그 이야기를 귀담아들을 수 없다.

한 해 두 해 세월이 흘러가면 나만 나이 드는 것이 아니라 부모도 늙어간다. 이 사실을 불현듯 깨달을 때가 온다. 부모가 당신 입으로 자꾸 죽음을 말할 즈음이다. 후배의 아버지는 "이러다 죽는다"면서 당신 걸음으로 이 병원 저 병원을 찾아다니며 죽음을 두려워하고, 선배의 어머니는 "내가 죽으면 너무 서럽게 울지 마라" 하고 당부해 자식을 울린다. 내 아버지는 술만 드시면 자꾸 어린 시절 이야기를 꺼낸다. 그리고 말끝에는 언제나 자신이 묻힐 곳에 함께 가보자고 한다.

혹시 부모나 조부모가 늙고 병들었다면, 죽음을 앞두고 있다면 유은실의 《마지막 이벤트》를 읽어보길 권한다. 나는 이 책을 읽고 뭐라 그 마음을 헤아려 적을 수가 없어서 책을 가방에 넣고 여러 날을 다녔다. 버스를 타고 집으로 돌아오다가도 표시한 할아버지와 손자인 영욱이 생각났다. '천덕꾸러기 할아버지와 손자가 서로 손을 잡고 마음을 헤아렸으니, 표시한 할아버지는 죽어서도 원망은 없겠구나' 싶기도 하고 '영욱이는 할아버지에게 사랑을 받았으니 마음에 맺힌 것 없이 잘 자라겠구나'라고 혼자 구시렁거렸다. 밤에 잠자리에 누워서도 표시한 할아버지 생각에 뒤척이다 속절없이 밤이 이슥해지곤 했다. 세상에 단언할 수 있는 것이 많지 않지만 분명한 건 하나 있다. 책을 읽는 것만큼 재미난 일은 없다. 하지만 이렇게 재미나고도 슬픈 책은 그 감동을 얕은 글재주로 표현하기 참 힘들다. 유은실의 《나의 린드그렌 선생님》을 읽으며 주인공 비읍이에게 감정이입을 하고 한동안 눈물 바람을 했는데 《마지막 이벤트》를 읽고는 한참 마음에 바람이 일었으니, 유은실은 나를 여러 번 울린 작가다.

할아버지의 이름은 표시한. 그 많은 재산을 야금야금 날린 것도 모자라 술 마시고 노름하고 바람피우며 가정을 등한시했다. 아마 할아버지는 평생 그렇게 큰소리치고 떵떵거리며 살 수 있을 줄 알았겠지. 몰랐다면 그랬겠는가. 하지만 웬걸, 자식들 모두 출가시키고 나니 할머니가 이혼을 요구했다. 일본으로 건너간 할머니는 대뜸 친절한 재일교포 할아버지를 만나 재혼해버렸다. 할아버지는 홧김에 젊고 예쁜 할머니랑 연애를 했는데 그나마 남은 재산을 사기 당하고 빚까지 졌다. 늘그막에 할아버지 인생, 참 별 볼일 없어졌다. 그나마 영욱이 아빠가 할아버지가 친 사고를 뒤치다꺼리했고 할아버지는 영욱이 집에서 더부살이를 시작했지만 다시는 자식들 앞에서 허리도 못 펴고 말발도 안 서는 신세가 되어버렸다. 아들이나 딸년이나 말끝마다 "자기 멋대로 소리치면서 평생을 살았으면 되었지 뭘 더 바라냐"고 대놓고 구박이다.

위안이라면 할아버지 마음을 헤아릴 줄 아는 손자 표영욱뿐이다. 초등학교 6학년 영욱이는 착하긴 한데 아직 여물지 않았다. 아빠는 그런 영욱이를 못마땅해하며 "바보 같은 놈"이라고 소리를 버럭 지르고 물건도 집어던진다. 아빠 때문에 속상한 손자에게 할아버지는 "남자는 나이 들수록 여성호르몬이 많아지고 철이" 든다며 나아질 거라고 위로한다. 영욱이가 할아버지처럼 젊었을 때 사고라도 치면 아빠가 나중에 반성이라도 할 텐데 일만 한다며 속상해하자 할아버지는 "어이구, 니가 사고 치는 아버지랑 안 살아봐서 모르는 거야. 자꾸 그러지 마라, 어휴 옛날에 사고 친 거 생각나서 괴로우니까" 하며 너스레를 떤다. 아들 대신 손자에게 사과도 한다. 할아버지가 젊을 때 아빠에게 소리를 지르고 물건을 집어던져서 영욱이에게 그러는 거라고. 아빠에게 무시당하는 아들 표영욱과 아들에게 괄시받는 할아버지 표시한. 집에서 존재감도 없고 서러움 받는 두 사람은 이렇게 서로를 위하고 의지하며 사이좋게 지낸다. 서로의 못난 모습과 고민을 털어놓고, 짐승들이 서로를 핥아주듯 마음을 어루만진다.

늘 "일흔아홉, 죽기 딱 좋은 나이지"라고 노래를 부르던 할아버지가 어느 날 정말로 아프다. 영욱이가 아빠와 고모들에게 전화했지만 그동안 할아버지가 '양치기 소년' 흉내를 여러 번 낸지라 모두들 엄살이라 여기고 들은 척 만 척한다. "이번엔 바빠서 못 가겠으니 다음번에 가겠다"거나 "좀 있으면 어버이날이라 갈 테니 조금만 참으라"고 대놓고 무시한다. 할아버지는 죽음이 그림자를 끌며 다가온 그날 밤, 손자의 손을 꼭 잡고 잠이 든다. 할아버지는 자신이 준비한 마지막 이벤트를 부탁하며 죽는데, 뭔 이벤트? 할아버지 말대로 이벤트가 별건가. '장례식이 이벤트고 인생 졸업식'인걸.

마냥 젊을 줄 알고 부인과 자식에게 폭군 노릇을 했으니 늙어서 대접을 못 받아도 당연하다. 이게 솔직한 마음인데 표시한 할아버지가 처량하고 불쌍하고 도대체 밉지가 않다. 심지어 연민이 생기고 이해가 된다. 나이도 적지 않으면서 치마를 두른 여자라면 그저 잘 보이고 싶은 비행 할아버지, 얼굴에 잔뜩 피어난 검버섯이 콤플렉스라며 그 나이에도 미백 크림을 열심히 바르는 할아버지. 그 주책마저 정겹고 다 살아 있는 증거이지 싶다. 이처럼 유은실은 애정과 연민으로 우리들의 할아버지를 추억하면서 할아버지가 살아온 지난날을 인정하고 가여워한다. 유은실이 할아버지를 바라본 따뜻한 시선을 따라가다 보면 독자 역시 우리들의 할아버지가 떠오를 것이다.

할아버지는 하얀 쪽배를 타고 은하수를 건넜지만 이제 손자인 영욱이는 할아버지의 죽음을 받아들여야 한다. 죽는다는 것은 참으로 추상적인 일이다. 방금까지 함께 숨 쉬면서 말과 온기를 나누었던 사람이 죽는다, 사라졌다. 그건 바람이 지나가는 만큼도 현실적이지 않다. 남아 있는 이가 받아들이기 어려운 단절이다. 죽음보다 그 사람이 남긴 옷가지, 손을 꼭 쥐었을 때의 느낌, 그의 숨소리 같은 것이 더 생생하다. 죽음은 믿기지 않는데 그 사람의 흔적을 보면 설움이 북받친다. 할아버지가 죽었다는 연락을 받고 영욱이는 맨 처음 할아버지의 팬티를 빤다. 전날 할아버지가 영욱이에게 마지막으로 부탁한 것이 "빤스 깨끗하게 빨아줘"였으니까. 팬티를 보니 할아버지 뱃살이 생각나 굵은 눈물이 뚝뚝 떨어진다.

동화는 영욱이의 애도 과정을 보여주는 데 후반부를 할애한다. 그래서 영욱이가 할아버지를 떠나보내는 과정과 장례 풍경이 사실적으로 펼쳐진다. 하지만 어른들은 자기들이 장례의 주인인 것처럼 군다. 할아버지가 살아계실 때 누구랑 더 친했는지, 할아버지가 돌아가셔서 누가 더 속상한지, 할아버지가 그동안 돈 없고 집 없어 설움당한 걸 누가 제일 신경 썼는지는 아랑곳하지 않는다. 할아버지가 돌아가시자 마치 살아생전 끔찍하게 생각한 듯이 슬퍼하는 고모의 위선, 화장실에서 할아버지 흉을 보며 조의금을 적게 낼 궁리를 하는 고모부, 할아버지 영정 밑에 둘 꽃을 사는 데도 돈을 아끼는 아빠, 이 모든 위선과 허위가 영욱이 눈에 들어온다. 다들 돈을 내고 절하고 밥을 먹을 뿐, 진짜 할아버지의 죽음을 슬퍼하는 것 같지 않다. 심지어 아빠는 할아버지의 마지막 이벤트도 지키지 않고 자기 맘대로 하려고 한다.

어른들은 애도의 자리에 아이들을 참여시키지 않는다. 아이들이 봐서 좋을 것 없다는 생각, 아이들이 죽음이 뭔지 알겠냐고 무시하는 마음 때문이다. 하지만 어리다는 이유로 아이들에게 애도의 시간을 주지 않는다면 죽음은 언제까지나 두렵고 무서운 일로 남는다. 동화에 등장하는, 무서워서 장례식장에 못 가는 보람이 아버지처럼 된다. 그래서 보람이 엄마는 일부러 보람이를 장례식장에 데리고 다닌다. 의젓하게 조문하는 보람이처럼 우리 아이들도 죽음을 자연스럽게 받아들일 수 있도록 도와줘야 한다. 가까운 사람이 죽는다는 것은 충격이지만 죽음은 그 자체로 남아 있는 이들에게 많은 이야기를 들려준다. 죽음 앞에서 도망하거나 뒷걸음질친다면 그 이야기를 귀담아들을 수 없다. 죽음은 삶의 수원지이며 삶은 죽음이 있기에 부패하지 않는다. 죽는다는 것이 마치 귀신 이야기를 듣는 것처럼 무섭고 두려운 게 아니라 삶의 자연스러운 과정임을 보여주기 위해 작가는 표시한 할아버지를 통해 죽음을, 그것도 유쾌하게 그리고 있다. 유은실의 동화는 이렇게 자꾸 삶에 관한 이야기를 걸어온다.

동화에서 가장 찾아보기 어려운 캐릭터는 아빠다. 아빠는 등장한다 해도 정말 단역배우 역할일 뿐 존재감이 없다. 엄마는 자주 나오지만 대부분 악역을 맡는다. 그래도 있으나 마나 한 조연배우 아빠보다는 개성 있는 역할을 맡은 셈이다. 한데 요즘 동화에서 아빠보다 더 보기 어려운 가족 구성원이 조부모다. 사실 할아버지와 할머니는 아이들의 가장 강력한 지원군이다. 엄마 아빠에게 하지 못하는 말이나 이해받지 못하는 일들도 할아버지와 할머니는 품어 안으니까. 한데 요새는 조부모와 함께 사는 가족도 드물고, 심지어 자주 만나지도 않는다. 동화도 아마 이런 세태를 반영하는 것이 아닌가 싶다.

유은실의 동화에는 할아버지와 할머니가 자주 등장한다. 《우리 집에 온 마고할미》에서는 할머니를 주인공으로, 《마지막 이벤트》에서는 할아버지를 주인공으로 캐스팅했다. 읽기 전에는 씩씩하고 강인한 할머니를 그린 동화에 군침을 흘렸는데 막상 만나고 보니 《마지막 이벤트》 속의 지질한 할아버지가 마음에 많이 남았다. 여자들은 나이 들수록 강해지고 독립적이 된다고 한다. 《우리 집에 온 마고할미》 역시 이런 여자의 보편성을 반영하듯 만물을 거두는 여신의 환생으로 할머니를 그린다. 한데 《마지막 이벤트》 속 할아버지는 참 구질구질하다. 소심하고 궁상맞기 짝이 없다. 이상한 것은 할아버지의 이런 모습이 너무도 익숙하고, 우리의 할아버지 혹은 내 아버지를 자꾸 떠오르게 한다는 거다. 아직 열세 살밖에 안 된 영욱이가 노인네 마음을 그리 잘 헤아리는 것도 할아버지와 함께 지낸 덕분일 것이다. 그러니 인간에 대한 이해는 나이나 연륜이 아니라 사랑에서 나오지 싶다.

착해서 미치겠는 것만 동화인 줄 아니?

《그 사람을 본 적이 있나요?》| 김려령

"열 살 때 읽은 가치 있는 책은 쉰 살이 되어 읽어도 어렸을 때와 똑같이, 아니 그때보다 더 많은 가치가 있어야 한다. 어른이 되었을 때 읽을 만한 게 못 되는 책은 어렸을 때도 읽지 않는 게 더 낫다."

가끔 가축의 간을 빼 먹는 〈여우누이〉 같은 오싹한 옛이야기를 두고 "아이에게 읽어줘도 되나요?" 하고 묻는 부모들이 있다. 아이들에게 밝고 긍정적인 것만 보여주고 싶은 것이 부모 마음이라 걱정부터 앞서는 거다. 하지만 인간은 누구나 선과 악이라는 두 가지 본성을 함께 지니고 있다. 악한 마음을 경계하지만 성인군자라도 그 마음에서 완전히 벗어날 수는 없다. 문학은 이런 갈등에 처한 인간의 모습을 그린다. 성인 문학은 한 사람 안에 깃든 선과 악의 모습을 있는 그대로 드러내지만 동화는 착한 사람과 나쁜 사람으로 분리해 보여준다. 그러니까 도깨비, 귀신, 계모처럼 동화에 등장하는 악한 이들은 아이들 자신의 무의식에 숨은 부정적 모습인 셈이다.

사실 착하게 살아야 한다는 것은 당위일 뿐, 못된 마음에서 벗어나기가 얼마나 어려운지 모른다. 위선보다 위악이 더 자연스러운 일이지 싶을 때도 있다. 그러니 사람을 시기하고 질투하며 쩨쩨하고 인색하게 군다는 것을 시인하고, 때마다 찾아오는 손님처럼 그 감정들을 다독이며 살아가는 게 더 자연스러운 일은 아닐까.

우리에게 어린이용으로 알려진 〈헨젤과 그레텔〉, 〈백설공주〉 등은 오랫동안 사람들의 입에서 입으로 전해져 내려온 옛이야기로, 그림 형제가 채록하면서 당시의 사정을 감안해 순화해 기록했다. 원래 이야기는 우리가 지금 아는 것과 사뭇 다르다. 예컨대 〈헨젤과 그레텔〉이나 〈백설공주〉에 등장하는 계모가 실은 친어머니였다. 그런 엽기적인 일이 있을까 싶지만 부모라고 해서 나쁜 마음을 품지 않는 건 아니다. 오히려 학자들은 이를 우리의 무의식을 보여주는 것으로 해석한다.

옛이야기나 동화는 이렇듯 우리 안의 분노나 화, 두려움이나 절망 등이 실은 누구나 지니고 있는 보편적인 감정임을 보여줌으로써 이를 받아들이고 순화하도록 돕는다. 그러니 동화의 주인공이 간을 빼 먹거나 누군가 죽기를 바란다고 해서 너무 두려워할 필요는 없다. 아이들은 동화에 자신의 부정적인 모습을 투영하고 간접 경험을 하면서 건강하게 그런 감정을 털어낼 수 있으니까.

비슷하게 어른이 주인공으로 나오는 동화 역시 "어린이용이 맞나요?" 하는 질문을 받는다. 이를테면 김려령의 《그 사람을 본 적이 있나요?》 같은 작품이 대표적으로, 주인공이 어린이가 아닌 동화 작가 오명랑이다.

문밖동네라는 엄청 큰 출판사에서 '내 가슴에 낙타가 산다'라는 동화로 문학상을 받고 데뷔한 오명랑은 이제 작가가 되었다며 기고 만장했다. 하지만 그것도 잠시, "책이 팔리기는 하냐?" "빈둥거리지 만 말고 일도 하면서 글을 쓰면 안 되냐?"는 등 가족들의 비난에 시 달린다. 오명랑도 슬슬 회의가 든다. 동화책을 냈는데 거리에서 알 아보는 사람도 없고 데뷔 전보다 이상하리만치 외로워 어쩔 줄을 모르다 안 되겠다 싶어서 초등학생을 대상으로 이야기 듣기 교실을 열고, 일하며 동화를 쓰겠다고 다부진 결심을 한다.

그런데 잠깐, 글쓰기라면 모를까, 듣기 교실이라니! 여기에 작가 가 하고 싶은 이야기가 숨어 있다. 오명랑은 동화 속에서 이렇게 독 백한다. "나는 독자에게 어떤 작가였나. 내 가슴에 깊이 박힌 이야 기는 부끄럽고 누추해서 꽁꽁 숨겨두고 머리로 쥐어짠 이야기를 말 로만 떠들지 않았나! 진심! 듣는 사람의 마음을 열려면 이야기를 하는 사람부터 마음을 열어야 한다." 그래서 오명랑 작가는 종원이, 소원이, 나경이, 이렇게 달랑 세 명의 어린이 독자를 앉혀놓고 진솔 한 이야기를 들려준다. 이름하여 그리운 건널목 씨!

동화 속에는 두 가지 플롯이 서로 얽히며 전개된다. 듣기 교실에 모인 오명랑과 아이들의 관계 그리고 '건널목 씨' 이야기다. 작가 는 '건널목 씨' 이야기를 중심에 놓고 이를 들려주는 오명랑(작가)

의 모습과 받아들이는 아이들(독자)의 모습을 입체적으로 보여준다. 구태여 이런 구성을 택한 건 작가와 독자의 관계와 반응을 보여주기 위해서다. 처음 아이들은 '건널목 씨' 이야기를 시큰둥하게 듣지만, 오명랑의 진심이 담겨 있다는 걸 느끼며 진지해진다. 머리로 짠 이야기가 아니라 가슴으로 전하는 이야기에 독자가 반응한 것이다. 물론 이런 문학적 장치와 상관없이 '건널목 씨' 이야기는 그 자체로 감동적이다. 따로 떼어내 어른을 위한 동화로 소개해도 좋을 만큼 어른 어린이 할 것 없이 모두의 눈시울을 뜨겁게 한다.

어느 날 신호등이 없는 낡은 아파트 앞길에 건널목 씨가 나타났다. 아저씨는 초록색과 빨간색 동그라미가 그려진 안전모를 쓰고 카펫을 들고 있다. 안전모는 신호등 역할을 하고, 검은색 천에 흰색 페인트를 칠한 카펫은 건널목을 대신한다. 아저씨는 신호등과 건널목이 없어서 아이들이 위험하게 무단횡단을 해야 하는 길에 카펫 건널목을 펼치고 아이들의 등굣길을 돕는다. 알고 보니 건널목 씨는 부인이 먼저 세상을 떠나고 혼자 키우던 쌍둥이가 무단횡단을 하다가 자동차 사고를 당한 아픈 기억이 있었던 것. 그 후 직장도 그만두고 건널목과 신호등이 없는 위험한 길을 만나면 임시 건널목을 펼쳐놓고 아이들의 등하굣길을 도왔던 것이다.

선행에 감동한 주민들은 건널목 씨에게 비어 있던 105동 경비실을 숙소로 제공한다. 이곳에 머물며 건널목 씨는 도희와 태석이 태희 남매를 알게 된다. 도희는 날마다 싸우는 부모가 지겨워서 추운

겨울에도 아파트 밖을 맴돌던 아이였고 태석이와 태희 남매는 아빠가 돌아가신 후에 엄마마저 돈을 벌어오겠다며 집을 나가는 바람에 단둘이 사는 딱한 아이들이었다. 건널목 씨는 아무런 방어막 없이 방치된 남매를 위해 집세도 대신 내주고 먹을거리도 마련해주며 아이들을 따뜻하게 품어 안는다. 도희 역시 자신이 그토록 부모에게 받고 싶었던 사랑을 오히려 남매에게 나눠준다.

작가 오명랑은 건널목 씨의 사연을 아이들에게 여러 차례에 걸쳐 나누어 들려준다. 듣기 수업이 진행되며 아이들의 반응은 서서히 달라진다. 처음에는 영어 학원에 가기 싫어 억지로 끌려 왔던 종원이와 빨간 귀의 토끼 이야기나 듣고 싶었던 소원이가 점차 이야기에 몰입한다. 종내는 이것이 꾸며낸 이야기가 아니라 오명랑이 겪은 실제 사건임을 눈치채는 과정이 건널목 씨 이야기에 중첩되어 전개된다.

소설에서 간혹 작가가 화자로 등장하는 경우가 있다. 이렇듯 작가라는 자의식을 드러내는 건 대개 작가의 역할이나 소설의 미래를 불안해하고 그에 대한 답을 찾고 싶어 할 때다.《그 사람을 본 적이 있나요?》역시 비슷하지만 작가라는 불안감보다는 작가로 산다는 것에 대한 다부진 결의가 더 도드라진 작품이다. "착해서 미치겠는 것만 동화인 줄 아니? 세상 물정에 상관없이 착하고 순진한 아이 같은 사람이 동화 작가"라는 건 오해라고 선언하는 오명랑을 통해 나는 김려령의 출사표를 대신 듣는 느낌을 받았다.

착한 소년과 순종적인 소녀가 등장하는 천사표 작품이 동화는 아니다. 동화는 어린이 독자를 대상으로 하지만 거기 머물지 않고 어른 안에 있는 어린이까지 독자로 불러들여야 좋은 작품이 된다. 비록 어른이 되었지만 작가가 자기 안에 웅크리고 있는 어린아이에게 말을 걸고, 현재를 사는 어린이와 어른 독자들이 거기 공감했다면 주인공이 동화 작가든 할머니든 상관없이 어린이 문학이다. 《나니아 나라 이야기》로 유명한 C. S. 루이스는 "열 살 때 읽은 가치 있는 책은 쉰 살이 되어 읽어도 어렸을 때와 똑같이, 아니 그때보다 더 많은 가치가 있어야 한다. 어른이 되었을 때 읽을 만한 게 못 되는 책은 어렸을 때도 읽지 않는 게 더 낫다"고 말하지 않았나.

좀 더 읽기 ─────────────

뒤늦게 문학 공부를 다시 시작한 김려령은 2007년 《기억을 가져온 아이》로 문학과지성사에서 주최하는 마해송 문학상을, 《내 가슴에 해마가 산다》로 문학동네 어린이문학상을, 이어 《완득이》로 창비청소년문학상을 수상하는 등 어린이 문학 관련자들을 놀라게 하며 등장했다. 2008년 출간된 《완득이》는 엄청난 성공을 거두었고 이후 영화로도 개봉되었다.
《그 사람을 본 적이 있나요?》는 이런 잇따른 성공 이후 2011년에 발표한 작품이다. 이 작품은 머리가 아니라 가슴으로 동화를 쓰겠다는 결의이며 동화 작가로 산다는 것이 무엇인가를 탐구한 동화 작가의 동화라 할 수 있다.
성인 소설에도 소설가 소설이 있다. 감독이 영화를 만드는 과정이 영화화된 〈숏컷〉이나, 드라마 촬영장을 무대로 스태프의 이야기를 담은 노희경의 〈그들이 사는 세상〉처럼 소설가가 등장하는 소설들이다. 김영하의 《옥수수와 나》도 그렇고 최제훈의 《일곱 개의 고양이 눈》도 그렇다. 《그 사람을 본 적이 있나요?》는 이런 연장선상에 있는 동화다.

전체관람가.

이유와 핑계가 없는 단순한 열정의 아름다움

《조금만, 조금만 더》| 존 레이놀즈 가디너

윌리는 불운을 한탄하고 자신을 연민하느라 삶을 소모하는 대신 솔직하고 당당하게 행동했다. 개 썰매 경기에서 1등을 하고 할아버지를 살려야 한다는 단순한 열정으로 질주했다.

오로지 어린이 책을 읽을 때만 느낄 수 있는 가슴 벅찬 순간이 있다. 위대한 소설을 읽으며 먹먹한 감동을 느끼는 경우가 얼마나 많은지는 잘 알고 있다. 하지만 그때와 또 다른, 꾸밈없이 순진한 세계를 어린이 책에서 만날 수 있다. 성인 독자를 위한 소설에는 시기와 분노, 질투와 오해가 가득하다. 어쩔 수 없다. 사람 사는 일이 그러니까. 한때 서로 사랑했지만 이제는 잡아먹을 듯이 으르렁대는 남녀들, 끔찍할 만큼 자아도취에 빠진 사람들, 자기를 높이기 위해 남을 낮춰보는 사람들, 자기만 살겠다고 남을 해코지하는 파렴치한도 있다. 남은 물론이고 자신마저 속이고 사는 불쌍한 사람들도 있다. 만나고 싶지 않은 숱한 사람들이 소설 속에 있다. 게다가 소설가들은 보통 사람보다 촉수가 더 예민하기 마련이라 소설은 현실보다 더 징후적이고 그 느낌 역시 한결 강하다.

　모든 어린이 책이 다 그렇다고 말할 수는 없지만, 특히 연령이 낮은 어린이를 대상으로 하는 동화일수록 간명하고 분명하게 세상을 바라보고 마주 대한다. 어른들을 위한 소설이었다면 결코 이렇게 생각하고 행동할 수 없었을 텐데, 난마처럼 얽힌 문제일지라도 단숨에 걷어낸다. 북디자이너인 정병규는 그래서 어린이 책, 특히 그림책의 특질 중 하나를 '꼼수가 없는 세계'를 그리는 것이라고 정의하기도 했다.

　존 레이놀즈 가디너의 《조금만, 조금만 더》는 내게 그런 정직하고 순수한 세계를 그린 작품으로 다가왔다. 열 살인 윌리는 할아버지 그리고 나이 많은 암캐 번개와 함께 산다. 겨울이면 온통 눈으로 덮이는 와이오밍 주에서 할아버지는 힘들지만 성실하게 작은 감자 농장을 운영하고 있다. 그러던 어느 날 아침 일이 벌어졌다. 부지런한 할아버지가 아침이 되었는데도 일어나지 않았다. 늦잠을 자던 윌리의 버릇을 고치려고 "빨리 오지 않으면 병아리들이랑 아침을 먹어야 할 게다"라고 말하고 진짜로 밥그릇을 병아리 우리에 가져다놓을 만큼 늦잠 자는 꼴을 못 보는 분인데 말이다. 처음에는 늦잠을 자나 했지만 도무지 일어나지 않자 윌리는 어른을 불렀다. 왕진을 온 스미스 선생은 할아버지가 더 이상 살고 싶은 마음이 없어 일어날 수도, 말을 할 수도 없다고 했다. 사람이란 "처음에는 마음이 사는 걸 포기하지만 다음에는 몸으로 퍼지기 마련이고, 그럼 진짜 병이 나고 마는 것이니 마음을 고치는 것 외에는 별다른 치료법이 없다"고 말했다.

윌리로서는 할아버지가 왜 사는 걸 포기했는지 도저히 이해할 수 없다. 할아버지로 말하자면 여전히 좋아하고 즐거워하는 것이 많은 사람이었다. 할아버지에게는 낚시도 있고 로데오 경기도 있고 칠면조 요리도 있는데, 그럼 이제는 그런 것들이 모두 싫어진 걸까. 할아버지의 병을 낫게 하려고 고민하던 윌리는 수확이 얼마 남지 않은 감자를 보고 농사가 잘되면 할아버지가 좋아질지도 모른다고 기대한다. 그러고는 감자 수확에 나선다. 번개가 쟁기를 끌어 땅 속의 감자를 수확했고 좋은 가격에 팔았다. 하지만 할아버지는 자리를 털고 일어나지 않았다. 감자 수확이 걱정된 것이 아니라 딴 이유가 있는 거였다. 과도한 세금이 문제였다. 윌리는 그동안 할아버지 농장에 부과된 세금이 500달러나 되고 그 돈을 내지 않으면 농장이 넘어갈 곤경에 처했음을 알게 된다. 하지만 금고는 텅텅 비어 있고 할아버지는 파산한 상태였다. 할아버지에게 전부나 다름없는 농장을 포기해야 하다니 더 이상 살 낙이 없었던 거다.

할아버지와 단둘이 살던 열 살짜리 남자아이가 무슨 일을 할 수 있을까. 윌리는 도망치지 않고 자신이 할 수 있는 일과 하나씩 맞닥뜨린다. 은행장 포스터 씨, 잡화점의 레스터, 우체국을 청소하는 행크 등 생각나는 모든 사람과 이 문제를 상의했다. 모두들 농장을 팔아 세금을 내라고 했다. 그만큼 상황은 절망적이었다. 그러다 우연히 레스터의 잡화점에서 전국 개 썰매 경주 대회의 광고지를 보게 된다. 와이오밍 주 잭슨 시에서 매년 2월 개최하는 행사로, 윌리가 번개와 함께 늘 달리는 오래된 교회 바로 앞의 중앙로에서 출발해 눈 덮인 시골 길을 달린 후에 다시 중앙로로 돌아오는 코스였다. 당장 필요한 500달러가 상금으로 걸려 있다. 하지만 어른들의 경기다. 한 번도 진 적이 없다는 인디언 남자 '얼음 거인'이 다섯 마리의 개를 끌고 출전한다는 소문이 돌았다. 얼음 거인이 두려워 어른들도 신청을 포기한 경기에 윌리가 참가 신청을 한다. 과연 윌리는 얼음 거인을 이기고 500달러를 상금으로 받아 할아버지를 살릴 수 있을까.

윌리는 아직 어린이 세계의 시민이다. 어른의 세계가 어떤 규칙에 따라 움직이는지 알지 못한다. 어른들은 윌리처럼 옳다고 생각하는 대로 행하지 않고 먼저 그 이면을 계산해 이익이 되는지부터 따지고 행동한다는 것을 알지 못한다. 윌리는 다만 정직하게 생각하고 솔직하게 묻는다. 윌리의 이런 모습이 책 여기저기에 나온다. 윌리는 감자를 키워봤자 겨우 먹고살 돈밖에 벌지 못하는데 왜 나라는 세금을 내라고 하는지 이해할 수 없다. 세금이란 '나라가 돈을 거두는 방법'이라고 선생님이 설명해주자 반문한다. 돈이 필요하면 "나라도 할아버지처럼 감자를 키우면 되잖아요"라고. 선생님이 나라는 "감자를 키우는 것보다 더 중요한 일, 이를테면 우리를 돌보는 일"을 해야 한다고 하자 윌리는 "할아버지는 늘 우리는 스스로를 돌봐야 한다고 말씀하셨는걸요" 하고 대답한다. 맞는 말이 아닌가. 국가란 부가 축적되고 계급과 차별이 생겨나며 등장했지만 어린 윌리는 차별과 차이가 없는 네버랜드에 살고 있다. 종종 어른들도 국가가 국민을 위해 무엇을 하는지 이해할 수 없는데, 어린이 세계의 시민인 윌리가 사람 위에 군림하는 국가를 이해할 리가 없다.

어른들은 이런 윌리를 철이 없다고 여긴다. 시장은 경주를 신청하러 간 윌리에게 정식 개 썰매 경주 한 시간 전에 어린이 대회가 있으니 거기나 가라고 싸늘하게 말한다. 선생님은 할아버지가 윌리를 대학에 보내기 위해 저금해둔 예금 50달러를 대회 출전비로 쓴 것을 나무란다. 어른들이 말하는 합리적인 생각에 따르면 윌리는 할아버지를 돌볼 간병인 아주머니를 구하고, 번개는 부근 농부에게 팔고, 저 혼자 살길을 찾아야 한다. 하지만 윌리의 생각은 다르다. 할아버지와 번개 그리고 윌리는 한 가족이다. 서로 꽁꽁 뭉쳐 있어야 한다. 윌리에게는 오로지 할아버지를 살리고 농장을 지켜야 한다는 단순한 목표가 있을 뿐이다. 윌리는 그 목표를 향해 먹이를 움켜쥐는 순간의 매처럼 진지하게 나아갔다. 이것이 윌리가 절박한 상황에 맞선 방식이다.

어른이라면 정말 머리가 복잡했을 것이다. "농장을 팔면 얼마가 수중에 떨어질까?", "개 썰매 경주에 얼음 거인이 출전한다는데 괜히 나갔다가 창피만 당하면 어쩌지?", "참가비 50달러만 날리는 거 아닐까?" 등등 어떤 것이 더 나을지 주판알을 튕기느라 머릿속이

팽팽 돌았을 거다. 윌리는 불운을 한탄하고 스스로를 연민하느라 자신을 비참하게 만드는 대신 당당하게 행동했다. 오로지 개 썰매 경기에서 1등을 해야 한다, 이겨야 한다. 그래야 할아버지를 살리고 함께 살 수 있다는 절박함으로 나아갔을 뿐이다.

어른이 되어서 달리기를 열심히 하는 사람을 만날 때가 있다. 그 힘든 걸 뭐하러 하나 싶은데, 그들은 오로지 결승점에 가야 한다는 하나의 생각이 지속되는 상태를 찬미한다. 달리기를 할 때는 팔을 내젓고 한 발이 땅에 닿으면 다른 한 발로 땅을 박차야 한다는 생각만 해야 한다. 그래야 앞으로 나아갈 수 있다. 그렇게 계속해서 달리느냐, 아니면 주저앉느냐, 그것밖에 선택이 없다. 만약 코앞에 닥친 프로젝트와 밀린 세금을 걱정하며 달린다면 그가 아무리 달리기를 잘하는 선수라도 얼마 못 가 자빠질 수밖에 없다. 달리기는 단순한 열정으로 나아가는 일이다. 윌리는 어른들이 겨우 달리기를 할 때나 느끼는 단순한 열정으로 매일을 사는 아이다. 나는 삶을 이처럼 단순한 열정으로 살아가는 윌리 같은 사람이 되고 싶을 때가 많다. 이유도 갖가지고 핑계도 많은 어른에게 《조금만, 조금만 더》는 달리기를 하며 느낀다는 러너스 하이 같은 즐거움을 맛보게 한다.

과거가 없다면 미래도 없다

《기억 전달자》 | 로이스 로리

조너스가 사는 마을에서는 '사랑'도 금지어다. "너를 사랑해"라는 말이 모호하기 때문이다. 이 말에는 소유하고 싶다, 함께 있고 싶다 등 많은 오해와 고통 그리고 외로움까지도 숨어 있다.

사랑이나 믿음처럼 인간을 인간답게 하는 것들이 있다. 기억도 그중 하나다. 기억을 빼고는 삶을 말할 수 없다. 기억을 잃는다면 인간은 아무것도 아니다. 현재란 과거와 미래를 맞잡은 손일 뿐, 과거와 미래를 기억할 때 인간은 존재한다. 그리고 의미가 생긴다. "무서운 건 악이 아니오. 시간이지. 아무도 그걸 이길 수가 없거든." 김영하의 《살인자의 기억법》에서 전직 연쇄살인범 노인이 내뱉은 말도 이런 뜻이다. 노인을 갉아먹는 것은 알츠하이머라는 병이 아니라 기억일 뿐이다. 기억에는 과거뿐 아니라 미래에 무엇을 하겠다는 미래 기억도 있다. 젊은이들에게는 미래 기억이 많고, 살아온 날이 많은 사람은 과거의 기억에 얽매인다. 그러므로 옛날의 기억이 많이 떠오를수록 늙은 거다.

간혹 어린이 문학의 주제란 친구, 성적, 왕따, 학교, 가족이 전부라고 생각할 때가 있다. 어린이 문학이 어린이가 이해할 수 있는 세계를 다뤄야 한다는 건 맞다. 하지만 문학에는 성인 문학이 따로 있고 어린이 문학이 따로 있는 게 아니다. 문학은 문학일 뿐이다. 성인 문학이 할 수 있는 이야기라면 어린이 문학 역시 할 수 있다. 오히려 작가에게는 삶의 핵심만을 담아내야 하는 어린이 문학이 더 '어려운 문학'일 수 있다. 대가일수록 작품 세계가 단순해지듯, 어려운 말로 장광설을 늘어놓기는 쉬워도 단순한 언어로 삶을 이야기하기는 어렵기 때문이다. 어린이 문학은 쉬운 언어로 삶의 본질을 이야기하는 데 묘미가 있다. 로이스 로리의 《기억 전달자》는 이점에서 교과서와도 같은 작품이다. 미래 사회라는 가상공간에서 인간이란, 기억이란 무엇인지를 쉬운 언어로 그러나 진지하게 탐구한다. 범인을 궁금해하고, 사랑이 이뤄지길 바라며 소설을 읽는 것도 재미나지만 이처럼 삶의 아이러니를 발견하는 일도 만만치 않은 충격을 가져다준다.

조너스는 열두 살 생일을 앞두고 있다. 열두 살이 된다는 건 좀 특별한 일이다. 공식적으로 성인으로 인정받는 수준을 넘어 '직위 받기 기념식'에서 어떤 직업에 종사할지가 결정되기 때문이다. 직위 받기 기념식이라니? 그렇다. 조너스가 사는 미래 사회에서는 어린이가 성년이 되기 전까지 매년 기념식을 갖는다. 네 살 기념식에서는 등에 단추가 달린 재킷을 선물받는다. 어린이들끼리 서로 옷

입는 걸 도와주면서 같이 사는 걸 배우라는 뜻이다. 일곱 살에는 앞에 단추가 달린 재킷을 받는다. 자아를 지닌 독립적인 존재로 출발할 나이라는 뜻이다. 여덟 살이면 주머니가 달린 재킷을 입을 수 있다. 자기 물건을 챙길 만하다는 뜻이다. 그리고 열두 살이 되면 미용사가 될지, 판사가 될지, 선생님이 될지 정해진다. 스스로 정하는 것이 아니라 마을의 원로들이 정해 직위를 수여한다. 직업이 결정되는 열두 살이 지나고 나면 나이는 별로 중요하지 않다. 오로지 자신의 직위에 따른 훈련을 잘 받고 성실하게 할 일을 하면 된다.

유년 시절뿐만 아니라 조너스가 사는 미래 사회는 모든 것이 정교하게 프로그래밍되어 있다. 공동체가 평화롭게 살 수 있도록 완벽한 시스템이 작동 중이다. 결혼하고 싶을 때도 원로들이 몇 달 혹은 몇 년간 그 사람의 기질, 육체 능력, 지능, 관심 등을 고려해 배우자를 골라준다. 조너스의 어머니는 판사지만 아버지는 보육사다. 하지만 원로들은 아버지의 침착한 기질과 어머니의 총명함이 조화를 이룬다고 판단해 부부로 맺어주었다. 자녀도 신청을 하면 얻을 수 있는데 그전에 아이를 키울 수 있을 만큼 성공적인 결합인지 까다로운 심사를 받아야 한다.

조너스가 사는 미래는 이처럼 모든 것이 부드럽게 통제되는 사회다. 태어나고 결혼하고 직업을 갖고 살아가는 모든 일에서 조화로움과 적절함이 고려된다. 소설을 읽다 보면 조너스가 사는 사회가 부러워진다. 저마다 다른 적성을 세심하게 파악해 직업을 골라주고 식사도 공급하고 노인복지도 완벽하다. 얼핏 인간이 꿈꾸는 낙원, 유토피아가 떠오른다. 그동안 인간은 숱한 낙원을 꿈꾸었다. 파라다이스, 엘리시움, 엘도라도, 아발론, 무릉도원, 샴발라, 샹그릴라 등 수많은 이상향을 통해 인간이 원했던 건 결국 이런 사회였다. 공동 생산과 분배가 이뤄지고, 평생 직업을 갖고 노동에 시달리지 않으며, 사유 재산이 없어서 갈등도 없는, 말하자면 더 이상 변화가 필요하지 않은 완성된 상태 말이다.

소설은 조너스가 열두 살 기념식에서 친구인 애셔처럼 오락 지도자나 피오나처럼 노인복지사 직위가 아니라 '기억 보유자'의 직위를 받으며 의문을 제기한다. 기억 보유자는 지워져버린 과거의 기억을 지니고 있다가 마을에서 낯선 일들이 발생할 때 과거의 기억으로부터 지혜를 전달하는 임무를 지닌다. 마을에 오로지 한 명뿐이며 존경을 받지만 홀로 묵묵히 일해야 한다. 조너스는 다음번 기억 보유자로 선출되어 이제는 기억 전달자가 된 남자의 머릿속에 있는 과거의 기억들을 전달받기 시작한다. 소설이 영화로 만들어진다면 이 즈음에서 흑백이었던 화면이 컬러로 변해야 한다.

조너스는 눈 위에서 썰매를 타는 기억, 날씨와 색깔에 관한 기억 등을 전수받으며 마을이 평화를 유지하기 위해서 무엇을 희생했는지 알게 된다. 인간이 고통을 겪지 않는 낙원을 유지하려면 조화로운 상태에 머물러야 한다. 그러자면 통제가 필요하다. 폭설이라도 내리면 사건 사고가 줄을 이을 테니 기후도 통제 대상이다. 피부색이 다르다는 이유로 인간은 얼마나 서로에게 못할 짓을 하며 살았는가. 그러니 햇빛을 포기하고 색을 통제해야 한다. 그래서 마을은 무채색의 세계이며, 인간은 모두 같은 색만을 보며 살고 있다. 사랑도 불필요한 감정이다. 몽정이 시작될 즈음부터 노인이 될 때까지 성욕을 통제하는 약을 먹는다. 미숙아, 노인, 게으른 사람 등도 불필요하다. 질서 정연한 상태, 즉 균형을 깨뜨린다고 판단되는 사람들은 제거된다. 이 모든 것을 알게 된 조너스는 과연 어떤 선택을 하게 될까.

굶주림, 전쟁, 학대 같은 아픈 기억은 인간에게 상처를 남기는 트라우마로 작용한다. 하지만 기억이 모두 괴로운 것은 아니다. 좋은 기억도 있다. 성탄절을 앞두고 온 가족이 따뜻한 방에 모여 서로 선물을 주고받으며 기뻐하는 순간은 행복하고 따뜻한 기억이다. 그렇다면 기억마저 제거되고 선택의 자유가 없는 안전한 세상에 사는 것이 옳은가? 모든 위험을 제거한다면 인간은 행복할 수 있을까?

나카지마 라모가 쓴 오컬트 소설 《가다라의 돼지》에 아프리카 주술사가 나온다. 나는 그가 한 말을 종종 떠올리곤 한다. "모든 것은 빛과 그림자다. 기쁨은 슬픔의 수원지이며 즐거움은 고통을 날라 오는 배다." 삶의 묘미는 여기에 있지 않나 싶다. 우리 삶은 빛인가 하면 어느새 그림자이고, 영원을 약속했나 싶으면 배신하고, 찰나인가 싶은 순간에 영원이 있다. 삶은 이 아슬아슬한 줄타기를 받아들이는 것으로부터 시작한다. 기억은 때로 우리를 얼마나 고통스럽게 하는가. 어떤 기억에 발이 묶여 평생을 노예로 사는 일이 얼마나 허다한가. 유년 시절로부터 이렇게 오랜 세월이 흘렀지만 지금도 마음속에 남아 있는 어떤 기억을 건드리면 저절로 눈물이 난다. 기억의 봉인이 무언가를 만나 풀려버리면 그 상처가 되살아나기 때문이다. 고통을 덜겠다고 모든 것을 통제하고 기억마저 없애버린다면 평화가 찾아오지 않을까 싶지만, 참으로 역설적이게도 그 기억 때문에 인간은 좀 더 나은 사람이 되길 꿈꾼다. 과거의 기억은 모두 사라지는 것이 아니라 주름처럼 내 안에 차곡차곡 접혀져 있다. 나라는 사람은 과거 기억의 총합이다. 그러므로 과거가 없다면 미래 또한 없다.

사랑은 힘이 세다

《내 남자친구 이야기》, 《내 여자친구 이야기》 | 크리스티앙 그르니에

"음악을 듣는 것은 즐거운 일이다. 하지만 내가 아는 더 큰 즐거움은 좋아하는 사람과 함께 음악을 듣는 일이다."

세상에 사랑이란 말이 넘치지만 정작 "사랑이 뭐냐?"라고 물으면 대답하기 어렵다. 유행가 가사가 노래하듯 '사랑은 눈물의 씨앗'이라거나 '지나고 나면 아무것도 아닐 마음의 사치'일 수는 있지만 이건 지나간 사랑이 남긴 상처를 두고 하는 넋두리일 뿐이다. 오히려 명백한 진실은 사랑은 처음부터 상실이라는 실로 짠 천이며, 사랑이 그토록 소중한 것은 사랑이 본디 불확실하기 때문이다. 언제라도 잃을 수 있음을 알기에 사랑은 그토록 고귀하다. 사랑이 끝났을 때 먹지도 마시지도 못하고 문을 잠근 채 말을 닫을 정도로 힘들지만 그 어떤 때보다 감정이 풍부하고 통찰이 가득하다. 아마 그래서 이 순간 수많은 유행가 가사가 탄생하는 게 아닌가 싶다.

사랑에는 슬픔이나 감정의 소모만 있는 것은 아니다. 사랑에는 생산적인 창조의 힘이 있다. 사랑의 긍정성이다. 사랑은 한 사람의

삶을 바꾸어놓을 만큼 강한 에너지를 지니고 있다. 사랑을 하면 상대에게 눈이 먼다고 하지만 사랑에 빠지면 그동안 보이지 않았던 것들이 보인다. 나무와 꽃과 풀들이 보이고 온 몸이 섬세하게 반응한다. 그래서 사랑에 빠진 냉소주의자는 없고 연애는 음악과 함께 시작된다.

예술가들은 사랑에 빠졌을 때 그의 인생은 물론 예술 전체를 바꿔버린다. 발터 벤야민은 "지금까지 알게 된 여자들 중 가장 뛰어난 여인 중 하나"인 아샤 라시스를 1924년 이탈리아의 카프리 섬에서 만난 후 삶이 통째로 뒤바뀌었다. 그때까지 유대 신비주의에 머물렀던 그는 라트비아 출신의 볼셰비키 혁명가 라시스를 통해 마르크시즘을 받아들이고 거듭난다. 니체가 사랑하여 청혼했으나 그 뜻을 이루지 못했던 여인 루 살로메 역시 남자들에게 지대한 영향을 미쳤다. 그녀는 뮌헨 대학에 다니다 스물두 살의 릴케를 만났다. 릴케는 열네 살이나 연상인 루 살로메와 사랑에 빠졌다. 얼마 후 루 살로메는 자유를 찾아 떠났고 릴케는 이 사랑과 실연의 체험을 통해 주옥같은 시를 남겼다. 술주정뱅이에, 사회 부적응자였던 잭슨 폴록은 리 크레이스너라는 여성을 만나 액션 페이팅이라는 기법으로 자신의 천재성을 발현했다.

웬 사랑 타령인가 했을 텐데,《내 남자친구 이야기》와《내 여자친구 이야기》라는 책 때문이다. 십대 소녀와 소년이 만나 사랑하는 이야기를 담은 소설이다. 재미나게도 두 사람의 사랑 이야기를 한 권이 아니라 두 권의 소설로 풀어냈다. 두 사람의 사랑이지만 하나의 이야기가 아니라 두 개의 각기 다른 이야기일 수밖에 없으니 주인공인 잔과 피에르가 서로 상대방을 만나 사랑하게 된 이야기를 두 권으로 들려준다. 세상에 단 하나의 이야기만 존재하는 경우는 없다. 그것이 사랑이라면 더욱 그렇다. "사실이 사실 자체로 존재할 수는 없으며, 사람 수만큼 사실이 존재"하는 법이니까.

고등학교 1학년인 남학생 피에르는 어느 날 즐겨 가는 벤치에서 한 여학생이 구걸하는 노숙자에게 비스킷을 나눠주고 거리낌 없이 대화를 나누는 걸 보고 첫눈에 반한다. 그러다 학교에서 그 여학생을 다시 만난다. 알고 보니 같은 학교에 다니는 중학교 3학년 여학생이었던 것. 선생님의 부탁으로 피에르는 슈베르트에 관한 발표를 하다가 그 여학생을 발견한다. 한편 아무것도 모르는 잔은 할머니 대신 클래식 음악회에 가게 되고 거기서 스승 대신 무대에 나선 폴 니에만이라는 젊은 피아니스트의 연주를 듣고 한순간에 매료된다. 클래식 음악을 더 듣고 싶고 알고 싶어진 잔은 슈베르트에 관해 발표했던 피에르에게 도움을 청하며 두 사람은 친구가 된다.

잔은 클래식 음악에 관심이 생기며 돌아가신 아버지가 남긴 LP판을 찾게 되고 함께 보관되어 있던 아버지의 작곡 노트를 발견한다. 잔은 어릴 때 세상을 떠나 기억에도 없는 아버지를 이번 기회에 세상에 알리고 싶어 한다. 그러자면 '나의 폴 니에만'이 아버지가 작곡한 음악을 연주해야 한다고 생각하고 그의 연주회를 따라다닌다. 이 모습을 보고 피에르는 폴 니에만을 질투한다. 과연 잔은 아버지의 미완성 소나타를 세상에 알릴 수 있을까? 잔과 피에르 그리고 폴 니에만의 삼각관계는 어떻게 전개될까? 한 가지 힌트를 주자면 두 권의 책 중에서 잔의 시점으로 서술된 《내 남자친구 이야기》를 먼저 읽어야 이야기가 한층 흥미진진해지고, 특히 폴 니에만의 정체가 궁금해진다.

소설을 읽고 나니 피식 웃음이 났다. 눈에 불을 켜고 공부를 해도 대학 가기 어려운 세상에 십대들의 사랑 이야기라니 될 말인가 싶어 걱정하는 부모들 때문이 아니라 소설이 무지무지 건전한 사랑 이야기라서다. 기껏 볼에 키스하고 도망가는 장면 하나뿐. 이 정도라면 초등학생이 읽어도 시시하겠다 싶었다. 그러니 마음 놓고 책을 권해도 좋다는 뜻이다. 건전한 이성 교제란 바로 이런 것이라고 모범 답안을 보여준 소설이다. 사랑이 두 얼굴을 하고 있다면 이 소설은 실연, 고통, 절망 같은 슬픈 얼굴이 아니라 사랑이 선사하는 놀라운 기쁨과 변화를 보여주는 사랑의 긍정편이다. 사랑하는 사람에게 잘 보이고 싶어 때로 얼마나 긍정적인 에너지를 뿜어내는지를 보여준 예쁜 소설이다. 공부 못하는 남학생이 대학 가는 방법은 공부 잘하는 여학생을 사귀는 거라고 하지 않은가.

실제로 위대한 작품을 만들겠다고 결심해서 태어난 예술품은 별로 없다. 이걸 발표하면 라이벌의 얼굴이 얼마나 일그러질까 보고 싶어서 혹은 사랑하는 사람에게 잘 보이고 싶어서 매달린 작품이

훗날 위대한 작품으로 평가받는다. 주위 사람들이 뭔가 달라진다면 아마 그는 사랑에 빠졌을 확률이 높다. 바로 잔과 피에르처럼. 피에르는 주위에서 연주자로 경력을 쌓을 것을 권하자 "내가 토요일에 연주를 한 건 단지 중학교 3학년 2반 여학생을 기쁘게 하려고 한 것뿐"이라고 중얼거린다. 피에르는 악보를 되살리는 길이 곧 아버지를 되찾는 길이라고 여긴 잔을 위해, 잔에게 사랑을 고백하고 다가가기 위해 온힘을 다해 잔의 아버지가 남긴 피아노 소나타를 연습한다. 사랑은 이렇게 사람을 움직인다.

　소설을 읽는 또 하나의 재미는 바로 클래식 음악이다. 잔은 클래식 음악을 전혀 모르는데, 이런 여자친구에게 피에르는 음악을 권하며 이끈다. "라벨과 슈베르트의 곡을 구분할 줄도 모르는" 잔을 두고 "숫자를 모르는 아이에게 셈을 가르치는 것"과 같다고 생각하면서도 음악을 추천해주는 건 피에르 말대로 "내가 권하는 곡들은 반복되는 사랑의 고백"이기 때문이다. 조금은 전문적인 피에르와 완전 초보인 잔이 느끼는 클래식 음악에 대한 감정과 생각을 비교해가며 읽는 재미는 이 책이 가진 또 다른 매력이다. 피에르가 추천하는 클래식 음악을 독자 또한 따라 들으며 책을 읽는다면 클래식에 입문할 아주 좋은 기회가 될 것이다. 비록 시디를 빌려주고 피아노를 연주해주는 피에르 같은 '남친'은 없어도 독자에게는 유튜브가 있다. 웬만한 연주자의 음악은 거의 찾아 들을 수 있으며 특히 피에르가 좋아하는 바흐의 〈골드베르크 변주곡〉을 반드시 들어볼 것.

책에는 클래식 음악뿐 아니라 음악가로 사는 사람들의 속내도 풍부하게 그려져 있다. 하루에 열 시간씩 피아노를 쳐야 하지만 피아니스트가 될 확률은 천에 하나밖에 안 되는 직업 연주가의 세계도 흥미롭다. 특히 "어떻게 하면 피아노를 더 잘 칠 수 있을까요?"라고 묻는 말에 스승이 "나이를 먹게"라고 대답하는 대목은 꼭 적어두고 싶다. 예술가로 살든, 직장인으로 살든 혹은 장사를 하든 뭔가를 오랫동안 열심히 했던 사람들, 그 과정에서 실패도 하고 성공도 했던 사람들이 들려주는 삶에 대한 성찰이니까.

"오늘 자네에게 부족한 것을 지금 내가 줄 수는 없다네. 그것은 풍부한 사고와 경험이니까. 일상의 기쁨과 고통 같은 것들이지. 예술가들은 살면서 사랑도 하고 고통도 겪지. 그런 경험이 음악 속에 녹아든다네. 예술가들의 음악이 그들의 사고나 감동을 나타낸다고 믿지만 사실 자기 감성을 바탕으로 작품을 전체적으로 재창작하는 것은 감상자이고 또 일차적으로는 연주자라네. 만일 연주자에게 아무런 느낌과 생각이 없다면 음악은 아름답지만 텅 빈 상자가 되고 말 거야. 음악은 한 곡 한 곡이 모두 공명상자인 법이야."

자, 이제 마무리. 결국 삶을 성숙하게 만드는 건 잔과 피에르가 나눈 사랑과 그 속에 담긴 여러 가지 빛깔의 감정들이라는 것. 그러니 사랑이 찾아오면 감사하자.

사랑은 음악을 타고.

거짓말로 찾은 위안은 진짜가 아니야

《받은 편지함》 | 남찬숙

진실 앞에서 우리는 많은 핑계를 댄다. 거짓을 저지르고도 사과할 줄 모르고, 사과를 한다고 해도 단서와 조건을 내세우며 도망가려 들 때가 많다. 하지만 어려울 것 없다. 잘못을 했으면 깨닫고 깨달았으면 사과하고 다시는 똑같은 잘못을 저지르지 않으면 된다.

새 학기가 시작된 첫날, 학교에서 돌아온 아이가 종이를 내민다. 가정생활에 관한 질문지다. 가족은 몇 명인가, 좋아하는 과목이나 장래 희망은 무엇인가 등 상투적 질문을 기대했는데 웬걸, "어떤 아이로 자라길 바라나?"가 첫 번째 질문이다. 그것도 서술형이다. 이럴 때면 친정 엄마는 나를 어떻게 키웠나 하고 떠올려본다. 엄마에게 거짓말했다가 호되게 맞은 일이 선명하게 떠올랐다. 여기에 생각이 미치자 몇 가지 바람을 보태어 서술형 답안을 작성하기 시작했다. '삶의 주인이 되는 사람, 행복을 스스로 찾을 줄 아는 사람, 거짓말하지 않는 사람'이라고 적고 보니, 뿌듯하기보다는 나의 희망 사항을 적은 것 같아 부끄러웠다.

사실 어른이 되었다고 저절로 삶의 주인이 되거나 행복을 찾는 것은 아니다. 거짓말도 마찬가지다. 거짓말을 하면 혼쭐이 난다는 걸 아니까 뻔히 보이는 거짓말이야 안 하지만, 대신 어린 시절보다 백 배는 더 거짓말이 교묘해진다. 모르는 걸 아는 척하고, 알면서도 모르는 척하고, 한 번 뱉어낸 거짓을 지키려고 거짓말이 꼬리를 물고 풍선처럼 커지기도 한다. 거짓이 일상화된 삶을 살다 보니 웬만한 거짓말이야 스스로도 그러려니 여긴다. '사기를 쳐서 남을 등쳐 먹은 것도 아닌데 그깟 말 몇 마디가 거짓 축에나 들겠어'라고 생각하지만 그렇지 않다. 남을 속이기 위해 의식적으로 하는 거짓말만 거짓말이 아니다. 자신을 속이기 위해 자신을 정당화하는 무의식적인 거짓말 역시 거짓말이다.

남찬숙의 《받은 편지함》은 가난하지만 착한 순남이가 동화 작가에게 메일을 보내며 친구를 사귀고 자신감을 찾고 성장하는 이야기를 담은 따뜻하고 착한 동화다. 하지만 작품을 이끄는 갈등은 결코 간단하지 않은 거짓말이다.

순남이는 엄마가 병으로 돌아가시고 날품을 파는 아버지와 어린 동생과 함께 산다. 전기료나 전화 요금도 제때 내지 못할 만큼 살림이 곤궁하니 학원을 다니거나 집에 컴퓨터를 갖는 건 꿈조차 꿀 수 없다. 그러다 보니 학교에 가서도 말이 없고 친구도 없다. 친구들이 떡볶이를 먹으러 가자고 해도, PC방에 가자고 해도 갈 수가 없다. 돈이 없으니까. 친구들과 함께할 수 있는 게 없다 보니 말을 하지 않기 시작했고 아예 친구 같은 건 없어도 된다고 생각하기로 했다.

게다가 이름마저 촌스럽다. 순남이라니. 할아버지가 지어준 자신의 이름이 부끄럽기만 하다. 순남이는 가끔 자신이 친구도 많고 공부도 잘하고 얼굴도 예쁜, 같은 반 여자아이 혜민이라면…… 하고 바랄 때가 있다. 그러다 컴퓨터 시간에 자신의 계정을 만들고 메일을 써보라는 과제를 받고 막막해진다. 친구도 없는데 누구에게 메일을 쓰란 말인가. 그때 학급 문고에서 빌려본 동화책의 작가 생각이 났다. 작가 이력 말미에 붙어 있던 계정으로 이메일을 보내기로 했다. 생각지도 않았는데 작가는 순남이에게 답장을 보냈고 깜짝 놀란 순남도 다시 감사의 글을 보내기로 한다. 답신을 쓰며 첫 메일에서 급한 마음에 보낸 사람의 이름도 적지 않았다는 사실을 깨닫고는, 촌스러운 순남이 대신 혜민이라고 적어버린다. 마치 인터넷 공간에서 아바타를 내세워 또 다른 나를 만들어내듯, 만난 적도 없고 앞으로도 만날 것 같지 않은 동화 작가에게 자신이 혜민이인 척 메일을 쓰기 시작한다.

웨스 앤더슨의 〈그랜드 부다페스트 호텔〉이란 영화는 이렇게 시작된다. 작가에게 가장 중요한 것은 상상력이라고 생각하지만 실은 작가는 주변 사람들에게 들은 이야기를 다시 들려주는 사람이라고, 그러면서 작가는 '그랜드 부다페스트 호텔'의 전설적인 컨시어지 M. 구스타브의 이야기를 들려주는 걸로 시작한다. 순남이가 메일에 써보낸 이야기가 딱 그랬다. 순남이는 혜민이가 친구들에게 하는 이야기, 혜민이가 했던 일들, 혜민이가 받은 칭찬이 무언지 귀기울여 듣다가 마치 자기 이야기인 것처럼 메일에 써 보내기 시작한다.

상상 속에서 혜민이가 된 순남은 친구도 많고 수학 경시 대회와 통일 글짓기 대회에서 1등도 하고, 불쌍한 친구인 순남이에게 말을 걸고 책도 빌려주는 착한 아이로 행세한다. 순남이 자신의 딱한 사정을 마치 남의 이야기를 하듯 메일에 적어 보낸다. 신기하게도 작가에게 편지를 쓰며 순남이에게 좋은 일들이 생겨난다. 진짜로 혜민이가 순남이가 학급 문고를 제일 열심히 읽는다며 《빨간 머리 앤》을 빌려주었고 집에도 초대한다. 하지만 거짓말은 오래가지 못한다. 뜻하지 않게 순남의 거짓말이 들통 날 위기가 찾아왔다.

동화에 나쁜 사람을 좀처럼 등장시키지 못하는 남찬숙 작가의 작품이기 때문만이 아니라 왜 거짓으로 혜민이 노릇을 했는지 충분히 공감할 만큼 순남의 처지가 딱하다. 순남은 거짓말을 해서 누구를 다치게 하거나 아프게 하거나 이용해먹으려고 한 것은 절대 아니다. 다만 자신과 다르게 행복해 보이는 혜민이가 부러웠을 뿐이다. 단지 불우한 현실이 아파서 자신의 삶이 아니라 마음속 환상이 진짜라고 한순간이라도 믿고 싶었다. 자신을 혜민이라 생각하고 거짓으로 메일을 쓰는 순간만은 구질구질한 집안일과 걱정에서 벗어날 수 있었기에 행복했다. 어른들이 술을 마시고 담배를 피우며 자신을 위로한다면 순남은 거짓 상상 속에서 자신을 위로한 것이다.

사실 어른들은 더 거짓말쟁이다. 친구를 시기해 거짓을 보태 험담을 하고, 자기 것이 아닌 걸 탐하려고 거짓을 꾸며내고, 편하게 살겠다고 신념과 진실을 내팽개치며 스스로에게 거짓말을 하는 어른에 비해 순남의 거짓말은 크다 할 수 없다. 하지만 그래도 거짓말은 거짓말이다.

순남이는 작가 선생님에게 거짓으로 메일을 보내며 갈등한다. 거짓으로 메일을 보내는 것이 옳지 않다는 걸 순남이도 알고 있다. 고백할까 싶다가도 그러면 선생님이 자신을 얼마나 이상한 아이라고 여길까 싶어 망설인다. 끝내 진실을 말하지 못하고 더 이상 메일을 보내지 않는 걸로 피하려고 한다. 결국 혜민이에게도 진실을 밝히고 사과를 하지 못했다. 아마 작가인 남찬숙은 진실을 말하는 순간 벌어질 혜민과의 갈등으로 순남이를 몰아가는 대신 순남이를 감싸 안고 싶었던 것 같다. 착하고 여린 순남이가 이런 혹독한 일을 겪었으니 다시는 거짓말을 하지 않을 것이고 언젠가 좀 더 크면 스스로 사과할 거라고 믿고 싶었던 것 같다. 동화 말미에 작가 선생님이 순남이에게 보낸 메일처럼 말이다.

하지만 동화가 끝난 지금도 나는 순남이가 동화 작가와 혜민이에게 사과하고 용서를 구했으면 좋겠다. 잘못을 저질렀으면 깨달아야 하고 깨달았으면 인정해야 하고, 인정했으면 바로잡을 줄 알아야 한다. 늘 '기억이 안 난다', '사과했다 치고 넘어가자', '잘못은 했지만 내가 한 건 아니다', '그렇게 말하지는 않았다'라고 발뺌하는 어른들이 이토록 많은 것은 그들이 어린 시절 배워야 했던 걸 제대로 배우지 않은 탓이다. 자신의 잘못을 솔직하게 인정하고 털어내야 다시는 그 잘못으로 이어진 악순환에 빠지지 않는다. 순남이는 결코 그런 어른이 되어서는 안 된다.

인간답게 산다는 건 어떤 것일까

《바르톨로메는 개가 아니다》| 라헐 판 코에이

'만약 내가 바르톨로메라면 어떨까'라는 생각을 한번이라도 하는 것, 다시 말해 타인의 고통을 이해하는 것이야말로 우리가 문학을 통해 배울 수 있는 소중한 가치다.

18세기를 대표하는 풍속 화가로 김홍도와 신윤복을 들 수 있다. 비슷한 시기를 살았지만 김홍도와 달리 신윤복은 "도화서 화원이었으나 속화를 그려 도화서에서 쫓겨났다"는 기록 외에는 삶에 관해 알려진 바가 없다. 간송 미술관에 남아 있는 신윤복의 그림을 보건대 그가 당대에 빼어난 화가로 대접받았을 거라는 사실은 짐작 가능하다. 그렇다면 대체 어떤 이유로 당대를 풍미한 도화서 화원이 역사에서 완벽하게 사라진 걸까? 이 궁금증을 역사적 사실과 허구를 섞어 흥미진진하게 풀어낸 소설이 이정명의 《바람의 화원》이다. 국민 여동생으로 불린 문근영이 신윤복 역할을 맡았고, 여자 배우가 남장을 했다는 것이 드라마의 결말을 암시하는 최대의 스포일러였다. 바로 그 드라마의 원작 소설이다.

트레이시 슈발리에의 《진주 귀고리 소녀》도 시대와 배경은 다르지만 독자에게 이런 궁금증을 불러일으켰던 작품이다. 스칼렛 요한슨이 주인공을 맡아 〈진주 귀걸이를 한 소녀〉라는 영화가 나왔을 만큼 세계적으로 주목받았다. 17세기 렘브란트와 함께 네덜란드 예술의 중심에 서 있던 베르메르에 관한 기록이 별로 남아 있지 않고 그의 작품 〈진주 귀고리 소녀〉의 모델이 누구인지도 알려져 있지 않다. 작가의 상상력은 여기서 빛난다. 작가는 혹시 진주 귀고리를 한 그 소녀와 베르메르는 예술적으로 공감하는 사이가 아니었을까, 어쩌면 예술적 연대를 넘어 서로 사랑하는 사이는 아니었을까 하는 상상을 한 편의 소설로 풀어냈다.

어린이 청소년 문학에도 이런 책들이 있다. 한윤섭의 《서찰을 전하는 아이》나 이현의 《1945, 철원》, 배유안의 《초정리 편지》 등이 모두 역사를 배경으로 허구의 인물을 등장시킨 작품들이다. 또 한 권 빼놓을 수 없는 작품이 라헐 판 코에이의 《바르톨로메는 개가 아니다》다. 십대 독자를 대상으로 한 소설치고는 분량도 많아서 300여 페이지나 되지만 주인공 바르톨로메에게 감정이입하는 순간 그야말로 단숨에 읽힌다. 추리물이나 탐정물이 아니지만 바르톨로메가 과연 어떻게 될지 읽는 내내 가슴을 졸이고, 읽고 나면 깊은 여운이 남는 그야말로 사랑스러운 소설이고, 어른과 어린이 모두 읽어야 할 수작이다.

배경은 펠리페 4세 치하의 스페인이다. 수많은 식민지를 거느리고 세계의 열강으로 군림하던 그 시절 스페인의 실제 인물인 펠리페 4세와 마르가리타 공주가 등장한다. 또 펠리페 4세의 궁정에서 가장 유명하고 존경받았다는 화가 벨라스케스를 등장시켜 작가는 정말 있을 법한 이야기를 만들어냈다.

마르가리타 공주의 마부로 일하는 아버지 후안은 시골에 사는 가족들을 마드리드로 데려가려 한다. 하지만 문제가 있다. 바로 바르톨로메다. 이제 열 살인 바르톨로메는 곱사등인 데다 다리가 몸에 비해 짧고 그에 비해 팔은 무척이나 긴 난쟁이다. 걷는 것보다 때로 네 발로 기는 것이 더 편할 정도로 몸이 일그러져 있다. 당시 장애인은 짐승보다 못한 대접을 받았다. 그래서 아버지는 바르톨로메를 고향에 두고 가려 했지만 아들의 간절한 바람에 못 이겨 데려가기로 한다. 단 조건이 있다. 마드리드에 가면 하루 종일 남의 눈에 띄지 않도록 집 안에만 숨어 있기로 약속했다.

온종일 집에 갇혀 있던 바르톨로메를 불쌍하게 여긴 형과 누이는 그에게 아버지 몰래 글을 가르치기로 한다. 형인 호아킨이 엘 프리모라는 난쟁이가 왕의 편지와 서류를 대신 써주는 서기가 된 것을 보고는 같은 신세인 동생에게 "바르톨로메, 너도 그렇게 될 수 있어. 글을 배우면 미래가 생긴다"라며 용기를 준다. 처음에는 바르톨로메의 모습이 흉측하다고 여겼던 크리스토발 수사조차 배움에 대한 깊은 열망을 지닌 소년을 대하며 놀란다. 하늘은 스스로 돕는 자를 돕고, 제자가 준비가 되면 스승이 나타난다고 하던가. 책을 읽다가 잘 시간이 되는 것이 아까워 어서 아침이 되길 바라는 소년, 공부하고 알아가는 기쁨에 가슴이 벅차오르는 베르톨로메의 모습은 감동적이다.

하지만 빨래통 속에 숨어 수사에게 글을 배우러 다니던 중에 그만 사고가 생긴다. 마르가리타 공주의 마차와 부딪친 것. 급한 마음에 바르톨로메는 손과 발로 기어서 도망을 친다. 이때 그를 본 공주가 "저 인간 개를 갖고 싶어"라고 말한 뒤로 바르톨로메는 사람이 아닌 인간 개 노릇을 하는 신세가 된다. 공주가 사는 궁에 들어가 꼬리와 커다란 귀가 달린 개 옷을 입고, 사람들 앞에서 "멍멍" 소리를 지르고, 밤에도 개처럼 바닥에 엎드려 자야 했다. 갈색 개처럼 보여야 한다고 얼굴에 색까지 칠했다. 개처럼 짖으면 빵을 바닥에 던져줬고 그걸 개처럼 이빨로 물어 먹어야 했다. "나는 개가 되기 싫어요"라고 외쳐봐야 아무런 소용이 없다. 공주님이 인간 개를 원하니까.

절망이 있다면 희망도 있는 법. 인간 개 노릇을 하던 궁중에서 바르톨로메는 다름 아닌 화가 벨라스케스를 만나게 되고 화가의 꿈을 키우게 된다. 또한 그 유명한 〈시녀들〉의 모델도 된다. 이 소설을 읽은 사람은 누구나 벨라스케스의 〈시녀들〉이란 그림을 찾아 요리조리 꼼꼼히 살피게 된다. 정말로 그림에 있는 그 개가 바르톨로메가 아닐까 믿고 싶다. 그만큼 〈시녀들〉의 모델이 된 인물과 심지어 개마저 소설로 끌어들여 이 모든 이야기를 짜 넣은 작가의 솜씨에 혀를 내두를 수밖에 없다. 무엇보다 인간답게 살고자 하는 바르톨로메의 몸부림이 잊히지 않는 작품이다.

김두식 교수의 《불편해도 괜찮아》에는 한국 대학에서 강의하는 한 인도인 교수의 경험담이 나온다. 자신이 같은 아시아계 외국인과 공공장소에서 영어로 말하면 한국인들은 얼굴을 찡그리며 대놓고 불편한 심기를 드러내지만 백인과 대화하면 부러운 시선으로 바라본다고 한다. 우리 안의 이중성을 잘 보여주는 일화로, 우리는 자신보다 강한 사람의 편을 들고 강자에게 감정이입하는 데 익숙하다. 영화나 드라마를 볼 때도 잘생기고 돈 많은 주인공에게 바로 감정이입을 한다. 하지만 문학은 다르다. 문학은 왕이나 공주가 아니라 바르톨로메에게 감정이입을 하고 그를 이해하도록 이끈다.

크리스토발 수사가 들려준 예수의 말처럼 "먼저 된 자가 나중 되고, 나중 된 자가 먼저 되"는 법이다. 그러니 혹여 바르톨로메 같은 이들을 만나더라도 난쟁이 곱사등이가 아니라 사람으로 만나보자. 타인의 고통을 이해하는 것이야말로 우리가 문학을 통해 배울 수 있는 소중한 가치다.

《바르톨로메는 개가 아니다》는 역사에서 모티브를 얻었지만 작가가 상상력으로 만들어낸 가상 역사 소설이다. 이런 소설은 역사 속 실존 인물들에 대한 있을 법한 상상이 흥미진진하게 전개될 뿐만 아니라 빼어난 지식 소설의 면모를 갖추기 마련이다. 보통의 소설과는 달리 이런 가상 역사 소설은 역사적 사실과 소설적 허구를 아주 교묘하게 뒤섞어 독자가 거짓인지, 사실인지 헷갈릴 만큼 정교한 것이 특징이다. 그만큼 시대적 배경이나 역사적 사실, 전문 분야에 대한 지식이 치밀하게 그려진다. 그러다 보니 이 소설을 읽는 것만으로 17세기 유럽에서 책이나 화가가 어떤 대접을 받았는지를 알 수 있다.

책에서 크리스토발 수사는 바르톨로메에게 이왕이면 책을 한 권 사서 읽기 연습을 하라고 권한다. 이 말을 전해 들은 어머니는 황당하고 어이없어한다. 왜냐하면 당시 "책은 사제나 부자같이 글을 잘 알고 시간이 남아도는 사람들이나 가지는 물건"이었고 바르톨로메 가족 같은 "서민들은 감히 꿈도 꾸지 못할 사치"품이었기 때문이다. 지금처럼 책이 흔한 세상에서 자란 아이들에게 이해되지 않을 법한 일이지만 정말 그랬다. 송아지나 양 가죽, 즉 양피지 위에 손으로 글을 쓰고 채색을 해서 수작업으로 성경 한 권을 만들려면 210~225마리의 양이 희생되었다. 왕이나 귀족이 아니고서는 꿈도 꾸지 못할 만큼 비싸고 귀한 물건이 바로 책이었다.

또 궁정 화가였던 벨라스케스를 통해서는 화가의 지위를 짐작해볼 수 있다. 당시 화가는 왕이나 귀족의 주문을 받아 그림을 그리는 사람들이었다. 회화는 일정한 그리기 규칙을 차근차근 배워 익히는 기술로 취급되었고, 철저하게 분업이 이뤄졌다. 벨라스케스가 밑그림을 그리면 제자들이 명암을 넣고, 밑 색깔을 칠하고, 옷과 주름을 그리는 식이었다. 오늘날처럼 예술가가 자신을 위해 그림을 그린 것은 한참 후의 일이다. 이처럼 《바르톨로메는 개가 아니다》는 소설적 재미와 지식의 즐거움을 함께 전하는 책이다.

수록 도서 목록

1부

안녕하세요, 하느님? 저 마거릿이에요
주디 블룸 지음 | 김경미 옮김 | 비룡소

어두운 계단에서 도깨비가
임정자 지음 | 이형진 그림 | 창비

내 친구가 마녀래요
E. L. 코닉스버그 지음 | 윤미숙 그림 | 장미란 옮김 | 문학과지성사

마법의 설탕 두 조각
미하엘 엔데 지음 | 진드라 차페크 그림 | 유혜자 옮김 | 소년한길

친구가 되기 5분 전
시게마츠 기요시 지음 | 양억관 옮김 | 푸른숲주니어

꼬마 사업가 그레그
앤드루 클레먼츠 지음 | 브라이언 셀즈닉 그림 | 햇살과나무꾼 옮김 | 비룡소

나는 치즈다
로버트 코마이어 지음 | 김연수 옮김 | 창비

클로디아의 비밀
E. L. 코닉스버그 지음 | 햇살과나무꾼 옮김 | 비룡소

요술 손가락
로알드 달 지음 | 퀜틴 블레이크 그림 | 김난령 옮김 | 열린어린이

2부

헨쇼 선생님께
비벌리 클리어리 지음 | 이승민 그림 | 선우미정 옮김 | 보림

어쩌다 중학생 같은 걸 하고 있을까
쿠로노 신이치 지음 | 장은선 옮김 | 뜨인돌

행복이 찾아오면 의자를 내주세요
미리암 프레슬러 지음 | 유혜자 옮김 | 사계절

조커, 학교 가기 싫을 때 쓰는 카드
수지 모건스턴 지음 | 미레이유 달랑세 그림 | 김예령 옮김 | 문학과지성사

내 이름은 삐삐 롱스타킹
아스트리드 린드그렌 지음 | 롤프 레티히 그림 | 햇살과나무꾼 옮김 | 시공주니어

떠들썩한 마을의 아이들
아스트리드 린드그렌 지음 | 일론 비클란드 그림 | 햇살과나무꾼 옮김 | 논장

왕도둑 호첸플로츠
오트프리트 프로이슬러 지음 | 프란츠 요제프 트립 그림 | 김경연 옮김 | 비룡소

한밤중 톰의 정원에서
필리파 피어스 지음 | 수잔 아인칙 그림 | 김석희 옮김 | 시공주니어

프린들 주세요
앤드루 클레먼츠 지음 | 양혜원 그림 | 햇살과나무꾼 옮김 | 사계절

괭이부리말 아이들
김중미 지음 | 송진헌 그림 | 창비

3부

황금 열쇠의 비밀

앤드루 클레먼츠 지음 | 이원경 옮김 | 비룡소

딸들이 자라서 엄마가 된다

수지 모건스턴, 알리야 모건스턴 지음 | 최윤정 옮김 | 웅진지식하우스

나의 린드그렌 선생님

유은실 지음 | 권사우 그림 | 창비

오이대왕

크리스티네 뇌스틀링거 지음 | 유혜자 옮김 | 사계절

엄마의 마흔 번째 생일

최나미 지음 | 정문주 그림 | 사계절

장수 만세!

이현 지음 | 변영미 그림 | 창비

짜장면 불어요!

이현 지음 | 윤정주 그림 | 창비

열네 살의 인턴십

마리 오드 뮈라이유 지음 | 김주열 옮김 | 바람의아이들

아벨의 섬

윌리엄 스타이그 지음 | 송영인 옮김 | 다산기획

돼지가 한 마리도 죽지 않던 날

로버트 뉴턴 펙 지음 | 김옥수 옮김 | 사계절

4부

처음 가진 열쇠
황선미 지음 | 신민재 그림 | 웅진주니어

우정의 거미줄
E. B. 화이트 지음 | 가스 윌리엄즈 그림 | 김경 옮김 | 창비

사자왕 형제의 모험
아스트리드 린드그렌 지음 | 일론 비클란트 그림 | 김경희 옮김 | 창비

마지막 이벤트
유은실 지음 | 양경희 그림 | 바람의 아이들

그 사람을 본 적이 있나요?
김려령 지음 | 장경혜 그림 | 문학동네어린이

조금만, 조금만 더
존 레이놀즈 가디너 지음 | 마샤 슈얼 그림 | 김경연 옮김 | 시공주니어

기억 전달자
로이스 로리 지음 | 장은수 옮김 | 비룡소

내 남자친구 이야기
크리스티앙 그르니에 지음 | 김주열 옮김 | 사계절

내 여자친구 이야기
크리스티앙 그르니에 지음 | 김주열 옮김 | 사계절

받은 편지함
남찬숙 지음 | 황보순희 그림 | 우리교육

바르톨로메는 개가 아니다
라헐 판 코에이 지음 | 박종대 옮김 | 사계절

아이와 함께 더 읽으면 좋은 책들

세상에는 많은 책들이 있지만 누가 왜 읽느냐에 따라 만나야 할 책은 저마다 다르다. 아이들은 기질도 다르고 취미도 다르고 남자아이냐 여자아이냐에 따라 좋아하는 것도 다르다. 동화를 잘 읽는 아이가 있는가 하면 인물 이야기나 역사책에 관심이 있는 아이도 있다. 그러니 저마다 읽어야 하는 책도 다르고 좋아하는 책도 다를 수밖에 없다. 하지만 처음 책을 읽기 시작하는 어린이라면 우선 재미있는 책이나 좋아하는 분야의 책으로부터 시작하는 게 바람직하다. 단 자라는 아이들이니 다양한 분야의 책을 골고루 읽는 것도 중요하다. 부모가 아이의 책 읽기 습관을 살펴 먼저 재미난 책을 권하되 책 읽기 편식에 빠지지 않도록 안내하면 더욱 좋다.

*   초등 저학년
**   초등 중학년
***   초등 고학년
**** 중학생

1. 무조건 재미있는 책들

아이와 함께 처음 책 읽기를 시작한다면 일단 '책은 재미있다'는 걸 깨달을 수 있는 흥미진진한 동화책부터 찾아 읽어보면 좋겠다. 일단 재미가 붙어야 관심도 생기고 다양한 분야의 책으로 나아갈 수 있다.

나도 편식할 거야 | 유은실 | 사계절 •
당나귀 실베스터와 요술 조약돌 | 윌리엄 스타이그 | 다산기획 •
방귀 만세 | 후쿠다 이와오 | 아이세움 •
초등학생 이너구 | 전경남 | 문학동네어린이 •
콧구멍만 바쁘다 | 이정록 | 창비 •
학교에 간 개돌이 | 김옥 | 창비 •
화해하기 보고서 | 심윤경 | 사계절 •
고양이 학교 | 김진경 | 문학동네어린이 ••
내 고추는 천연기념물 | 박상률 | 시공주니어 ••
내 친구 윈딕시 | 케이트 디카밀로 | 시공주니어 ••
어이없는 놈 | 김개미 | 문학동네어린이 ••
엉뚱이 소피의 못 말리는 패션 | 수지 모건스턴 | 비룡소 ••
온 세상 생쥐에게 축복을! | 로이스 로리 | 웅진주니어 ••
기호 3번 안석뽕 | 진형민 | 창비 •••

끝없는 이야기 | 미하엘 엔데 | 비룡소 •••

랄슨 선생님 구하기 | 앤드루 클레먼츠 | 내인생의책 •••

시간의 주름 | 매들렌 렝글 | 문학과지성사 •••

해리포터 시리즈 | 조앤 K. 롤링 | 문학수첩 •••

GO | 가네시로 가즈키 | 북폴리오 ••••

남쪽으로 튀어! | 오쿠다 히데오 | 은행나무 ••••

베네딕트 비밀클럽 | 트렌톤 리 스튜어트 | 비룡소 ••••

완득이 | 김려령 | 창비 ••••

2. 삶의 위대한 가치를 배우고 성장을 돕는 책

한 권의 책은 독자에게 들려주고 싶은 이야기를 간직하고 있다. 용기, 우정, 정직, 애도, 기억, 사랑, 열정, 인권 등 담고 있는 이야기도 제각각이다. 부모가 잔소리를 하는 것보다 이런 책들 찾아 함께 읽으며 아이들이 꼭 간직했으면 하는 가치를 배우도록 이끄는 게 훨씬 효과적이다.

리디아의 정원 | 사라 스튜어트 | 시공주니어 •

옛날에 생쥐 한 마리가 있었는데… | 마샤 브라운 | 열린어린이 •

토끼 앞니 | 이주미 | 웅진주니어 •

화요일의 두꺼비 | 러셀 에릭슨 | 사계절 •

갈 테면 가봐! | 구두룬 멥스 | 시공주니어 ••

과수원을 점령하라 | 황선미 | 사계절 ••

나 좀 내버려 둬! | 박현진 | 길벗어린이 ••

말하는 까만 돌 | 김혜연 | 비룡소 ••

심청이 무슨 효녀야? | 이경혜 | 바람의아이들 ••

요란요란 푸른 아파트 | 김려령 | 문학과지성사 ••

거짓말이 가득 | 오까 수유조오 | 창비 ••

나의 라임 오렌지나무 | J. M. 바스콘셀로스 | 동녘 •••

날아오르는 호랑이처럼 | 케이트 디카밀로 | 개암나무 •••

마당을 나온 암탉 | 황선미 | 사계절 •••

모모 | 미하엘 엔데 | 비룡소 •••

손도끼 | 게리 폴슨 | 사계절 •••

트리갭의 샘물 | 나탈리 배비트 | 대교출판 •••

공부의 달인, 호모 쿵푸스 | 고미숙 | 북드라망 •••

철학통조림 | 김용규 | 주니어김영사 ••••

3. 과학의 세계를 재미있게 안내하는 책들

어린 시절 아이들은 호기심 덩어리다. 세상이 어떻게 만들어졌고 어떤 식으로 움직이고 있는지 모든 것이 궁금하다. 부모가 아이의 질문을 귀찮다 여기지 말고 이런 호기심을 책으로 연결할 수 있도록 돕는다면 아이는 더 크게 성장할 수 있다.

데굴데굴 공을 밀어 봐 | 곽영직 | 웅진주니어 •
물 한 방울 | 월터 윅 | 소년한길 •
숲은 누가 만들었나 | 윌리엄 제스퍼스 | 다산기획 •
신기한 스쿨버스 | 조애너 콜 글, 브루스 디건 그림 | 비룡소 •
아인슈타인 | 돈 브라운 | 열린어린이 •
엄마 말 안 들으면… 흰긴수염고래 데려온다! | 맥 바네트 | 다산기획 •
갯벌 | 박경태 | 우리교육 ••
그런데요, 생태계가 뭐예요? | 김성화, 권수진 | 토토북 ••
살아남기 시리즈 | 아이세움 ••
열려라 거미나라 | 임문순 | 지성사 ••
지구 둘레를 잰 도서관 사서 | 캐스린 래스키 | 미래아이 ••
과학자와 놀자 | 김성화, 권수진 | 창비 •••
교과서와 함께 보는 어린이 과학사전 | 열린어린이 •••
별똥별 아줌마가 들려주는 우주 이야기 | 이지유 | 창비 •••
창덕궁에서 만나는 우리 과학 | 김연희 | 창비 •••
파브르 식물 이야기 | 장 앙리 파브르 | 사계절 •••
하늘의 개척자 라이트 형제 | 러셀 프리드먼 | 비룡소 ••••
국어선생님의 과학으로 세상 읽기 | 김보일 | 휴머니스트 ••••

4. 사회 문화 예술에 관심이 있다면

논픽션 영역으로 분류되는 사회, 문화, 예술 분야의 책들은 범위가 넓고 학습 보조의 성격이 강하다. 그렇지만 학습에 대한 욕심을 앞세우지 말고 아이의 호기심이나 체험과 연계해 권하는 것이 바람직하다. 초등 3학년부터 사회 과목을 배우는데 이때 교과와 맞춘 연계 도서를 읽는 정도가 좋다. 또 이야기와 지식이 조화를 이룬 흥미로운 책들을 골라 지금껏 인류가 쌓아온 사회, 문화, 예술의 위대함과 숨은 뜻을 느낄 수 있도록 유도하는 지혜가 필요하다.

창덕궁 | 최종덕, 김옥재 | 열린어린이 •
나는 달랄이야, 너는? | 오소희 | 토토북 ••

나에게는 꿈이 있습니다 | 김주희 | 길벗스쿨 ••
내가 원래 뭐였는지 알아? | 정유소영 | 창비 ••
모네의 정원에서 | 크리스티나 비외르크 | 미래사 ••
세계의 시장 구경, 다녀오겠습니다! | 이형준 | 시공주니어 ••
숫자 3의 비밀 | 김종대 | 사파리 ••
어린이미술관 시리즈 | 나무숲 ••
헤라클레스 | 이윤기 | 아이세움 ••
너구리 판사 퐁퐁이 | 김대현, 신지영 | 창비 •••
얘들아, 정말 작가가 되고 싶니 | 이현 | 풀빛 •••
초정리 편지 | 배유안 | 창비 •••
미술에 대해 알고 싶은 모든 것들 | 이명옥 | 다빈치 ••••

5. 역사를 만나고 싶다면

아이들 중에는 동화보다 역사 등 인문학에 관심을 보이는 경우도 많다. 흥미가 있다면 전
문가들이 집필한 어린이 청소년 역사서를 읽어도 좋지만 만약 그렇지 않다면 인물 이야기
나 역사 동화를 읽으며 관련 지식을 키우고 접근성을 높이면 좋겠다. 한국사가 수능 필수
가 되며 중요 과목으로 떠올랐지만 아이의 관심과 이해가 부족하다면 자칫 영원히 지겨운
암기 과목으로 남을 수도 있기 때문이다.

초등학생을 위한 인물 한국사 시리즈 | 길벗스쿨 •
그때 나는 열한 살이었다 | 현길언 | 계수나무 •••
마주 보는 한국사 교실 시리즈 | 웅진주니어 •••
마지막 왕자 | 강숙인 | 푸른책들 •••
서찰을 전하는 아이 | 한윤섭 | 푸른숲주니어 •••
압록강은 흐른다 | 이미륵 | 다림 •••
책과 노니는 집 | 이영서 | 문학동네 •••
첩자가 된 아이 | 김남중 | 푸른숲주니어 •••
한국사 상식 바로잡기 | 박은봉, 이광희 | 책과함께어린이 •••
한국사 편지 | 박은봉 | 책과함께어린이 •••
해를 삼킨 아이들 | 김기정 | 창비 •••
1954 철원 | 이현 | 창비 ••••
마주 보는 세계사 교실 | 웅진주니어 ••••
조선왕조실록 | 박시백 | 휴머니스트 ••••

아이를 읽는다는 것

**엄마 독서평론가가 천천히 고른
아이의 마음을 읽는 책 40**

초판 1쇄 발행 2014년 8월 18일
초판 4쇄 발행 2017년 6월 19일

지은이 | 한미화
발행인 | 김형보
편집 | 박민지, 김수경, 강태영
마케팅 | 이상호

발행처 | 도서출판 어크로스
출판신고 | 2010년 8월 30일 제 313-2010-290호
주소 | 서울시 마포구 월드컵북로1길 62 무해빌딩 301호
전화 | 070-8724-5871(편집) 070-8724-5877(영업) 팩스 | 02-6085-7676
e-mail | across@acrossbook.com

ⓒ 한미화 2014

ISBN 978-89-97379-49-1 03370

이 도서의 국립중앙도서관 출판시도서목록(CIP)은 e-CIP홈페이지(http://www.nl.go.kr/ecip)와 국가자료공동목록시스템(http://www.nl.go.kr/kolisnet)에서 이용하실 수 있습니다.
(CIP제어번호: CIP2014023308)

만든 사람들
편집 | 최윤경
교정교열 | 윤정숙
일러스트 | inae
디자인 | 형태와내용사이